KB055571

개별 학생을 위한

긍정적 행동지원

-심각한 문제행동을 보이는 학생을 위한 개별 중재-

Laura A. Riffel 저 / 박지연 · 김지수 공역

학지사

Positive Behavior Support at the Tertiary Level: Red Zone Strategies
by Laura A. Riffel

역자 서문

이 세상 그 어떤 아름다운 꽃들도 다 흔들리며 피었다는 도종환 시인의 시 한 구절처럼 이 세상 모든 아이는 이해할 수 없는 행동으로 어른들을 놀라게 하면서 자라는 것 같습니다. 많은 부모님과 선생님이 양육이나 교육의 과정에서 큰 보람과 기쁨을 누리지만, 때로는 자녀와 학생의 문제행동으로 인한 고민과 좌절에 눌리기도 합니다. 특히 다양한 장애로 인하여 인지, 의사소통, 사회성 등에 어려움이 있는 아동과 청소년들은 상대방에게 자신의 감정이나 의사를 명확하게 전달하지 못하거나, 일정 및 환경의 변화에 빨리 적응하지 못하여 문제행동을 보이는 경우가 많습니다. 이런 상황에서 문제행동을 하지 못하게 학생의 양손을 꽉 붙잡는다든지, 무서운 표정과 큰 목소리로 야단을 친다든지 하는 식의 접근은 일시적으로 행동을 멈추게 할 수 있을지는 모르지만, 여전히 학생은 자신이 전달하려던 바를 전달하지 못한 상태이거나 일정 및 환경의 변화에 적응하는 방법을 익히지 못한 상태입니다. 따라서 문제행동은 곧 다시 일어나게 되겠지요. 우리에게는 좀 더 근본적인 해결책을 줄 수 있는 체계적인 접근이 필요합니다.

또한 대부분의 학생은 하루 이틀 문제행동을 보이다 마는 것이 아니라 상당 기간에 걸쳐 문제행동을 보입니다. 이렇게 오랫동안 문제행동이 지속되었다는 것은 그동안 학생이 문제행동을 통해 원하는 바를 얻어 왔다는 의미입니다. 따라서 그 문제행동은 학생이 세상과 소통하는 꽤 효과적인 수단이었던 셈입니다. 오랜 기간 원하는 바를 얻게 해 주었던 학생의 문제행동을 변화시키려면, 부모님과 선생님들 역시 그동안 지속되어 온 문제행동의 오랜 역사와 효과에 상응하는 대처기술을 집중적으로 배울 필요가 있을 것입니다.

이 책은 학생들이 문제행동을 하게 만드는 선행사건을 파악하여 이를 예방하고, 학생이 필요로 하는 기술을 평소에 가르쳐 두어 기술의 부족으로 인해 문제행동에 의존해야 하는 상황을 제거하며, 이미 발생한 문제행동에 대한 주변인들의 반응을 바꾸어 문제행동 재발 가능성을 낮추는 방법을 다루고 있습니다. 긍정적 행동지원에 대한 책이 국내에 여러 권 번역되어 있기 때문에 긍정적 행동지원의 기본적인 원칙과 방법에 대한 정보를 얻기는 그리 어렵지 않으리라 생각합니다. 이 책이 기존의 책들과 구별되는 점은 풍부한 예시와 구체적인 팁을 제시한다는 점입니다.

저자인 Laura Riffel은 지난 30여 년간 '연구와 강의'보다는 '학교 방문, 교사연수, 부모 교육, 학생에 대한 직접적 중재'를 통해 긍정적 행동지원 전문성을 키워 온 분이기 때문에 이 책에는 현장에서 발로 뛰며 문제를 해결해 온 사람만이 줄 수 있는 생생한 예시들이 가득합니다. 한국에서 긍정적 행동지원에 대한 연구를 하는 사람이라면 예외 없이 한 번 이상 방문해 보았을 '긍정적 행동중재 및 지원을 위한 기술지원(technical assistance)' 웹사이트(www.pbis.org)를 개설 초창기부터 운영해 온 의지의 미국인이기도 합니다. 이 웹사이트에 축적된 자료의 방대함은 그 긴 세월 동안 저자가 얼마나 열심히 관련 자료를 모으고 정리했는지를 잘 보여 줍니다. 이 책은 평생을 긍정적 행동지원과 함께하며 노년에 이른 저자가 심각한 문제행동을 보이는 학생들을 제대로 돕고 싶어 하는 성인들에게 조곤조곤 알려 주는 노하우이자 회고담입니다. 이 책을 통해 개별 학생의 문제행동을 좀 더 효과적인 방법으로 개선하고 지원하려는 많은 분이 도움을 받을 수 있으리라 믿습니다.

마지막으로 이 책에서 다루는 개별 중재가 최대의 효과를 거두기 위해서는 바람직한 행동이 인정받고 성인과 학생이 긍정적으로 상호작용하는 문화가 학교와 가정에 조성되어 있어야 한다는 점을 강조하고 싶습니다. 또한 학생의 문제행동이 아직 오래되지 않았거나 그 정도가 경미하더라도 개별 중재가 필요할 때까지 두고 보는 것이 아니라 표적집단 중재를 통해 문제의 심화를 방지하려는 노력도 중요합니다. 이에 대해서는 이 책의 저자가 별도의 책(『표적집단을 위한 긍정적 행동지원: 문제행동의 조기 예방과 대응을 위한 표적집단 중재』)을 통해 설명하고 있으니 관심 있는 독자는 두 권을 함께 읽어 보면 좋을 것 같습니다.

지금 이 순간에도 학생이 보이는 문제행동의 이유를 찾고 대책을 세우느라 수고하시는 모든 분에게 존경과 응원을 보내며 이 책이 유용한 힌트를 드릴 수 있기를 바랍니다. 학지사의 김진환 사장님, 박지영 선생님을 포함하여 이 책이 나올 수 있도록 도와주신 관계자 분들과 교열 작업에 함께해 준 이화여자대학교 대학원 백예은 선생님, 임보령 선생님에게 감사를 전합니다. 문제행동을 보이는 학생들이 그 행동의 이유를 이해받고, 그 이해를 기반으로 한 긍정적 행동지원을 받는 데 이 책이 작은 도움이 될 수 있기를 바랍니다.

2018년 11월

역자 일동

차례

1장

기능평가 개관

주요 내용

- 특정 행동이 사소한 사건으로 인해 미래에 재발하게 되는 경로
- 행동의 기능
- 특정 행동이 계속 발생하는 이유
- 기능평가 없이 작성된 행동중재계획의 모습
- 기능평가가 우리에게 알려 주는 것들

혼돈 이론(chaos theory)은 특정 동역학계의 행동을 설명하는 것으로, 시간의 흐름에 따라 초기 조건에 매우 민감한 동역학을 나타내는 현상에 중점을 두고 연구하는 수학의 한 분야다. 대부분의 사람은 이것을 나비 효과로 알고 있다. 혼돈 이론에 익숙한 사람이라면 '브라질에서 한 마리 나비의 날갯짓은 미국 텍사스에서 토네이도를 유발한다.'라든지 '텍사스에 있는 한 마리 나비의 날갯짓이 아시아에서 쓰나미를 일으킨다.'라는 이야기를 들어 보았을 것이다. 혼돈 이론은 행동 변화와 상당한 관련이 있다.

사소한 환경 변화가 미래에 엄청난 여파를 가져올 수 있다. 행동의 변화를 추구하는 우리의 임무는 무엇이 특정 행동을 촉발하는지 알아내는 것이다. 몇 가지 예를 들어 보자. ① 제이(Jay)는 자폐성장애, 양극성장애, 지적장애, 강박장애를 가진 성인으로 지금 막 새로 이사할 집에 도착하였다. 제이는 특정 문으로 들어와 특정 방향에 있는 계단을 통해 위층으로 올라가 위층을 가로지른 후 반대편 계단을 통해 아래층으로 내려왔다. 이 시점 이후로 제이는 처음 올라갔던 계단으로만 올라가고, 처음 내려왔던 계단으로만 내려오게 되었다. 단 한 번의 방문으로 이러한 행동 패턴이 정해진 것이다. ② 그레이스(Grace)는 2세의 비장애 아동으로 할인매장에서 장난감을 사 달라고 조르기 시작했다. 어머니는 딸에게 안 된다고 말하면서 다른 코너로 걸어갔다. 그레이스는 땅바닥에 드러누워 사방을 향해 발길질을 하며 엄마를 향해 고래고래 소리를 질렀다. "엄마는 내게 아무것도 사 준 적이 없어요!" 말이 안 나올 정도로 당황한 그레이스의 엄마는 딸이 사 달라고 했던 장난감을 집어 들고 "이

거 사 주면 뚝 그칠 거지?"라고 말했다. 이러한 텐트럼(tantrum), 즉 분노 폭발 행동은 앞으로 할인매장에서 그레이스가 원하는 물건을 발견할 때마다 나타날 것이다. 미래의 행동 패턴을 결정하는 것은 나비의 날갯짓처럼 작은 것일 수도 있고 아동의 맹렬한 발길질처럼 큰 것일 수도 있다.

이 책은 3차 수준의 긍정적 행동중재 및 지원(Positive Behavioral Interventions and Supports, 이하 PBIS)을 체계적으로 적용하는 데 초점을 둔다. PBIS는 중재 접근인 동시에 학생을 고려하는 방식이자 학생 지원의 발판을 마련하는 방식이다(Bambara, Dunlap, & Schwartz, 2004). 3차 수준의 체계적 지원 역시 측정 가능한 성과를 중시한다. 어디서부터 시작해야 할지를 모른다면 우리가 잘 하고 있는지를 어떻게 알 수 있겠는가? 이 책은 행동지원팀과 교사들이 행동 변화의 과정을 어디서부터 시작해야 할지에 대한 귀중한 정보를 제공해 줄 것이다.

행동지원팀은 ① 행정 담당자, ② 행동전문가, ③ 교직원을 대표할 수 있는 사람들, ④ 학생과 함께 일하거나 함께 사는 성인, ⑤ 적절한 경우 학생 본인으로 구성되어야 한다(Crone & Horner, 2003). 이러한 다양한 사람으로 이루어진 팀은 행동의 기능에 대한 가설을 결정하고, 관찰 자료를 분석하며, 판별된 기능에 근거하여 작성된 중재계획을 실행하고, 그 중재의 결과를 분석한다. 모든 학교는 학생을 위한 2차 지원과 3차 지원의 일부로 행동지원팀을 활용해야 한다.

행동 변화를 추구하는 우리의 우선적인 임무는 무엇이 행동을 발생시키는지 알아내고 이미 학습된 이 행동에 맞설 동일한 기능의 반대 행동을 습득하게 하는 것이다. Bandura(1976)는 모든 행동은 학습된 것이므로 우리가 그 행동 이면에 있는 기능을 알 수 있다면 교체행동이 그 행동을 대신하게 할 수 있다고 하였다. 먼저 행동의 기능에 대한 이야기를 하나 소개하고자 한다.

어부 이야기

한 노인이 호수에서 평화와 고독을 즐기며 생각에 잠겨 있었다. 그는 호수에서 낚시를 하는 중에 보트 옆에서 헤엄치고 있는 뱀을 발견했다. 뱀은 입에 개구리를 물고 있었고 어부는 그 불쌍한 개구리에게 닥칠 운명을 짐작할 수 있었다. 공포에 찬 개구리의 커다란 눈을 본 어부는 뭔가를 해야 할 것 같아 보트 옆쪽으로 몸을 기울여 개구리를 살짝 꺼내 주었고, 개구리는 기뻐하며 헤엄쳐 달아났다. 그러나 어부가 고개를 돌려 뱀을 쳐다보니 뱀은 절망에 빠져 있었다. 어부는 지금 막 뱀의 소중한 한 끼를 빼앗은 것이다. 어부는 뱀에게 뭔가 먹을 것을 주어야 했다. 그는 보트 바닥을 뒤지다가 자신이 사 둔 커다란 서브웨이 샌드위치가 양상추 한 조각 남기지 않고 완전히 사라졌음을 알게 되었다. 초콜릿 칩 쿠키 역시 부스러기 하나 없이 사라진 상태였다. 감자 칩을 담았던 빈 봉투만이 슬프게 그를 향하고 있었다. 위스키 한 병 외에는 뱀에게 줄 것이 아무것도 없었다. 그는 위스키 병을 열어 뱀에게 한두 모금을 권했다. 뱀은 게걸스럽게 소리를 내며 위스키를 마신 후 다소 구부정한 모습으로 헤엄을 쳐 떠났다. 노인은 다시 낚시를 계속하며 해질 무렵 호수의 평화와 고독을 즐겼다. 그런데 갑자기 보트 옆쪽에서 쿵, 쿵, 쿵 하는 소리가 들렸다. 보트 옆쪽을 본 그는 아까 그 뱀이 세 마리의 친구 뱀과 함께 온 것을 발견했는데, 그 뱀들은 모두 입에 개구리를 물고 있었다!

이 이야기의 교훈은 때때로 우리가 개구리보다 더 좋은 것을 주고 있다는 것이다. 아이들은 우리에게 뭔가를 기대하며 보트 옆에 나타나 특정 행동을 보인다. 안타깝게도 우리는 때때로 아이가 기대했던 것 이상의 좋은 것을 준다. 또 다른 예를 하나 살펴보자.

나는 동료들과 함께 미국 남동부에 위치한 주에서 자폐성장애 아동을 위한 클리닉을 운영하고 있다. 어느 날 11세 소년이 평가를 받으러 왔다. 어머니는 아들이 학교에서 문제행동을 보이는 바람에 일을 그만두어야 했다. 학교는 아이의 행동을 감당하지 못해 매일 어머니에게 전화하여 아이를 데려가라고 했다. 일자리를 잃은 어머니가 아들의 진단을 위해 병원으로 가는 중에 뒷좌석에 있던 아들이 안전벨트를 풀고 심한 텐트럼을 일으켰다. 어머니가 차를 길가에 세우기도 전에 아들이 차 문을 걷어 찼고 문이 문틀을 벗어나 헐거워졌다. 어머니는 경찰에 연락하여 아이를 제압하고 병원으로 호송해 달라고 부탁해야 했다. 상황 파악을 위한 모든 조사를 마친 결과, '4시간 동안 텐트럼을 하고 다른 사람을 물면 그날의 나머지 시간은 집에 가서 놀 수 있다.'라는 것을 학교가 아이에게 가르쳤음이 명백해졌다. 우리 클리닉은 이 아이를 맡기로 하고 행동문제에 대한 대비를 시작했다. 우리는 엄마에게 아이가 클리닉에 있는 낮 시간에는 응급상황이 아닌 한 아이를 데려가라는 전화를 하지 않을 테니 가서 일자리를 찾으라고 말했다. 우리는 아이가 우리를 물어도 반응하지 않을 수 있도록 보호 장비를 착용했다. 우리는 이 아이가 이전에 배운 잘못된 정보를 버리게 하기로 했다.

아이는 클리닉에 와서 4시간의 텐트럼을 보였지만 우리는 아이를 집으로 보내지 않았다. 아이가 우리를 물기도 했지만 우리는 반응하지 않았고 아이를 집으로 보내지도 않았다. 아이는 텐트럼을 5시간, 6시간, 7시간 동안 계속했지만, 어떤 텐트럼 행동도 그를 집으로 가게 하지 못했다. 아이가 이전의 습관을 버리는 데 몇 주가 걸렸지만, 다른 사람을 물고 텐트럼을 해도 집으로 갈 수 없음을 깨닫게 되자 그는 행동을 멈췄다. 우리는 이 아이에게 그간 놓친 수업 내용을 가르칠 수 있었다. 11개월 후 우리는 그 아이를 원래 다니던 학교로 보낼 수 있었고, 이전에 학교에서 아무것도 하지 않던 아이는 보통 수준의 아이들이 하는 정도의 과제를 하기 시작했다. 그 아이는 무언가를 배우기 전에 이전에 배운 잘못된 습관을 버려야 했던 것이다. 이 아이에 대해서는 13장에서 더 자세히 설명할 것이다.

기능평가란 학생이 보이는 문제행동이 갖는 기능이나 동기를 판별하는 종합적이고 개별화된 분석방법을 말한다. 기능평가는 문제행동을 유지시키는 변인을 조절하고 긍정적인 중재로 적절한 교체행동을 지도하기 위한 계획을 개발하고 실행하기 위한 것이다.

기능평가를 실행하는 방법이 한 가지로 고정되어 있는 것은 아니다. 각 아동마다 환경과 성인의 참여 정도가 다르므로 각각의 기능평가는 그 상황이 갖는 구체적 필요에 기반을 두어야 한다. 우리는 한 성인의 문제행동이 갖는 기능을 알아내기 위해 1년에 걸친 일화 기록과 선행사건, 행동, 후속결과를 포함하는 ABC 관찰 기록을 살펴본 적도 있다. 또 다른 경우에는 자료 수집 도구를 가지고 30분간 교실에서 관찰을 실시하여 행동의 빈도와 지속시간을 측정한 결과만으로 그 행동의 기능을 파악하기 위한 조사 작업을 마무리한 적도 있다. 이 두 사례는 13장에서 살펴보게 될 것이다.

문제행동의 강도, 행동이 지속되어 온 기간, 아동을 위해 개입해 온 성인들의 맥락적 적합성에 따라 기능평가에 필요한 도구는 다양하다. 3장에서는 기능평가를 위한 간접적 자료 수집 방법을 살펴볼 것이다. 여기에는 질문지, 일화 기록, 면담, 검사지 등이 포함된다. 4장에서는 자연스러운 환경에서 아동을 직접 관찰하는 것을 포함하는 직접적 방법을 살펴볼 것이다. 문제는 대부분의 교육구(school district)가 한 가지 유형의 기능평가에만 노력을 쏟는다는 점이다.

행동전문가인 나와 동료들은 이미 완료된 기능평가에 근거하여 작성된 행동중재계획(Behavioral Intervention Plan: BIP)을 검토해 달라는 부탁을 받곤 한다. 많은 학교가 16개 문항으로 구성된 질문지 하나를 작성함으로써 모든 학생이 보이는 행동의 기능을 알아낼 수 있다고 믿는다. 때때로 그것이 가능할 수도 있지만, 심각하고 복잡한 사례의 경우에는 16개 문항에 답하는 것 이상의 노력이 필요하다.

〈표 1-1〉은 메일로 받았던 행동중재계획서다. 개인을 알아볼 수 있게 하는 정보는 모두 수정되었다. 이 계획서는 절대 따라서는 안 될 나쁜 예시를 매우 잘 보여 준다. 이것을 작성한 팀은 차라리 "이 아이는 괜찮을 거예요."라고

표 1-1 부적절한 행동중재계획서의 예

<table>
<tr><th colspan="6">ABC 교육구 행동중재계획</th></tr>
<tr><td colspan="2">학생명: 테일러(Taylor)</td><td colspan="2">생년월일: 1990. 11. 22.</td><td colspan="2">학교명: ABC 고등학교</td></tr>
<tr><td colspan="2">학생 ID: 0000700007</td><td colspan="2">학년: 2</td><td colspan="2">장애유형: 외상성 뇌손상</td></tr>
<tr><td colspan="4">• 문제행동: 학생의 학습에 부정적 영향을 미치는 행동
• 바람직한 행동: 수용 가능하고 적절한 행동
• 교체행동: 문제행동 대신 가르쳐야 할 행동
• 정적 후속결과: 학생이 올바르게 교체행동을 했을 때의 후속결과
• 부적 후속결과: 학생의 문제행동이 재발했을 때의 후속결과</td><td colspan="2">IEP 시작일: 2007. 11. 1.
IEP 종료일: 2008. 10. 31.</td></tr>
<tr><th>문제행동</th><th>바람직한 행동</th><th>교체행동</th><th>중재</th><th>정적 강화</th><th>부적 강화</th></tr>
<tr><td>테일러는 결정이나 선택을 하지 못한다.</td><td>자신이나 타인에게 피해를 주지 않는 긍정적인 결정을 한다.</td><td>교사/보조교사는 다른 아이들에게 피해를 주지 않으면서 테일러가 지시를 따르도록 돕는다.</td><td>교사/보조교사는 테일러가 긍정적인 선택을 할 때 강화를 제공한다.
교사는 테일러가 무엇을 잘못했는지 이야기해 준다.
교사는 테일러가 조금 일찍 점심을 먹게 해 준다.</td><td>칭찬, 교실에서의 특권, 자유 시간, 가정으로 보내는 칭찬 쪽지</td><td>상황에서 분리, 집으로 전화, 자유 시간 박탈.
부모는 테일러가 부정적 행동을 보일 때 보상을 제공하지 않아야 함</td></tr>
<tr><td>테일러는 교사들에게 신체적 공격성을 보인다.</td><td>신체적 억제를 필요로 하지 않을 수준으로 화를 참는다.</td><td>교사/보조교사는 신체적으로 감정 표현을 하는 대신 말로 표현하는 방법을 가르친다.</td><td>교사/보조교사는 대처기술을 상기시키고 조용한 장소를 제공하며 테일러를 문제 상황에서 벗어나게 하고 지지적인 태도로 지시하며 조기에 개입한다.</td><td>칭찬, 교실에서의 특권, 자유 시간, 부모에게 보내는 칭찬 쪽지</td><td>문제 상황으로부터의 이동, 부모에게 전화, 자유 시간 박탈, 일과 단축, 대체 환경에의 배치</td></tr>
<tr><td>테일러는 화를 주체하지 못한다.</td><td>화가 났을 때 적절한 행동을 보인다.</td><td>교사/보조교사는 테일러에게 대처기술을 상기시키고 침착하고 조용한 목소리를 사용하도록 가르친다.
테일러에게 언쟁을 자제해야 한다고 상기시킨다.</td><td>교사/보조교사는 긍정적인 피드백을 제공하고 조용한 장소를 제공하며 일관된 기대를 유지한다.</td><td>칭찬, 교실에서의 특권, 자유 시간, 부모에게 보내는 칭찬 쪽지</td><td>문제 상황으로부터의 이동, 부모에게 전화, 자유 시간 박탈, 일과 단축, 대체 환경에의 배치</td></tr>
<tr><td colspan="3">행동중재계획 점검자:</td><td colspan="3">IEP팀의 행동중재계획 성공 여부 검토일: 2008. 10. 31.</td></tr>
</table>

쓰는 게 더 나았을 것이다. 다음에서는 이 행동중재계획서의 어떤 부분이 잘못되었는지 지적하고, 좋은 행동중재계획의 특징을 설명하고자 한다.

다음 절은 이 행동중재계획서에서 잘못된 부분에 대한 것이다.

문제행동

문제행동은 측정과 관찰이 가능해야 한다.

- 테일러는 결정이나 선택을 하지 못한다.
  - 이 문장은 자료 수집을 하는 사람에 따라 다르게 해석될 수 있다.
  - 행동중재계획 작성자들은 이 학생이 결정을 할 때까지 얼마나 기다려 보았을까? 어떤 학생들은 결정을 하기까지의 처리 시간이 오래 걸린다.
- 테일러는 교사들에게 신체적 공격성을 보인다.
  - 이 문장도 다르게 해석될 여지가 매우 크다.
  - 교실 바닥에 책을 던지는 것도 신체적 공격성일까?
  - 성인을 향해 주먹을 휘두르기만 하고 실제의 접촉은 없었다면 이것은 신체적 공격성일까? 나는 기숙형 센터에 살던 다운증후군 청년의 재판에 참석한 적이 있다. 그는 막대기를 든 누군가에게 위협을 받아 구석으로 몰리게 되자 자기를 방어하기 위해 의자를 치켜들었다가 기숙형 센터가 이를 폭행으로 신고하는 바람에 체포되었다. 그는 의자를 던진 적이 없었고 그저 들고 있었을 뿐이었다.
  - 학생이 이런 행동을 하게 만드는 성인이 있는 것은 아닌가?
- 테일러는 화를 주체하지 못한다.
  - 이전에 지원했던 학교 중에는 학생이 눈을 부릅뜨면 바로 훈육실로 보내는 학교도 있었다. 화를 주체하지 못한다는 것을 어떻게 정의할 것인가?

바람직한 행동

바람직한 행동은 측정과 관찰이 가능해야 한다.

- 자신이나 타인에게 피해를 주지 않는 긍정적인 결정을 한다.
  - 이 학생에게 긍정적인 결정이 무엇인지 가르쳤는가? 이 학생이 긍정적인 결정이 무엇인지 알고 있다고 우리가 지레짐작하고 있는 것은 아닌가?
- 신체적 억제를 필요로 하지 않을 수준으로 화를 참는다.
  - 이 학생은 자신이나 타인에게 해를 가하는가? 신체적 억제는 자동차, 기차, 총알이 돌진해 오는 상황처럼 학생이 위험에 처했을 때에만 사용되어야 한다. 그 외의 경우에는 억제가 사용되지 않아야 한다.

나와 동료들은 3명의 건장한 남자가 정서행동장애를 가진 15세 소년 위에 누워 소년을 제압하는 장면을 본 적이 있다. 3명 중 1명은 몸무게가 최소한 250파운드(113kg)는 되어 보였다. 왜 소년을 누르고 있는지 물었더니[그들은 '신체적 구속(restraint)'이라는 용어를 선호했다] 그들은 소년이 바닥에 침을 뱉고 청소를 거부했다고 답했다. 소년은 숨을 쉴 수 없다는 말을 반복하고 있었다.

- 화가 났을 때 적절한 행동을 보인다.
  - '희망사항'에 해당하는 이 문장은 지원팀이 이러한 희망사항을 가능하게 해 줄 교체행동을 어떻게 지도할지에 대한 계획이 있다면 별 문제가 없다.
  - '말을 물가로 데려갈 수는 있어도 물을 마시게 할 수는 없다.'라는 속담은 바로 이 경우에 해당되는 말이다.

교체행동

교체행동은 구체적인 활동이어야 한다.

- 교사/보조교사는 다른 아이들에게 피해를 주지 않으면서 테일러가 지시를 따르도록 돕는다.
  - 교사/보조교사는 정말 다른 아이들에게 피해를 주지 않을까?
  - 정확히 어떤 방법으로 다른 아이들에게 피해를 주지 않으면서 이 학생이 지시를 따르도록 도울 것인가? 이것은 사람에 따라 해석이 다를 수 있다. 행동중재계획이 구체적이지 않으면 그 계획은 서류함에 보관되는 걸로 끝이다. 교직원들은 평소 하던 방식대로 할 것이고 지원팀은 왜 학생의 행동이 나아지지 않는지 의아해할 것이다.
- 교사/보조교사는 신체적으로 감정 표현을 하는 대신 말로 표현하는 방법을 가르친다.
  - 역할극, 파워포인트 관계 이야기(역자 주: 파워포인트를 이용한 상황 이야기로, 행동지원 전략의 일환), 비디오 모델링 등의 여러 방법 중 어떤 방법으로 이 학생을 가르칠 것인가?
  - 제대로 계획을 하지 않는 것은 실패하기로 작정한 것과 마찬가지다.
- 교사/보조교사는 테일러에게 대처기술을 상기시키고 침착하고 조용한 목소리를 사용하도록 가르친다. 테일러에게 언쟁을 자제해야 한다고 상기시킨다.
  - 이것을 행동 발생 전에 할 것인가, 행동 발생 후에 할 것인가?
  - 이것이 어떤 모습인지를 처음부터 명확히 정해 두지 않으면, 교직원들은 아동이 문제행동을 할 때까지 기다렸다가 야단을 치는 방식으로 반응하게 될 것이며, 이러한 악순환이 계속될 것이다.

중재

- 교사/보조교사는 테일러가 긍정적인 선택을 할 때 강화를 제공한다. 교사는 테일러가 무엇을 잘못했는지 이야기해 주며, 일찍 점심을 먹게 해 준다.
  - 이 문장은 학생이 문제행동을 하면 보상을 받는 것처럼(학생이 무엇을 잘못했는지 말해 주고 나서 점심을 일찍 먹게 해 주므로) 서술되어 있다.
  - 행동지원팀 회의를 통해 이러한 중재가 결정된 것이라면, 이 중재계획을 세우기 전에는 어떻게 해 왔는지 의문이 든다.
- 교사/보조교사는 테일러에게 대처기술을 상기시키고 조용한 장소를 제공하며 테일러를 문제 상황에서 벗어나게 하고 지지적인 태도로 지시하며 조기에 개입한다.
  - 이 중재계획 역시 어떻게 실행할 것인지가 자세히 서술되지 않았다. 명확하게 서술되지 않으면 행동지원팀 회의 이전과 다를 바 없이 흘러가게 될 것이다.
- 교사/보조교사는 긍정적인 피드백을 제공하고 조용한 장소를 제공하며 일관된 기대를 유지한다.
  - "잘했어!"는 긍정적인 피드백일까?
  - 긍정적인 피드백은 적절한 행동을 묘사해 주어야 한다. 예를 들면, "저학년 동생들이 복도에서 자기 반을 잘 따라갈 수 있게 비켜 서 주다니 그 배려 방식이 너무 좋은걸." 하는 식으로 말하는 것이다.

정적 강화와 부적 강화

정적 강화와 부적 강화는 구체적인 안내를 포함해야 한다.

- 앞서 제시한 부적절한 행동중재계획은 행동지원팀 회의 이전에 그 팀이 했던 바와 달라 보이는 성인의 행동을 전혀 설명하고 있지 않다.
- 이 계획은 방어체계가 없다. 다시 말해서, 행동중재계획에는 첫 번째 대책이 무엇이고 그것이 효과적이지 않을 때 그 대책을 어떻게 수정할 것인지(즉, 두 번째 대책)에 대한 구체적 안내가 포함되어야 한다.

이 행동중재계획의 문제는 행동의 기능을 다루지 않았다는 것이다. 이 학생이 문제행동을 하는 것은 성인의 관심을 얻기 위함일까, 아니면 선호하지 않는 과제를 회피하기 위함일까? 행동은 학습되는 것이고 구체적인 목적을 가지고 있다. 〈표 1-2〉는 행동의 대표적인 두 가지 기능을 제시하고 있다.

우리는 이 책에서 행동에 대한 우리의 반응(reaction) 대신 행동의 기능에 근거하여 행동지원계획을 수립하는 방법을 배울 때 〈표 1-2〉를 여러 번 참고하게 될 것이다.

기능평가는 행동의 이면에 있는 이유를 알아내는 것이다. 이를 위해서는

표 1-2 행동의 기능

다음을 획득하기 위함	다음을 회피하기 위함
• 관심 –성인의 관심 –또래의 관심 • 선호하는 물건 • 감각 자극	• 과제나 활동 • 사람들 • 과다 자극 • 고통(정서적 또는 신체적)

행동으로 인해 환경에 어떤 일이 일어났는지를 살펴야 한다. 예를 들어, 아동이 수업에 필기구를 챙겨 오지 않아서 교사가 매번 아동을 훈육실로 보냈다면 이 행동의 기능은 회피일 가능성이 크다. 이 아동에게는 수학시간에 앉아서 50개의 연산 문제를 푸는 것보다 훈육실에서 교장선생님과의 면담을 기다리는 편이 더 좋았던 것이다.

이 행동중재계획을 작성한 팀은 16개의 문항으로 구성된 질문지에 답하는 대신 각각의 문제행동 발생 후 환경에 발생한 후속결과가 무엇인지에 대한 자료를 수집해야 했다. 예를 들면, 아이가 소리를 지를 때마다 성인이 과제를 하지 않아도 되게 해 주었다면 그 행동의 기능은 선호하지 않는 과제에 대한 회피일 것이다. 이 아이가 소리를 지를 때마다 3~4명의 친구가 와서 달래 주었다면 그 행동의 기능은 또래의 관심 획득일 것이다. 이 아이가 소리를 지를 때마다 성인이 와서 왜 그러냐고 말을 걸어 주었다면 그 행동의 기능은 성인의 관심 획득일 것이다. 자료를 수집함으로써 우리는 행동을 부추기는 요인이라고 생각되는 것들에 대해 행동지원팀과 논의할 수 있게 된다.

행동과 관련된 그다음 원칙은 행동은 그것이 발생하는 맥락과 관련된다는 것이다. 이것은 아동과 성인 모두에게 적용되는 말이다. 이 책을 읽는 사람 중에 예배 장소에 들어가 그 안에 있는 모든 사람을 무서운 표정으로 쳐다보는 사람은 없을 것이다. 또 예배 장소에서 무례한 말을 하거나 손가락 욕을 하는 사람도 없을 것이다. 그러나 많은 독자는 조심성 없는 운전자가 고속도로에서 끼어들기를 할 때 이 세 가지 행동을 모두 해 보았을 것이다. 이와 같이 행동은 그것이 발생하는 맥락과 관련되어 있다.

이러한 이유로 학부모 상담 중인 교사와 부모는 동일한 아동을 서로 다른 2명의 아동인 것처럼 이야기하게 된다. 교사가 "이 아이는 계속 자리에서 일어나 교실을 돌아다니며 다른 아이들을 방해해요."라고 하면 부모는 "애는 집에선 전혀 그러지 않아요."라고 하는 것이다. 학교와 집은 전혀 다른 맥락이다. 〈표 1-3〉은 이 두 환경을 대조한 결과다.

표 1-3 맥락 대조

학교	집
하루 7시간 정도를 딱딱한 나무 또는 플라스틱 의자에 앉아 있음	푹신한 의자에 앉거나 푹신한 바닥에 누움. 바닥에 큰 대자로 드러누움
음식과 음료에의 접근이 제한됨	대부분의 경우 물과 좋아하는 간식에 자유롭게 접근 가능함
고유수용(proprioceptive) 자극에의 접근(자리에서 일어나 돌아다닐 수 있는 여지)이 제한됨	고유수용 자극에 자유롭게 접근 가능함
청각 및 시각 자극에의 접근이 제한됨	청각 및 시각 자극에 자유롭게 접근 가능함

기능평가는 행동 이면에 있는 이유뿐 아니라 그 행동이 어떤 조건에서 발생하는지를 알아내는 과정이다(Dunlap et al., 2010). 많은 경우 행동에는 패턴이 있다. 이러한 패턴은 행동이 발생하기 전의 사건이므로 '선행사건(antecedents)'이라고 부른다. 다음은 자료 분석을 통해 알아낼 수 있는 많은 패턴 중 일부만을 제시한 것이다.

- 특정 요일
- 하루 중 특정 시간
- 교과목
- 특정인의 부재 혹은 존재
- 이동
- 교사의 지시

이러한 선행사건과 짝을 이루는 배경사건(setting events)이 발생할 때도 있다. 예를 들면, 8장에서 우리는 자해행동에 대한 세 가지의 선행사건 패턴이 있지만 어떤 날에는 자해행동을 하고 어떤 날에는 하지 않는 한 청년의 사례를 살펴볼 것이다. 3개월에 걸친 자료 수집을 통해 행동지원팀은 축농증이라는 배경사건이 세 가지의 선행사건과 연합되어 있음을 알아냈다. 이를 통해 지원팀은 행동의 기능과 행동 이전 조건들의 패턴을 파악할 수 있었다.

기능평가는 행동에 뒤따르는 후속결과(consequences)도 살펴보아야 한다. 후속결과를 살펴봄으로써 우리는 무엇이 행동을 유지시키는지 알 수 있게 된다.

2장

기능기반의 지원:
자료에서 금을 캐내는 방법

주요 내용

- 기능기반의 지원이 어떻게 긍정적 행동중재 및 지원(PBIS)의 일부가 될 수 있는가
- 기능기반의 지원이 기존의 중재와 다른 점
- 기능평가를 본격적으로 해야 하는 경우와 연구기반의 중재를 적용해도 무방한 경우에 대한 결정

학교차원의 긍정적 행동중재 및 지원(schoolwide positive behavior intervention and support)을 실시하는 학교에서 학생에게 제공되는 지원은 세 단계로 이루어진다. 첫 번째 단계인 보편적 중재(또는 1차 지원)는 모든 학생에게 주어진다. 많은 경우, 약 80%의 학생은 학교와 교실에서의 보편적 중재만으로도 적절한 행동을 유지할 수 있다. 이 학생들은 1년 동안 훈육실에 갈 일이 거의 없거나 한 번 정도 갈 것이다. 그다음 단계로 약 10~15%의 학생은 보편적 중재뿐 아니라 표적집단 중재(또는 2차 지원)도 필요로 한다. 이 학생들은 1년 동안 2~5회 정도는 훈육실에 가게 되며 2차 지원으로 개선된 행동을 유지하기 위해 빈번한 추가 중재가 필요할 수도 있다. 약 5%의 학생은 1차와 2차 지원뿐 아니라 강도 높은 개별 중재(또는 3차 지원)를 필요로 할 것이다. 이 학생들은 1년 동안 6회 이상 훈육실에 가는 학생들이다. 이 책은 강도 높은 3차 지원을 필요로 하는 바로 이 학생들에게 초점을 둔다.

상황에 따라 학생들이 서로 다른 이 세 단계를 넘나들 수 있음에 유의할 필요가 있다. 예를 들면, 학년 초에는 1차나 2차 지원만으로 충분했던 학생이라도 가정 상황에 큰 변화가 발생하여 얼마간은 3차 지원을 필요로 할 수 있다. 각 학생은 서로 다르므로, 각 단계의 지원계획도 학생별로 제시된 자료에 따라 개별화될 것이다.

학생 선별하기

그러면 각 학생에게 필요한 서비스의 단계를 어떻게 결정할 것인가? 개별 학생이 필요로 하는 서비스의 수준을 결정하는 데는 두 가지 방법이 있다. 첫 번째 방법은 학교차원의 PBIS를 실행 중인 많은 학교가 이용하는 학교단위 정보 시스템(School-Wide Information System, 이하 SWIS)을 활용하는 것이다. SWIS 웹사이트(www.swis.org)는 각 학교가 웹 기반의 프로그램에 입력된 데이터에 즉각 접근하게 해 준다. 지원팀은 이 프로그램에 로그인하여 다양한 변인별 그래프를 산출할 수 있는데, 예를 들면 다음과 같다.

- 일/월 단위 훈육실 의뢰 횟수 평균
- 문제행동
- 문제행동 발생 장소
- 문제행동 발생 시간대
- 학생별 훈육실 의뢰 횟수

교사는 자신의 학급 데이터를 바탕으로 원하는 시간의 틀(예: 지난달이나 지난해부터 현재까지 또는 주 단위로)에 따른 그래프를 요청할 수 있다. 이 데이터를 이용하여 교사들은 자신이 맡고 있는 모든 학생의 훈육실 의뢰 수준(0~1회, 2~5회 또는 6회 이상)을 한눈에 볼 수 있게 된다.

이러한 정보는 학교 전체적으로도 유용하지만 학급을 담당하는 교사들에게는 다음과 같은 것을 파악하게 해 준다.

- 개별 학생의 행동 패턴
  - –발생 시간

–추측 가능한 동기

–학생이 부적절한 행동을 하는 장소

• 사건 유형의 패턴

–다른 학생들도 함께 훈육실에 의뢰되었는가?

–학생의 행동이 특정 성인(들)에게 집중되는가?

–행동에 따른 후속결과에 특정 패턴이 있는가?

두 번째 방법은 보편적 선별(universal screening)이다. 보편적 선별은 어떤 학생이 2차 지원을 필요로 하는지, 어떤 학생이 3차 지원을 필요로 하는지를 결정하는 유용한 도구로, 공식적 선별 도구 또는 비공식적 선별 도구를 이용하여 실시할 수 있다. 텍사스 A&M 대학교의 교수팀(Burket et al., 출판 중)이

표 2-1 보편적 선별

구분	타인존중	공동체	지식	자신	총점
애나(Anna)	5	4	5	5	19
밥(Bob)	4	3	3	5	15
이브(Eve)	4	5	5	4	18
긱(Gig)	4	4	3	4	15
한나(Hannah)	2	1	1	2	6
이지(Izzi)	3	4	2	3	12
릴(Lil)	5	5	5	5	20
밈(Mim)	1	1	1	1	4
눈(Noon)	5	4	5	5	19
핍(Pip)	4	3	2	3	12
시스(Sis)	5	4	5	5	19
토트(Tot)	4	4	5	5	18
비브(Viv)	4	4	4	4	16

개발한 선별 도구의 수정본을 이용하여 상단 가로축에는 학교의 기대행동을 기입하고 세로축에는 학급 학생들의 이름을 기입한다. 자신의 학급에서 보편적 선별을 하려는 교사는 5점 리커트 척도(1=전혀 지키지 않음, 5=항상 지킴)를 이용하여 각 학생의 기대행동 수행 능력을 평정하면 된다. 〈표 2-1〉은 이러한 방식의 평정 척도 예시다.

그다음에는 학생별 총점을 오름차순으로 재배열한다. 이렇게 하면 누가 1차 지원에 더하여 2차 지원이나 3차 지원을 필요로 하는지 쉽게 알 수 있다. 〈표 2-2〉는 〈표 2-1〉을 총점의 오름차순으로 재배열한 것이다.

총점이 16~20점인 학생들은 기대행동 평정에서 80% 이상의 점수를 받았으므로 보편적 중재만으로 충분할 것이다. 총점이 12~15점인 학생들은 기대행동 평정에서 60% 이상의 점수를 받았으므로 보편적 중재에 더하여 표

표 2-2 지원의 수준에 따라 분류한 보편적 선별

구분	타인존중	공동체	지식	자신	총점
밈	1	1	1	1	4
한나	2	1	1	2	6
이지	3	4	2	3	12
핍	4	3	2	3	12
밥	4	3	3	5	15
긱	4	4	3	4	15
비브	4	4	4	4	16
이브	4	5	5	4	18
토트	4	4	5	5	18
애나	5	4	5	5	19
눈	5	4	5	5	19
시스	5	4	5	5	19
릴	5	5	5	5	20

적집단 중재를 필요로 할 것이다. 총점이 12점 미만인 학생들은 기대행동의 60%도 수행하지 못한 것이므로 종합적인 기능평가나 강도 높은 지원을 필요로 한다. 이 책은 바로 이렇게 강도 높은 지원을 필요로 하는 학생에 중점을 둘 것이다.

좀 더 공식적인 보편적 선별 도구로는 Walker와 Severson(1992)이 개발한 행동장애의 체계적 선별(Systematic Screening for Behavior Disorders, 이하 SSBD)이 있다. SSBD는 '예/아니요'로 응답하는 32개의 심각한 행동 요소를 포함한다. 예를 들면, "이 학생은 사물이나 또래를 향한 공격성을 보이나요?"와 같은 요소를 말한다. 32개 요소 중 5점 이상을 받은 학생에게는 바로 기능평가를 실시한다. 1~4점을 받은 학생에게는 적응행동을 측정하기 위한 선별검사를 실시한다. 적응행동 점수가 30점 이하이면 지원팀은 진단을 멈추고 표적집단 중재를 적용한다. 적응행동 점수가 30점 이상이면 교사는 부적응행동 검사를 실시한다. 부적응행동 검사는 1~5점 리커트 척도로 평정하는 11개의 부적응행동 목록으로 구성되어 있다. 부적응행동 점수가 34점 이하이면 교사는 보편적 중재에 더하여 2차 지원을 실시할 수 있다. 부적응행동 점수가 35점 이상이라면 이 학생은 정식 기능평가가 필요하다.

이 외에도 다음과 같은 공식적 선별 도구를 사용할 수 있다.

- 아헨바흐 아동 행동 체크리스트 행동 선별 도구 매뉴얼(Achenbach's Manual for Child Behavior Checklist Behavior Screener: CBCL; Achenbach, 1991)
- 행동정서 선별체계(Behavioral and Emotional Screening System: BASC-2 BESS; Kamphaus & Reynolds, 2007)
- 사회성 기술 평정 척도(Social Skills Rating System: SSRS; Gresham & Elliott, 1990)
- 학생 위험 선별 척도(Student Risk Screening Scale: SRSS; Drummond, 1993)

이 선별 도구들은 학급을 담당하는 교사들이 강도 높은 추가의 중재를 필요로 하는 학생이 누구인지 결정하는 데 도움을 줄 것이다.

자료 수집하기

교사들이 자료를 활용하여 의사결정을 한다면 그 결정은 증거기반이라 할 수 있다. 결정은 행동에 대한 순간의 느낌이 아니라 자료에 기반을 두고 이루어져야 한다. 보편적 선별 도구들은 행동지원팀이 너무 많은 의뢰를 받는 상황을 예방하는 데 도움이 된다. 행동지원팀에 너무 많은 학생이 의뢰되면, 시스템이 혼란에 빠지고 강도 높은 중재가 절실히 필요한 학생에게 제공할 수 있는 지원에 차질이 생긴다. 정식 기능평가와 강도 높은 서비스를 필요로 하는 학생을 결정한 교사는 행동지원팀에게 그 내용을 발표할 수 있도록 준비해야 한다.

1장에서 보았듯이 아주 작은 사건도 행동을 야기할 수 있다. 교실을 담당하는 교사는 '선행사건(antecedents)'이라 불리는 그 작은 사건들을 찾기 위해 약간의 예비 자료를 수집해야 한다. 기능평가를 몸소 실시하든 공식적 행동지원팀에 의뢰하든 간에 여러분은 유용한 자료를 얻고 싶을 것이다. 행동전문가인 나와 동료들은 학생 자료를 건네면서 "이 학생은 때리는 행동을 137회 했어요."라고 말하는 많은 사람을 만나 왔다. 학생이 137회에 걸쳐 때리는 행동을 한 사실은 그 행동의 기능을 파악하거나 행동의 발생을 성공적으로 진정시킬 중재를 결정하는 데 그리 유용하지 않다. 유용한 자료 샘플은 교사나 행동지원팀에게 숨어 있는 황금을 캐낼 수 있는 풍부한 자료를 제공하는 것이어야 한다.

안타깝게도 아무리 신뢰할 수 있는 상당량의 자료라도 지원팀이나 교사에게 행동의 기능을 알려 주지는 않는다. 면담과 간단한 30분의 자료 샘플만으로도 충분한 정보의 파악이 가능할 때도 있지만 선행사건 및 후속결과 자료와 일화 기록이 있어야 기능 파악이 가능한 경우도 있다. 이 책은 학급을 맡고 있는 교사들이 개별 중재를 할 때 어떤 자료를 활용하는 것이 가장 유익한지 판단하도록 돕고자 한다. 교사들이 자료를 수집할 수 있다면 그 자료는 교실에서 실제로 일어나는 일을 잘 담고 있을 것이다.

학교차원의 PBIS에서 자신의 학습을 방해하는 문제행동을 보이는 학생들에게 제공되는 지원은 모든 학생에게 제공되는 보편적 중재, 표적집단 중재를 필요로 하는 학생들에게 제공되는 2차 지원, 이 책에서 다루고 있는 3차 지원을 모두 포함한다. 잘못된 중재가 적용될 경우 문제행동은 증가할 것이다. 따라서 이 책은 학급 교사들이 학생들을 위한 최선의 결정을 내릴 수 있도록 언제 자료를 수집하고 어떤 자료를 수집할지 결정하는 데 도움을 주고자 한다.

어떤 학생이 3차 지원을 필요로 한다는 결정이 내려지면, 교사는 다음과 같은 것들을 결정해야 한다.

1. 변화되어야 할 행동은 무엇인가?
    a. 이 행동은 측정 가능한 용어로 정의되어야 한다.
    b. 이 행동은 관찰 가능한 용어로 정의되어야 한다.
2. 어떤 자료를 수집해야 할 것인가?
3. 누가 자료를 수집할 것인가?
4. 얼마나 오래 자료를 수집해야 할 것인가?
5. 교사의 자료 분석을 도울 누군가가 필요한가?
6. 교사가 행동의 기능에 근거하여 중재를 개발할 때 누군가의 도움이 필요한가?
7. 어떤 중재를 적용할 것인가?
8. 중재의 실행에 참여할 사람(들)은 누구인가?

9. 얼마나 오래 중재를 실행할 것인가?
10. 중재 자료를 수집할 것인가? 한다면 누가 할 것인가?
11. 중재를 어떤 방식으로 점차 줄여 나갈 것인가?
12. 유지 자료를 측정할 것인가?
13. 중재의 성공을 어떻게 판단할 것인가?

이 질문은 PBIS의 필수 요소인 자료기반 의사결정의 주요 부분으로, 이 책은 이러한 질문에 대한 답을 포함하고 있다.

긍정적 행동중재 및 지원

학교차원의 PBIS 연수에 참여하고 있는 학교라면 첫해에 PBIS의 첫 번째 단계인 보편적 중재를 위한 지원팀(이하 보편적 지원팀)을 구성하게 될 것이다. 이 팀은 이틀 이상의 초기 연수에 참석하고 그 학교 환경에서 PBIS의 핵심 개념을 개발하도록 도울 교사 대표들로 구성된다. 일반적으로 학교는 긍정적으로 기술되고 기억하기 쉬운 3~5개의 기대행동을 개발한다. 그다음으로 보편적 지원팀은 기대행동 매트릭스를 만들고, 모든 교직원은 각 기대행동이 학교의 모든 환경에서 어떻게 보이고 들리며 느껴질지를 구체화하는 과정을 통해 매트릭스를 개발하게 된다. 그다음에는 모델링, 연습(practicing), 칭찬(praising)을 통해 기대행동을 지도하고 기억하게 한다. 교사들은 학생들이 기대행동을 수행하는 순간을 '포착'하여 학생이 보인 적절한 행동이 적힌 칭찬카드를 준다. Shores, Gunter와 Jack(1993)은 개인이 올바르게 행동하는 것을 알아봐 주는 것만으로도 행동이 80% 정도 향상된다고 하였다. 교직원의 80% 정도가 이 원칙을 일관성 있게 적용한다면 전교생의 80%는 보편적 중재만으로 충분할 것이다. 그러나 이 원칙에 따라 기대행동을 지도하고, 기억하게 하고, 연습시키고, 칭찬하지 않는다면, 더 많은 학생이 3차 지원을 필요로 하게 될 것이다. 이러한 이유로 PBIS를 실행할 때 최소한 첫 1년은 보편적 중재를 실행할 역량과 성실성을 개발하는 데 전념하는 것이다.

PBIS의 두 번째 단계는 추가의 지원을 필요로 하는 표적집단 학생들에게 중점을 둔다. 이를 담당할 PBIS 대표 교사들은 2차 지원에 대한 하루 이상의 연수에 참여한다. 이 중재는 1년간의 훈육실 의뢰 횟수가 2회 이상인 20%의 학생에게 적용될 것이다. 이 중재는 체크인 체크아웃(check-in/check-out)이나 행동교육계획(Behavior Education Plan: BEP)을 포함할 수 있다. 이 책의 초점이기도 한 PBIS의 세 번째 단계는 보편적 수준이나 표적집단 수준의 중재에 반응하지 않는 5%의 학생을 위한 것이다. 이를 담당할 대표 교사들은 단순화한 3차 지원을 교실에서 실시할 교사들을 지원하는 방법에 대한 하루 이상의 연수에 참여한다. 이 중재는 자료 수집을 포함하여 직접 관찰을 통한 자료기반의 의사결정에 초점을 둔다. 연구에 의하면 1차 지원과 2차 지원이 제대로 실행되지 않을 경우 3차 지원을 필요로 하는 학생들의 수는 5% 이상이 된다.

PBIS는 연구에 기반을 둔 학교차원의 시스템 변화다. 모든 결정은 자료가 입증하는 바를 바탕으로 이루어진다. PBIS는 모든 학교가 동일한 유형의 학생들에게 동일한 중재를 실행하는 정형화된 프로그램이 아니다. PBIS 시스템을 실행하는 1만 개 이상의 학교가 있지만, 어느 두 학교도 완전히 똑같은 방식으로 PBIS를 실행한 적이 없다. 그러나 시스템 변화 절차를 충실하게 실행한 모든 학교는 유사한 결과를 거두었다. 대부분의 학교에서는 훈육실 의뢰가 20~80% 감소하였다. 실행 첫 3년을 합해서 보면 60~80% 정도의 높은 감소를 보였다.

돌을 체에 걸러 금을 찾는 것처럼 자료를 체에 거르는 교사들은 행동 변화에 매우 유용한 자료와 아무 소용이 없는 자료를 결정할 수 있게 된다. Mark Twain은 이렇게 말했다. "같은 일을 반복하면서 다른 결과를 기대하는 사람은 제정신이 아니다." 어떤 아동이 1년에 137회씩이나 타임아웃 되거나 쉬는 시간을 빼앗겼는데 138회째에는 행동과 후속결과의 연결을 깨닫고 행동을 멈출 것이라고 생각하는가? 우리가 지금까지 늘 해 온 일을 계속하는 한 우리는 늘 같은 결과에 봉착할 뿐이다. 우리가 자료를 바탕으로 숨겨진 금을 찾아낼 수 있다면 문제행동 예방 계획을 개발하여 충실하게 실행할 수 있을 것이고, 궁극적으로는 기초선 시기의 훈육실 의뢰 횟수가 감소되었음을 입증함으로써 아동의 진보를 보여 줄 수 있을 것이다.

3장

행동의 기능 파악을 위한 간접적 방법

주요 내용

- 간접 평가에 사용할 수 있는 도구들
- 간접 평가를 활용해야 하는 경우
- 상용화된 간접 평가 도구들

간접 평가는 1명 또는 여러 명의 사람이 구두로 질문에 답을 하거나 질문지를 작성하는 과정을 통해 변화시키려는 문제행동에 대한 정보를 제공한다는 의미로, 정보 평가라고도 부른다. 질문지를 통한 조사는 일반적으로 대상학생과 직접적으로 함께 일하는 성인으로부터 정보를 수집하기 위한 것이다. 이러한 성인에는 교사, 지원 담당자, 행정가, 학교버스 운전사, 코치, 보호관찰관(parole officers), 사회복지사, 부모, 조부모가 포함되며 때로는 대상학생 본인이 질문지에 답할 수도 있다. 학교에서 사용 가능한 다양한 형태의 질문지가 개발되어 있다.

행동은 그것이 발생하는 맥락과 관련이 있다. 맥락은 때때로 배경사건일 수도 있고 서서히 자극으로 발전하는 사건일 수도 있다. 이런 사건들은 즉석에서 바로 보이는 것이 아니기 때문에 행동지원팀이 행동에 대해 부정확한 가정을 갖게 할 수 있다. 이런 이유로 긍정적 행동중재 및 지원(PBIS)의 3차 지원을 할 때 대상학생과 함께 일하는 모든 성인들을 행동지원팀에 포함시켜 두면 많은 이점이 있다. 교사 1명과 상담교사 1명이 만나 행동에 대해 의논하고 지원계획을 세운다면 문제행동의 발생을 서서히 자극하는 사건을 놓칠 가능성이 크다. 예를 들어, 전날 밤 부모님과 벌인 언쟁으로 인해 매우 화가 나 있는 학생이 있다고 하자. 다음 날 아침 이 학생은 학교에 도착하자마자 가방을 내던지며 가방 안에 있던 책들을 바닥에 쏟아 버렸고 그중 몇 권은 지나가던 아이들의 발에 채여 복도 끝까지 날아가기도 했다. 이 두 사건이 해결되지 않은 채 수업이 시작되었고, 교사는 학생에게 소리 내어 책을 읽게 했다. 그러자 그 학생은 "빌어먹을 읽기, 시궁창에나 처박으시지!"라고 소리쳤다. 행동지원팀은 이 행동의 기능을 짐작하는 과정에서 소리 내어 책을 읽으라는 지시로 인해 행동이 발생했다고 생각하겠지만 실제로는 전날 저녁 부모와의 언쟁에서 받은 정서적 고통으로 화가 난 것과 자신의 책이 또래들의 발에 채여 복도에 널브러지게 된 데 대한 불만에 의해 발생했을 가능성이 크다. 이 학생이 학업문제를 가지고 있으며 교사의 수업 방식이나 읽기 과목을 싫어한다면 전날 밤과 등교 시에 일어난 사건은 교실에서의 문제 발생 가능성을 증가시켰을 것이다. 이러한 배경사건은 가시적이지 않을 때가 많기 때문에 학생이나 학생과 관련된 성인을 면담해야 알아낼 수 있다.

일화 기록, 질문지, 면담이 유용한 또 다른 경우는 매년 9~12월 셋째 화요일에만(즉, 매우 가끔씩만) 행동이 발생할 때다. 이 경우 열흘 또는 20일간 자료 수집을 해도 행동 패턴을 찾을 수 없다. 예를 들면, 8월 중 5일에 걸쳐 계절성 정동장애(Seasonal Affective Disorder: SAD)를 가진 학생에 대한 자료 샘플을 수집할 경우 뚜렷한 패턴이 나타나지 않을 것이고, 행동에 영향을 미치는 식품 알레르기를 가진 학생의 경우 부모 면담이나 일화 기록 없이는 상황을 파악하기 어려울 것이다. 이런 경우 행동의 기능은 간접 평가를 통해 결정되어야 한다.

아동이 자신이나 타인의 안전에 위협이 되는 행동을 보인다면 중재가 신속하게 시작되어야 한다. 이 경우 문제 상황을 관찰하여 자료를 수집하기는 불가능할 것이다. 안전과 관련된 문제일 때는 간접적 방법을 쓰는 것이 행동의 기능 판별에 더 유익하다. 간접적 방법에는 일화 기록, 면담, 질문지 또는 공식적 평정 도구 등이 있다.

일화 기록

일화 기록은 일반적으로 아동과 가까이 지내는 성인들이 작성한 아동 행동에 대한 비공식적 관찰 기록을 말한다. 일화 기록의 목적은 장기간에 걸친 행동 및 학업 발달 상황에 대한 정보를 제공하는 것이다.

일화 기록은 간결하고 명료하며 기록자의 사적인 의견이 배제될 때 가장 유용하다. 일화 기록은 매일 특정 사건이나 관찰 직후에 바로 작성되어야 한다. 어떤 교사들은 포스트잇에 관찰한 것을 기록해 두었다가 그 학생의 관찰 기록장에 붙인다. 다른 교사들은 학생별로 스프링 노트를 마련하고 시간 순으로 관찰한 바를 기록한다. 스프링 노트를 이용할 때 한 가지 주의할 점은 너무 많은 정보를 기록하게 될 수도 있다는 점이다. 일화 기록의 목적은 문제 행동을 지속시키는 패턴, 선행사건이나 배경사건에 대한 정보를 신속하게 알아내는 것이다. 일화 기록을 하는 성인이 너무 많은 정보나 사적인 의견을 써 놓으면 해독하기가 어려울 수 있다. 〈표 3-1〉은 일화 기록의 예다.

이상적으로는 애나가 타인을 때리는 행동의 기능을 알아내기 위해 좀 더 자료를 모으는 것이 좋다. 그러나 교사의 입장에서는 애나가 이미 두 번이나 다른 아이를 때렸고 한 번은 자신의 안전을 위협하는 행동을 보였기 때문에 바로 조치를 취하지 않을 수 없다.

표 3-1 일화 기록의 예

8월 1~5일	애나	밥	이브	한나	엠마(Emme)
월	1:17 이브를 때림		1:13~1:36 수업 중 잠듦	독감으로 결석	
화		10:11 읽기 차례가 되자 트림 소리를 냄		독감으로 결석	
수	2:37 밥을 때림			9:24 쓰기 과제를 주자 눈물을 흘림	
목					지각
금	1:11 길에서 대열을 이탈함				

교사는 일화 기록을 바탕으로 애나가 점심시간이 끝난 이후인 오후 시간에 위험한 행동을 보인다는 것을 파악했다. 일화 기록에서 얻은 아이디어를 출발점으로 하여 교사는 점심식사 후의 쉬는 시간을 담당하는 교직원과 이야기를 나누었는데, 그 결과 애나가 이 시간에 운동장 가장자리를 걷기만 할 뿐 다른 아이들과 노는 일이 없음을 알게 되었다. 어머니와의 통화에서는 애나가 학교나 이웃에 친하게 지내는 친구가 없음을 발견하였다. 교사는 애나가 보이는 행동이 친구가 없을 뿐 아니라 친구를 사귀는 방법도 모르는 데서 비롯되었다고 판단하였다. 교사는 상담교사와 함께 애나를 주인공으로 하는 친구 사귀기 스토리를 파워포인트로 제작하였다. 애나는 이 파워포인트를 점심식사 후 쉬는 시간이 되기 직전에 시청하였다. 교사와 쉬는 시간 담당 교직원은 애나에게 지도한 교체행동이 운동장에서 효과를 발휘하고 있는지 애나와 함께 점검하였다. 교사는 이 중재가 위험한 행동을 줄이는 데 도움이 되었는지 알아보기 위해 일화 기록을 계속 작성하였다.

면담

행동의 기능을 알아내기 위해 면담을 활용한 예를 살펴보자. 테리(Terry)는 경도의 읽기 학습장애를 가진 7학년 학생이다. 테리는 수학시간에 너무 자주 떠드는 행동을 보여 기능평가 대상자로 의뢰되었다. 행동전문가가 30분간 테리를 관찰한 결과, 테리는 30분 동안 63회에 걸쳐 교사가 말을 하는 중에 끼어들어 떠든 것으로 나타났다. 행동전문가는 그러한 행동을 유발할 만한 교사의 수업 방식 측면의 문제점은 전혀 발견하지 못했다. 며칠에 걸쳐 자료를 더 수집하는 대신, 행동전문가는 테리를 가르치는 다른 교사들을 면담하는 것이 좋겠다고 생각하였다. 행동전문가는 테리를 가르치는 모든 교사와 테리의 떠드는 행동에 대한 면담을 실시하였다. 면담에 참여한 모든 교사는 테리가 수업 중에 떠드는 것을 본 적이 없다고 하였다.

행동전문가는 수학교사를 다시 면담하였다. 행동전문가와 수학교사는 테리가 수업 중에 떠들면서 한 말을 목록으로 작성해 보았다. 다음은 그 목록의 내용이다.

- 너 지금 몇 번 풀고 있니?
- 그 문제를 풀 때는 나눗셈을 하기 전에 곱셈부터 해야 해.
- 10번 아직 안 풀었니? 괄호 안부터 먼저 풀어.
- 15번 풀 때 정신 바짝 차려야 해.

대부분의 내용은 테리가 풀고 있는 학습지와 동일한 학습지를 풀고 있는 다른 학생을 향한 것이었고 테리의 말은 친구들이 수학문제를 풀 때 실수하지 않도록 도우려는 내용이었다.

다음으로, 행동전문가는 수학교사에게 테리의 수학 성적을 보여 달라고 하였다. 수학 성적을 살펴본 결과, 다른 모든 과목에서 C나 D를 받은 테리가 수학에서는 A를 받았음을 발견하였다. 행동전문가와 수학교사는 테리의 행동이 또래의 관심을 끌기 위한 것이고 친구들을 도우려던 것임을 확신하였다.

교사와 행동전문가는 테리를 위한 토큰경제를 실시하기로 하고, 수학시간에 타인을 가르치는 시간(즉, 테리가 원하는 것)을 보상으로 포함시켰다. 두 교사는 테리와 테리 어머니와의 미팅 일정도 계획하였다. 지원팀은 테리가 조용하게 수업을 받을 때마다 티켓을 주고 10개의 티켓을 모으면 교실 앞으로 나가서 학급 친구들에게 전날 어머니와 함께 준비한 수학수업을 할 수 있게 하기로 결정하였다. 테리의 어머니에게는 테리가 친구들에게 할 수업을 준비하는 데 참고할 강의안을 드렸다.

테리는 수업에서 더 이상 떠들지 않았고 친구들에게 하는 짧은 수학수업도 훌륭하게 해냈다. 7학년 수학교사는 이번 중재를 8학년 수학교사에게 소개하였다. 8학년 수학교사는 다음 학년이 시작된 첫 달에 이 중재를 서서히 줄여 갔다.

이 예화에서는 행동의 기능을 판별하고 기능에 근거한 중재를 개발하는 데 필요한 것이 교사들과의 면담뿐이었다. 테리의 행동은 본질상 공격적이지는 않았지만 타인의 학습에 매우 방해가 되는 것이었다. 30분의 시간을 표집하여 관찰을 실시하고 교사들과의 면담을 실시한 것은 신속한 해결방안을 도출할 수 있는 가장 빠른 방법이었다.

질문지와 공식적 평정 도구

신속한 답이 필요한 상황이라면 질문지나 공식적 평정 도구가 유용할 때가 있다. 질문지나 공식적 평정 도구의 응답자는 교사, 지원 인력, 부모, 학생 본인 등이다. 많은 교육구는 행동의 기능을 파악하기 위해 자체적으로 비공식적 질문지를 개발해 왔다. 이러한 질문지들은 일반적으로 학생이 특정 행동을 함으로써 얻으려 하거나 회피하려는 것을 알아내기 위한 20개 내외의 질문으로 이루어져 있다. 안타깝게도 많은 교육구는 16~20개의 질문으로 이루어진 동일한 질문지를 모든 기능평가에 일률적으로 사용한다.

2장에서 배운 것처럼 행동은 학습되는 것이고 이전의 반응에 의해 지속된다. 때로는 우리가 변화시키려는 행동을 야기하는 선행사건과 후속결과를 알아내기 위해 20개 이상의 질문이 필요할 수 있다. 질문지나 공식적 평정 도구를 면담과 함께 실시하면 특정 문제행동의 선행사건과 후속결과를 파악하는 것이 더욱 용이할 수 있다. 다음은 질문지와 공식적 평정 도구의 예시들이다.

질문지와 공식적 평정 도구의 예시

문제행동 질문지(Problem Behavior Questionnaire, 이하 PBQ)

PBQ는 1994년 Lewis, Scott과 Sugai가 제작하였다. 이 도구는 행동의 기능을 알아내기 위해 질문지를 사용하는 간접적 방법의 좋은 예다.

PBQ는 지원팀이 변화시키려 하는 행동을 보이는 학생과 함께 일하며 직접적인 정보를 알고 있는 1명 이상의 성인이 응답한다. 응답자는 특정 행동의 발생 일화를 기억해 내어 15개의 문항에 답하게 된다. 응답자는 대상학생이 각 문항에 서술된 행동을 얼마나 많이 보이는지를 기준으로 해당 번호에 동그라미 표시를 한다. 학생이 그 행동을 보인 적이 없다면 0에, 그 행동을 항상 보인다면 6에 동그라미 표시를 하며, 그 중간인 10%, 25%, 50%, 75%의 발생 정도에 대해서는 2, 3, 4, 5에 동그라미 표시를 한다. 15개 문항을 평정한 후 응답자는 ① 또래, ② 성인, ③ 배경사건이라는 3개의 주요 범주로 나누어 결과를 분석한다. 성인과 또래 범주는 다시 '관심'과 '회피'라는 2개의 하위 범주로 나뉜다.

이 도구에서 3점 이상으로 평정된 모든 문항은 문제행동의 기능과 관련될 가능성이 크다. 특정 하위 범주(예: ② 성인 영역 중 '회피' 또는 ① 또래 영역 중 '관심')에 속하는 둘 이상의 문항이 3점 이상으로 평정되었다면 그것이 행동의 주요 기능일 가능성이 크다. 행동지원팀이 이 도구를 토의의 기본 자료로 활용하여 면담을 실시하면 행동의 기능에 대한 가설을 수립할 수 있을 것이다.

기능분석 선별 도구(Functional Analysis Screening Tool, 이하 FAST)

FAST는 1996년 Iwata와 Deloeon이 제작하였다. 이 도구는 문제행동에 영향을 미치는 환경적·물리적 요소를 판별한다. 이 도구의 이름에 '선별 도구(screening tool)'라는 단어가 포함된 점에서 알 수 있듯이, 이 도구만으로 기능평가를 완성할 수는 없고, FAST는 종합적인 기능평가의 일부로만 사용되어

야 한다.

이 도구는 문제행동을 지속시킬 가능성이 높은 다음의 다섯 가지 변인을 파악하기 위한 27개 문항으로 구성되어 있다. ① 사회적 강화(관심), ② 사회적 강화(특정 활동이나 물건에 대한 접근 허용), ③ 사회적 강화(회피), ④ 자동 강화(감각 자극), ⑤ 자동 강화(고통 감소). 행동지원팀은 이 도구에서 얻은 정보를 시작점으로 하여 더 자세한 분석을 할 수 있을 것이다.

동기사정 척도(Motivational Assessment Scale, 이하 MAS)

MAS는 1992년 Durand와 Crimmins가 개발하였다. 이 도구는 16개의 질문과 간단한 채점 가이드로 구성되어 있다. 결과 분석 시에는 행동이 ① 감각, ② 회피, ③ 구체물, ④ 관심 중 무엇과 관련된 것인지를 본다. 이 도구는 행동지원팀이 문제행동에 대한 적절한 강화제와 중재방법을 판별하는 데 도움을 준다. MAS에 응답하는 사람은 잘 정의된 한 가지 행동을 선택한 후 MAS를 이용하여 그 행동을 평정하게 된다. MAS 역시 이 도구만으로 기능평가를 완성할 수는 없으며 종합적인 기능평가의 일부로 사용된다.

일반적 질문지들

많은 학교가 질문지나 평정 척도를 자체적으로 개발하여 학생 행동의 기능을 파악하기 위해 광범위하게 사용해 왔다. 선행연구를 간략하게 검토해 보면 교사들이 행동의 기능을 얼마나 정확하게 파악하고 있는지에 대해 명확한 자료가 제시된 적은 없다. 그러나 학생의 행동이 자신과 타인을 위협할 정도가 아니어서 어느 정도 시간이 허락된다면, 질문지뿐 아니라 더 많은 정보를 함께 고려하여 신중하게 기능을 판단하는 것이 좋다.

4장

자료 수집을 위한 직접적 방법

주요 내용

- 자료 수집을 위한 직접적이거나 설명적인 방법
- 자료 수집을 위한 기법들
- 자료 수집을 위해 직접적 방법을 고려해야 하는 상황들

자신이나 타인의 학습을 방해하는 아동을 위해 주 차원(statewide)의 행동 중재 프로그램을 실행하는 동안 비공식적인 연구 프로젝트를 동시에 진행한 적이 있다. 1년간 내가 운영하는 프로그램에 아동이 의뢰되면 아동을 만나기 전에 문제행동 질문지(PBQ; Lewis, Scott, & Sugai, 1994)를 먼저 지원팀에 보냈다. 팀이 작성하여 보내 준 PBQ는 즉시 봉하여 별도의 장소에 두었다. 지원팀이 기능평가를 마치고 자료를 분석하여 선행적(proactive) 중재계획을 개발하고 이를 실행한 결과로 문제행동이 기초선에 비해 최소한 80% 감소하여 해당 사례를 종결하는 시점에 이르면 봉인하여 보관해 둔 PBQ를 꺼내서 채점을 했다. PBQ는 행동의 이면에 있는 기능을 성인이 어떻게 인식하는지를 묻는 15개의 문항으로 이루어져 있다. 우리 센터에 의뢰되었던 학생 중 100명을 무작위로 뽑아서 계산해 본 결과, 그중 28%에서만 PBQ를 통해 파악한 행동의 기능과 행동지원팀이 직접 관찰을 통해 판별한 실제 기능이 일치했다. 이 말은 PBQ가 잘못된 도구라는 뜻이 아니라, 직접 관찰을 통해 자료를 수집할 시간이 있고 학생이 위험에 처하거나 다른 사람을 위험에 처하게 하는 상황만 아니라면 지원팀이 행동의 기능을 판별할 때 PBQ 외의 추가 수단으로 직접 관찰을 실시하고 이 자료를 PBQ와 함께 살펴보아야 한다는 뜻이다. 이 비공식적 연구 프로젝트는 1개의 주(state)에서만 실행된 것으로, 자신과 타인의 학습을 방해하는 행동으로 인해 학교 측에서 우리 센터에 지원을 요청했던 학생 중 100명만을 무작위로 선정하여 살펴본 결과라는 점에 유의하기 바란다.

직접 관찰은 학생이 대부분의 시간을 보내는 그 환경에서 자료를 수집함을 의미한다. 학생이 치료실이나 특수교육 지원실에서 하루 종일 머물지 않는 한, 자료 수집을 위해 학생을 치료실이나 지원실로 불러내는 일은 없다. 교사들은 학생에 대한 자료를 수집하라는 당부를 받는다. 그러나 불행하게도 그걸로 끝이다. 자료를 수집하라고 하면서 누구도 어떻게 자료를 수집하며 자료를 수집한 후에는 그 자료 안에 숨은 황금을 어떻게 찾아내며 찾아낸 황금으로 무엇을 해야 하는지 알려 주지 않는다.

행동전문가로서 행동지원을 위해 교실을 방문하면 교사는 대상학생이 하루 평균 157회 허락 없이 불쑥 말하는 행동을 보인다고 말하곤 한다. 교사들은 야구 계수기(baseball clicker)를 이용하여 행동의 빈도를 측정하고 있었다. 이러한 정보는 좋은 기초선 자료가 되긴 하지만 빈도만으로는 행동 이전에 어떤 배경사건과 선행사건이 일어나고 있었는지 알 수가 없다. 또한 행동이 발생한 후 그 환경에서 어떤 일이 일어났는지도 알 수 없다. 대상학생이 불쑥 한마디를 하자 다른 학생들이 웃음을 터뜨렸을까? 교사가 떠든 학생에게 다가가 꾸중을 했을까? 우리는 '① 학생은 이 행동을 하여 무엇을 획득하게 되었는가?' 또는 '② 학생이 이 행동을 함으로써 무엇을 회피하게 되었는가?'를 알아내야 한다. 행동의 대표적 기능인 이 두 범주(획득과 회피)에 대해서는 1장에서 설명하였다.

교사들은 자료 수집을 위해 많은 도구를 활용할 수 있다. 여기서는 ① 빈도(frequency) 자료, ② 지속시간(duration) 자료, ③ 분 단위(minute-by-minute) 자료, ④ 간격 표집법(interval sample), ⑤ 산점도(scatter plot), ⑥ 선행사건, 행동, 후속결과(ABC) 자료를 자세히 살펴볼 것이다. 이 각각의 방법들은 때와 장소에 따라 그 유용성이 다르다. 우리는 마치 TV 드라마에 나오는 CSI(Crime Scene Investigation)처럼 행동을 조사하지만, 우리가 말하는 CSI는 인과관계 수사대(Causal Science Investigation)의 약자다. 우리는 행동에 대해 선제적으로 중재하기 위해 행동의 '원인'을 찾아내려는 것이다.

자료 수집에 대해 어떤 연구자들은 행동의 기능을 결정하는 데 10회 정도의 샘플을 확보하는 것이 바람직하다고 본다. 어떤 아이들은 이러한 샘플 확보가 매우 쉬워서 단 5분 만에 10회의 행동 샘플을 보여 주기도 한다. 그러나 우리는 학생의 삶에서 단 5분을 근거로 중재 전략을 세우고 싶지는 않다. 우리는 종종 많은 선행사건과 배경사건에 패턴이 있음을 발견한다. 특정 요일, 하루 중 특정 시간, 특정 과목, 특정인, 특별한 사건 등이 어떤 행동을 자주 발생시키는 원인으로 작용할 수 있다. 우리는 발생 가능한 모든 패턴을 판별할 정도의 충분한 자료를 수집해야 한다. 이를 위해 3일, 5일, 심지어 10일치의 자료가 필요할 수도 있다. 돌아보면 행동의 기능을 30분 이내에 바로 찾은 적도 있었지만 빈도가 낮은 행동의 경우 1년이 걸린 적도 있었다. 기능을 찾는 데 소요되는 시간은 상황에 따라 다르다. 행동지원팀이 구성되면 어느 정도의 자료를 수집해야 하는지를 결정하는 데 도움이 된다.

직접 관찰을 위한 여러 방법과 각 방법이 유용하게 사용되는 경우의 예

빈도 자료

빈도(frequency) 자료는 빠르게 연속적으로 문제행동을 보이는 학생들에게 유용하다. 행동전문가들은 교사들이 전해 주는 자료가 손쉽게 수집 가능한 것이기를 바라는 동시에 행동전문가들에게 최대한 유용한 정보를 줄 수 있는 것이기를 바란다. 빈도 자료를 수집하는 한 가지 방법은 하루를 수업 과목과 시간대별로 구분하는 것이다. 〈표 4-1〉은 빈도 자료를 수집할 때 사용할 수 있는 도표의 예다.

표 4-1 빈도 자료 서식

학생명: 바비(Bobby)
문제행동: 수업 중 엉뚱한 말 하기
날짜: 2009. ___. ___.

시간	과목	횟수	학생이 엉뚱한 말을 한 후 발생한 일에 대한 일화 기록
8:00~8:50	영어	57	바비가 한 말을 들은 다른 학생들이 웃음을 터뜨림
8:51~8:54	복도(이동)		
8:55~9:45	과학	63	바비가 말을 하기 시작하자 다른 학생들이 더 해 보라고 부추김
9:46~9:49	복도(이동)		
9:50~10:40	수학	2	내(교사)가 바비를 무섭게 쳐다보자 말하기를 멈춤

이 도표는 하루 전체에 걸쳐 완성되는 것이다. 각 과목의 교사들은 야구 계수기를 사용하여 자신의 수업에서 대상학생이 문제행동을 보인 횟수를 세게 된다. 누군가 자신을 관찰하고 있음을 아는 것만으로도 행동이 변할 수 있기 때문에 외부인을 활용하여 하루 종일 대상학생을 따라다니며 관찰하게 하는 것보다는 일과에 따라 원래 그 학생을 담당하게 되어 있는 각 과목의 교사가 자료를 수집하는 것이 제일 좋다.

며칠 동안 지원팀이 자료 수집을 하고 나면 각 팀원이 계수한 자료를 하나의 종이에 합하여 표시하고 이를 분석하여 패턴을 찾는다. 〈표 4-1〉에서 왜 수학시간에는 문제가 적게 발생하고 영어시간과 과학시간에는 문제가 많이 발생했을까? 문제행동의 기능은 또래의 관심을 얻는 것이었을까? 지원팀은 이 자료를 이용하여 가설을 세우고 중재를 위해 가설을 시험해 볼 수 있다. 특정 요일이나 시간, 특정 과목과 같은 선행사건이 파악되면 지원계획을 세워서 언제 예방 노력을 해야 할 것인지를 알 수 있다. 행동이 발생하기 전 환경에서 어떤 일이 있었는지를 살펴봄으로써 우리는 행동의 기능을 알아낼 수 있다. 이 행동을 함으로써 학생이 얻으려고 하거나 회피하려고 한 것은 무엇인가를 보는 것이다. 수업 중 엉뚱한 말을 하는 바비의 행동에 대한 중재의 예는 13장에 제시되어 있다.

지속시간 자료

지속시간(duration) 자료는 장시간 발생할 가능성이 있는 행동들, 예를 들면 자기자극, 잠자기, 울기, 자해행동처럼 오래 지속되는 행동을 관찰할 때 유용하다. 이런 행동들은 빈도를 통해 패턴을 발견하려는 노력이 그리 많은 정보를 주지 못한다. 이런 행동들을 위해서는 지속시간 자료가 더 적절하다. 지속시간 자료를 수집하는 방법 중 하나는 하루를 30분 구간으로 나누고 각 구간에서 학생의 문제행동이 얼마나 오래 지속되었는지 기록하는 것이다. 〈표 4-2〉는 수업 중에 잠을 자는 샐리(Sally)의 지속시간 자료 예시다.

이 사례는 매일 아침 30분씩 자고 그 이후 몇 시간 동안에는 잠시 졸다가 그 이후부터는 별 문제 없이 하루를 보냈던 학생의 실제 상황이다. 행동지원 전문가로 투입된 나와 동료들은 5일간 자료를 수집한 후 학생의 행동지원팀과 협의회를 가졌다. 우리는 샐리가 아침 6시 15분에 버스에 탄 후 8시에 학

표 4-2 지속시간 자료 서식

학생명: 샐리
날짜: 2009. 2. 19.
수업 중 잠자기

시간	잠든 시간(분)	샐리가 잠들었을 때 성인의 반응	성인의 반응에 대한 샐리의 반응
8:00~8:30	23	학생에게 말을 걸고 어깨를 가볍게 두드려 줌	계속 잠을 잠
8:31~9:00	2	어깨를 가볍게 두드려 줌	잠에서 깨어 과제를 함
9:01~9:30	6	가까이 다가감	잠에서 깨어 과제를 함
9:31~10:00	0	아무 행동도 하지 않음	과제를 잘 함

교에 도착한다는 것을 알게 되었다. 샐리는 거의 2시간 동안 버스를 타는 셈이었고 버스 정류장에 제시간에 도착하기 위해 새벽 5시 30분에 일어나고 있었다. 너무 이른 시간에 일어난 데다 그렇게 오래 버스를 탔기 때문에 샐리는 매우 피곤할 것임이 분명했다. 우리는 바로 통학버스 담당자에게 전화를 하여 샐리가 아침에 지금처럼 오래 버스를 타지 않아도 되는 다른 노선이 있는지 물었다. 아쉽게도 그런 노선은 없었지만 이런 대안을 찾아본 건 잘한 일이었다. 우리는 그다음 주에 다시 모여서 대책회의를 하기로 했다. 다음 모임 시간이 되기 전에 샐리의 엄마가 7시 30분에 샐리를 학교까지 태워 줄 이웃을 찾았다. 샐리 엄마는 샐리를 태워 주는 데 대한 보답으로 주말마다 그 이웃의 아기를 돌봐 주기로 했다. 샐리는 아침에 75분을 더 잘 수 있게 되었고 오전 수업 중 잠이 들게 만들었던 2시간 가까운 버스 승차 대신 15분만 차를 타면 학교에 도착하게 되었다. 자료에 대한 고찰은 우리로 하여금 행동 이면의 원인을 분석하게 해 주었다. 13장에는 수업시간에 자는 학생들을 지원할 더 많은 아이디어가 제시되어 있다.

분 단위 자료

분 단위(minute-by-minute) 자료는 매우 바쁜 일과 중에 신속하게 행동을 측정해야 하는 성인들에게 유용하다. 이 방법은 한밤중에 발생한 테러 수준의 문제행동, 텐트럼, 뇌전증 등의 성격을 가진 행동을 측정할 때 도움이 된다. 분 단위 자료 기록지에는 각 칸마다 분이 적혀 있는데 성인은 해당되는 칸에 표시를 하게 된다. 예를 들어, 지원팀이 유치원에서 텐트럼을 자주 일으키는 타티아나(Tatiana)에 관해 자료를 수집한다고 가정해 보자. 유치원은 일반적으로 1명의 교사가 20명의 유아를 담당해야 하기 때문에 교사들이 많은 자료를 수집하기가 쉽지 않다. 이런 경우 교사들은 각 행동이 발생된 후 지속되는 시간만큼 기록지의 칸에 T자 선을 그리는 방식으로 자료를 기록할 수 있다. 〈표 4-3〉은 여러 날에 걸쳐 수집된 자료의 일부를 보여 주는데, 지원팀은 이러한 자료를 보고 행동의 패턴을 파악할 수 있다. 그다음으로 지원팀은 일과표와 비교하여 이 행동에 작용하는 선행사건이 무엇인지 찾아낼 것이다. 또한 지원팀은 문제행동을 유지시키는 후속결과를 판별하기 위해 학생의 문제행동에 교사가 어떻게 반응했는지를 묻는 교사면담을 실시해야 한다.

이러한 간단한 샘플에서도 우리는 행동이 8시 3분에 시작하여 8시 8분에 끝났으며 다시 8시 40분에 행동이 시작되어 8시 47분에 끝났음을 알 수 있다. 이 시간이 어떤 시간이었는지를 알아보기 위해 학급 시간표를 살펴본 결과, 8시 3분이 모든 유아가 대집단으로 모여 보드판을 이용한 활동을 시작했던 시간임을 알게 되었다. 교사면담을 통해 문제행동에 대한 교사의 반응을 질문하자, 교사는 보드판 활동을 하는 동안 타티아나를 자신의 오른쪽 옆에 앉히고 달력 활동에서 포인터로 사용하는 요술봉을 쥐고 있게 해 주었다고 했다. 나와 동료들은 또한 8시 40분이 모든 학생이 자신의 책상에서 종이에 이름 쓰기를 연습한 시간임을 파악하였다. 교사가 지원팀에 알려 준 바에 의하면 타티아나가 텐트럼을 일으킬 때 교사는 타티아나가 이름 쓰기를 시

표 4-3 분 단위 자료

8:00	8:09	8:18	8:27	8:36	8:45
8:01	8:10	8:19	8:28	8:37	8:46
8:02	8:11	8:20	8:29	8:38	8:47
8:03	8:12	8:21	8:30	8:39	8:48
8:04	8:13	8:22	8:31	8:40	8:49
8:05	8:14	8:23	8:32	8:41	8:50
8:06	8:15	8:24	8:33	8:42	8:51
8:07	8:16	8:25	8:34	8:43	8:52
8:08	8:17	8:26	8:35	8:44	8:53

작하도록 도움을 제공하고 처음 몇 번은 함께 이름을 써 준다고 한다. 며칠간 이러한 자료를 검토한 결과, 텐트럼의 기능은 성인의 관심을 끌기 위한 것이었음이 명백해졌다. 그 덕분에 우리는 활동 간 전이가 일어나기 전에 교사가 타티아나에게 관심을 표현할 기회를 교사의 일과 중에 삽입하여 텐트럼을 예방할 수 있었다. 13장에는 이 아동을 위해 실행된 중재의 예가 제시되어 있다.

간격 표집법

나와 동료들은 하루에 200회 이상의 문제행동을 보이는 아동과 일해 본 적이 있다. 이렇게 많은 횟수의 문제행동을 보이는 아동을 대상으로 며칠 이상 자료를 수집하기란 거의 불가능하다. 간격 표집법에는 몇 가지 유형이 있다(부분 간격, 전체 간격, 순간 표집). 여기서는 순간 표집법(momentary time sample)을 살펴보겠다. 이 사례에서 성인은 타이머를 15분 간격으로 울리게 설정하였다. 타이머가 울리면 성인은 아동이 문제행동을 하고 있는지 보기 위해 아동 쪽을 쳐다본다. 타이머 소리가 학생들에게 방해가 되지 않으려면 휴대폰 알람을 진동모드로 설정하는 것이 가장 좋은 방법이다. 학생이 문제행동을 하고 있으면 성인은 해당 칸에 × 표시를 한다. 학생이 문제행동을 하고 있지 않다면 그 칸을 비워 둔다. 이 방법은 모든 자료 수집 방법 중 행동지원팀에게 제공하는 정보의 양이 가장 적다는 단점이 있지만, 착석행동, 과제수행 행동, 옆사람에게 말 걸기, 연필로 장난치기 같은 일부 행동을 측정하는 데 도움이 된다. 자기 자리에 앉아 과제를 하는 대신 자리를 이탈하여 교실을 돌아다니는 아동을 예로 들어 보자. 이 자료 수집 방법은 기초선을 알게 해 줄 것이고 이후의 중재가 효과적인지 알 수 있게 해 줄 것이다. 〈표 4-4〉는 교실을 돌아다니는 문제행동을 보이는 레지널드(Reginald)의 예를 보여 준다.

표 4-4 간격 표집 자료

8:00	×
8:15	
8:30	×
8:45	×
9:00	

만약 우리가 이틀간 자료를 수집한다면 기초선을 퍼센트로 표시할 수 있다. 레지널드의 경우 64회의 시간 표집 관찰 중 자리이탈 횟수가 45회였다. 이는 레지널드의 자리이탈 행동 발생률이 70%임을 뜻한다. 우리 팀은 레지널드가 자신의 자리에서도 고유수용 자극에 접근할 수 있도록 감각통합중재를 적용하였고, 이 중재가 레지널드의 행동을 기초선보다 감소시켰는지 알아보기 위해 몇 주가 지난 후 동일한 간격 표집법을 사용하였다. 13장에는 이 중재를 적용한 예시가 제시되어 있다.

지연시간 자료

지연시간(latency) 자료가 요긴한 두 가지 경우가 있다. 먼저 어떤 아이들은 지시를 들은 후 꾸물거리면서 시간이 꽤 지나야 지시를 이행한다. 이런 유형의 아이들에게는 지연시간 자료를 이용하여 기초선을 파악하고 이후 중재가 효과적이었는지를 알아보는 것이 좋다. 이 방법을 적용해야 하는 두 번째 경우는 아동이 언어 처리 과정에 장애가 있을 때다. 한번은 직무지도원(job coach)과 함께 직장에서 일하는 장애 성인에 대한 자료를 수집한 적이 있다. 그 성인은 1시간 동안 57회의 언어적 촉진을 받았다. 직무지도원은 그 성인에게 언어적 지시를 한 후 이를 처리할 시간을 주지 않은 채 지시를 반복했는데 이는 그 성인의 지시 처리 과정에 방해가 되었다. 여기서는 꾸물거림으로 인해 과제를 시작하기까지 오랜 시간이 걸리는 폴리(Polly)를 예로 들어 보자. 〈표 4-5〉는 폴리가 과제를 시작하기까지 걸리는 시간을 기록한 간단한 도표다.

지원팀은 며칠간의 자료 수집 후, 폴리가 책에 있는 문제를 읽고 답을 쓰는 이해도 확인 질문에 답해야 할 때 이를 시작하기까지 걸리는 시간이 길다는 결론을 내렸다. 팀은 이 정보를 이용하여 가설을 수립하였다. 중재가 실행된 후 팀은 동일한 자료 수집 서식으로 폴리의 진보를 측정하였다. 폴리를 위한 중재의 예는 13장에 제시되어 있다.

표 4-5 꾸물거리는 폴리의 지연시간 자료

맥락	지시가 주어진 시간	과제를 시작하기까지 걸린 시간 (초시계 사용)
읽기 과제: 읽은 내용을 이해했는지 알아보는 질문에 답하기	오전 8:17	5분 23초
수학 과제: 수업을 위한 복습	오전 10:47	17초
사회 과제: 3단원에 대한 이해도 확인 질문에 답하기	오후 2:14	6분 45초

산점도

산점도(scatter plots)는 교사가 자료를 풍부하게 수집할 시간이 없는 상황에서 고빈도로 발생하는 행동을 측정하는 데 매우 유용하다. 이 방법은 간격표집법과 유사하지만 좀 더 많은 정보를 제공해 주는 반면, 교사의 시간을 좀 더 많이 필요로 한다. 산점도를 이용한 측정에서는 행동의 빈도와 자료를 수집하는 교사의 여력을 고려하여 하루를 여러 간격으로 나누게 된다. 우리 팀은 선사시대의 맹수가 냈을 법한 음색의 소리를 반복해서 내는 롤리(Raleigh)라는 청소년을 지원한 적이 있다. 이 학생은 귀청이 찢어질 듯한 목소리를 매우 자주 내는 것으로 자기자극을 하고 있었다. 지원팀은 맹수가 내는 것 같은 그의 소리내기를 기록하기 위해 산점도를 사용하기로 하였다. [그림 4-1]은 그 자료의 일부를 보여 준다.

자료를 10일간 수집한 후 우리는 롤리의 소리내기가 금요일과 혼잡한 이동시간 직후에 많이 발생함을 발견하였다. 매일 8시부터 8시 30분까지는 학생들이 학교에 도착한 후 다른 학생들과 함께 학교 식당에서 대기하다가 안내에 따라 차례대로 교실로 이동하는 시간이고, 10시부터 10시 30분까지는 특수체육이 끝난 직후의 시간이다. 롤리가 오후 시간에 보이는 소리내기 역시 혼잡한 이동시간과 관련이 있었다. 행동지원팀은 이러한 자료를 이용하여 혼잡한 이동시간이 행동을 유지시킨다는 가설을 세우고 이를 바탕으로 행동중재계획을 수립하였다. 중재를 실행하고 몇 주가 지난 후 수집된 자료는 명백한 문제행동의 감소를 보여 주었다. 롤리에게 적용된 중재 예시는 13장

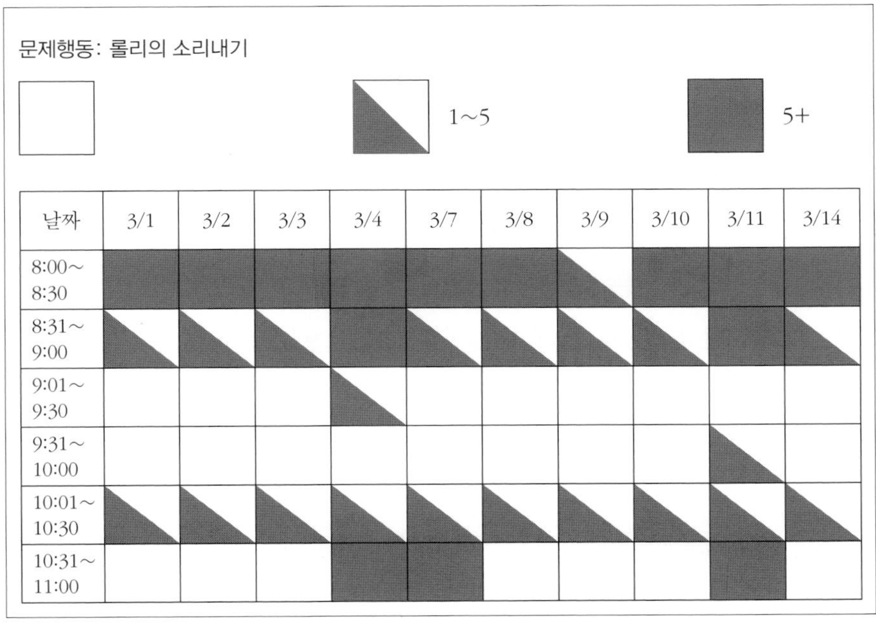

[그림 4-1] 산점도

에 제시되어 있다.

ABC 자료

자료 수집의 으뜸은 선행사건(antecedent), 행동(behavior), 후속결과(consequence)에 대한 자료라 할 수 있는데, 이는 ABC 자료 수집이라는 이름으로 더 잘 알려져 있다. 이 방법은 발생한 행동과 관련된 선행사건과 후속결과에 주목한다. 이 방법은 하루에 8회 이하의 행동을 보이는 학생을 관찰할 때 가장 유용하다. 행동전문가들은 한 번에 측정할 수 있는 행동을 최대 세 가지로 제한하려 노력하지만 할 일이 매우 많은 교사들의 경우 한 번에 한 가지 행동만 측정해도 충분하다. 일반적으로 가장 심각한 하나의 행동을 중재하면서 아동의 요구가 충족되기 시작하면 다른 여러 행동은 사라진다. ABC 자료 수집(Alberto & Troutman, 2003)은 공식적 훈련을 받지 않은 교사들이 판독하기가 어렵다. 조지아주 포레스트 파크에서 일하는 행동전문가들은 훈련을 전혀 받지 않은 사람도 자료를 분석하여 행동의 기능을 판별할 수 있는 매우 간편한 도구를 개발하였는데 다음에서는 이에 대해 살펴보자.

지원팀은 배경사건(맥락), 선행사건, 행동, 후속결과, 학생 반응의 각 유형을 명명하고 이에 대한 기호를 부여한 후 기록지의 시간대별 빈칸에 알맞은 기호를 적는다. 이 기록지는 대상학생과 함께 일하는 모든 성인에게 배부된다. 이들은 자신이 대상학생과 함께하는 시간 동안의 행동 측정을 책임진다. 하루 일과가 끝나면 한 사람이 대상학생과 일했던 모든 성인이 작성한 기록지를 수합한다. 이렇게 하면, 특정한 1명이 하루 종일 기록지와 초시계를 가지고 학생을 따라다니지 않고도 유용한 정보를 수집할 수 있다.

이 방법을 이용하여 지원팀은 선행사건과 배경사건의 패턴, 하루 중의 특정 시간대나 특정 요일에 관련된 패턴, 후속결과 패턴을 알 수 있게 된다. 지원팀은 또한 매우 상세한 기초선 분석 자료와 빈도 및 지속시간 자료를 갖게

표 4-6 ABC 자료의 예

학생명: 스카우트(Scout)		요일: 월□ 화□ 수□ 목☑ 금□				
페이지: 1		관찰 시간: 하루 종일☑ 결석□ 하루 중 일부(____부터 ____까지)				
날짜: 2003. 5. 1.						
시간	과목/활동	배경사건/선행사건	행동	후속결과	학생 반응	교사 이니셜
시작/종료	학생이 처한 환경(주변에 있던 사람, 장소, 사건)	문제행동 발생 전 학생이 처한 환경에서 일어난 일	학생이 보인 문제행동의 유형	문제행동 발생 직후 학생이 처한 환경에서 일어난 일	후속결과 직후 학생이 보인 반응	
8:30~8:59	A	A	B	B	B	LR
9:20~9:22	C	E	C	I	A	TR
12:15~12:17	I	H	A	C	A	LR
3:05~3:30	A	A	B	B	B	TP
기호						
	A. 집단 활동	A. 전이	A. 물건 던지기	A. 선택권 부여	A. 행동 중지	
	B. 개별 활동	B. 선택권 부여	B. 언어적 방해행동	B. 재지도	B. 행동 계속	
	C. 읽기	C. 재지도(redirection)	C. 신체적 공격행동	C. 행동에 대한 논의	C. 행동 심화	
	D. 수학	D. 교수/지시		D. 사적 공간 제공	D. 잠자기	
	E. 맞춤법	E. 새로운 과제		E. 활동 변경	E. 소리 지르기	
	F. 사회	F. 매일 반복되는 과제		F. 또래 관심	F. 울기	
	G. 과학	G. 신체적 촉진		G. 말로 꾸짖기	G. 기타 행동	
	H. 자유선택활동	H. 교사가 다른 학생 지도		H. 신체적 촉진	H. 멀리 이동	
	I. 점심식사	I. "안 돼."라는 말을 들음		I. 타임아웃	I. 자기자극	

된다.

〈표 4-6〉은 세 가지 문제행동을 가진 아동의 예다. 이 중 한 가지 행동은 10일간 두 번밖에 발생하지 않아서 그 행동은 이후의 분석에 포함하지 않았다.

10일간의 자료 수집이 끝난 후 지원팀은 각 행동의 기능에 대한 가설을 세울 수 있었다. 학생의 언어적 방해행동은 성인의 관심을 얻기 위한 것이었다. 신체적 공격행동의 기능은 과제 회피였다. 지원팀은 또한 신체적 공격행동이 새로운 과제나 작업이 부여될 때마다 발생했으며 언어적 방해행동은 전이시간에 발생했음을 알게 되었다. 지원팀이 가설을 세우고 중재계획을 수립하여 실행한지 몇 주가 지나자 이 행동은 80% 이상 감소되었다.

이 방식을 이용하여 ABC 자료 수집을 실시할 때 사용할 서식은 www.behaviordoctor.org에서 무료로 얻을 수 있다.

5장

행동의 관찰과 기록

주요 내용

- 측정 및 관찰 가능한 용어로 행동을 묘사하는 것의 중요성
- 객관적 관찰의 중요성
- 자료를 수집할 때 어떤 도구를 사용할 것인지 결정하는 방법
- 얼마나 많은 자료를 수집할 것인지 결정하는 방법

자료를 관찰하고 기록하는 등의 자료 수집을 시작하기 전에 우리가 관찰하려는 행동을 묘사할 수 있어야 한다. 정확하고 신중하게 행동을 기록하기 위해서는 그 행동을 측정 가능하고 관찰 가능한 용어로 묘사해야 한다. 다음은 문제행동 묘사의 잘못된 예다.

- 화난, 적대적인, 혐오하는
- 게으른
- 부적절한
- 충동적인

이러한 표현은 우리의 기분에 따라 해석이 달라질 수 있다. 긍정적 행동중재 및 지원(PBIS)의 3차 수준 지원(개별 중재)에서 자료를 수집하는 사람이 1명뿐인 경우에도 그의 피로도와 관계없이 일관성 있게 행동을 측정할 수 있도록 행동이 정의될 필요가 있다. 예를 들면, 당신이 매우 기분이 좋을 때 학생이 당신을 향해 눈을 치켜뜨면 당신은 웃으며 이렇게 말할 것이다. “머리 뒤편에 뭐가 좀 보이니?”(역자 주: 눈을 치켜떠서 흰자위가 보이지 않을 정도이니 눈동자로는 학생 자신의 뇌 안을 들여다본 게 아니냐는 농담) 그러나 당신의 기분이 좋지 않을 때 학생이 이런 행동을 한다면 당신은 아마도 이 행동을 분노, 적대감, 혐오감으로 해석할 것이다. 월요일에 충동적이라고 생각되었던 행동이 수요일에는 평범한 행동으로 보일 수도 있다. 이러한 이유로 우리는 변화를 바라는 문제행동을 제대로 정의해야 한다. PBIS 개별 중재를 위한 지원팀(이하 개별 지원팀)의 팀원이 와서 관찰을 하든지 교사가 직접 관찰을 하든지 정의를 제대로 내리는 것은 많은 도움이 된다. 다음은 측정 및 관찰 가능한 용어로 행동을 정의한 예다.

- 주어진 과제를 말로 거부하기
- 자리에서 일어나 교실을 돌아다니기
- 바닥에 누워 움직이기를 거부하기
- 신체적 공격행동, 즉 학생 신체의 일부에 힘을 실어 다른 사람이나 물건을 치기

이 행동정의에서 알 수 있듯이 행동을 명확하게 묘사해 두면 이 행동을 관찰하는 사람이 누구든 관계없이 거의 비슷하게 행동을 측정할 수 있다.

직접 관찰을 실시할 때 우리는 우리의 관찰이 객관적이기를 바란다. 이러한 이유로 사실(facts)만을 기술해야 하며, 개인적인 의견을 추가하여 행동에 대한 판단을 흐리게 만들지 않는 것이 중요하다. 그간 받아 본 많은 자료 수집 샘플에서 다음과 같은 문장들을 종종 볼 수 있었다.

- 내가 보기에 그 학생은 게으른 것 같다.
- 내가 보기에 그 학생은 버릇없이 자라서 고집이 센 편인데 학교에서도 그렇게 행동한다.
- 그 학생들은 나를 괴롭히려고 그 행동을 하는 것 같다(이 점에서 그 학생들의 행동은 효과적이다).
- 그 아동은 모든 것을 귀찮아하고 늘 짜증을 낸다.
- 그 아동은 주의를 기울이지 않는다.

이 모든 것은 '의견'이다. 이 의견들은 행동에 대한 우리의 판단을 흐리게 하고 행동의 기능을 판별해야 하는 우리의 역량을 저해한다. 우리가 실제로 학생의 마음속에 들어가 볼 수는 없기 때문에 학생이 주의를 기울였는지 아닌지를 판단할 수는 없다. 말하는 사람에게 눈과 귀를 향하고 있다고 해서 주의를 집중하고 있는 것은 아니며 이러한 행동을 하지 않는다고 해서 주의를 집중하지 않고 있다고 말할 수 없다. 이 책을 읽는 일에 주의를 집중하고 있는 것처럼 보이지만 실제 머릿속으로는 쇼핑 목록을 생각하고 있는 성인의 모습을 떠올리면 이를 쉽게 이해할 수 있을 것이다. 우리는 또한 말하는 사람에게 눈과 귀를 향하고 열심히 집중했는데도 중요한 정보를 놓칠 때가 있다. 이런 점에서 객관적으로 사실만 기록하는 것은 매우 중요하다. 관찰에 우리의 의견이 추가되면 관찰 결과에 혼란이 야기되어, 성인의 관심을 얻으려는 문제행동이라고 가정했던 행동이 사실은 주어진 과제를 회피하기 위한 문제행동인 상황이 발생할 수도 있다.

직접 관찰에는 두 가지 방법이 있다. 첫 번째는 반응적(reactive) 직접 관찰이다. 이 방법은 대상학생이 자신이 관찰되고 있음을 알고 있어서 자신이 조사 대상이라는 사실에 반응한다는 의미다. 행동지원 분야에서 통용되는 말 중에 "관찰만 해도 행동이 바뀐다."라는 것이 있다. 누군가 자신을 관찰하고 있음을 아는 학생은 자신의 실제 행동이 아닌 다른 행동을 보여 줄 가능성이 있다. 어떤 경우에는 목표로 삼은 문제행동을 전혀 보이지 않기도 하고, 어떤 경우에는 문제행동이 갑자기 증가하기도 한다. 고려해야 할 또 다른 요소는 관찰자가 교실 안에 있을 때 교수자가 자신의 행동이나 교수 방식을 바꿀 수도 있다는 점이다. 두 번째 방법은 드러나지 않는(unobtrusive) 직접 관찰이다. 이는 대상학생이 자신이 관찰 대상임을 모른다는 뜻이다. 이 방법을 사용하는 관찰자는 행동이 실제 발생하는 환경에서 행동의 본래 모습을 알 수 있다. 다음에서 이 두 가지 방법을 조금 더 자세히 살펴보자.

반응적 직접 관찰

이 방법은 행동전문가가 관찰을 위해 초청되었을 때 본의 아니게 발생할 수 있다. 3교시 정도가 되면 대상학생은 관찰자가 보고 있는 것이 자신임을 깨닫고 자신이 관찰되고 있다는 사실에 반응을 보이기 시작한다. 이러한 반응은 평소보다 높은 비율로 발생하는 명백한 문제행동으로 나타날 수도 있고 이 학생이 이전에 보여 준 적이 없는 최선의 행동으로 나타날 수도 있다. 이런 이유로 교사가 관찰자 역할을 맡는 것이 더 좋다. 나 역시 누군가가 나를 쳐다보고 있으면 평소와 다르게 행동하고 무심코 하던 일들도 다른 방식으로 하게 된다. 누군가 내 수업 장면을 보고 있다면 아마도 나는 학생에게 좀 더 충분한 시간을 주면서 기다려 주겠지만 아무도 나를 보고 있지 않다면 학생을 기다려 주는 시간이 짧아질지도 모른다. 자신에 대한 자료를 스스로 수집 중인 교사라면 대부분의 경우 자료를 수집하는 동안 자신의 교수 습관을 바꾸지 않을 것이다.

자료 수집을 위해 교실에 관찰자가 오게 될 경우, 지속적 모니터링(continuous monitoring) 자료의 수집은 가능해지지만, 호손효과(Hawthorne effect), 즉 누군가가 자신을 관찰하고 있음을 아는 데서 오는 효과로 인해 그 자료가 편향될 수 있음을 명심하라.

드러나지 않는 직접 관찰

드러나지 않는 직접 관찰은 다시 ① 지속적 모니터링, ② 시간 분할(time allocation)의 두 가지 유형으로 구분된다. 지속적 모니터링은 시간이 많이 소요되기 때문에 교실에서 일하는 교사가 하기에는 어려움이 있다. 교실이 매우 바쁘게 돌아가거나 학생들이 매우 어리다면 지속적 모니터링은 더욱 어렵다. 다음은 교실이 매우 분주할 때 지속적 모니터링을 할 수 있는 방법에 대한 몇 가지 제언이다.

지속적 모니터링

1. 교실을 하루 종일 녹화하라. 교실 뒤편에 당신을 향해 카메라를 설치하되 대상학생이 주로 머무는 영역이 화면에 들어가게 하라. 녹화된 자료를 가지고 퇴근하여 음료 한잔을 마시며 시청하되 4장에 나왔던 서식 중 하나를 이용하여 행동을 기록하라. 이 특별한 방법은 하루의 상당시간을 포착하게 해 주고 행동을 지속시키는 선행사건과 후속결과를 찾게 해 준다. 특정 패턴이 발생하고 있음을 확인하려면 이러한 녹화를 며칠에 걸쳐 해야 할 수도 있다. 그럼에도 불구하고 이 방법은 교실에서 무슨 일이 일어나고 있는지에 대한 가장 정확한 그림을 알려 줄 것이다. 과거에 이 방법을 사용하려고 교실에서 녹화를 한 적이 있는데, 학생들에게는 교사가 녹화 영상을 보면서 수업을 더 잘하기 위한 방법을 찾으려고 촬영을 한다고 설명했다. 녹화가 시작된 지 20분이 지나자 대부분의 학생은 녹화 중이라는 사실을 잊어버렸다. 흥미롭게도, 우리 팀은 교사가 어떤 일을 하느라 잠시 다른 일에 신경을 쓰면 다른 학생들을 자극하여 문제행동을 하게 만드는 선동자들이 있으며 이것이 대상학생의 행동을 서서히 유발하는 자극이 된다는 사실을 여러 번 발견했다.

2. 자신의 모습이나 자신의 교실을 녹화하고 싶지 않을 경우, 지속적 모니터링을 이용하여 행동을 측정하는 또 다른 방법은 냄비집게 고리(potholder loop)를 활용하는 것이다. 면으로 만들어진 이 고리는 4인치(약 10cm) 크기의 냄비집게를 만들 때 쓰는 것이다. 할인점이나 취미용

품점에 가면 색색의 냄비집게 고리 한 봉지를 5달러 미만의 돈으로 살 수 있다. 그런 다음 변화를 바라는 한 가지 문제행동을 선정한다. 예를 들어, 과제를 하라는 지시를 따르지 않는 행동을 선정했다고 가정해 보자. 다음으로 '빨강은 읽기, 주황은 언어, 노랑은 수학, 초록은 과학, 파랑은 사회, 흰색은 기타 과목'과 같은 식으로 냄비집게 고리의 여러 색깔을 각 과목에 배정한다. 학생이 주어진 과제를 하지 않으려 할 때 당신이 가르치고 있는 그 과목에 해당하는 색깔의 고리를 왼쪽 팔에서 오른쪽 팔로 옮긴다. 하루가 끝난 후 오른쪽 팔에 있는 고리를 색깔별로 세어 이를 기록한다. 이렇게 하면 과제 완수를 거부하는 행동의 빈도에 대한 기초선과 이러한 문제행동이 가장 많이 발생하는 과목을 알 수 있다. 일주일간 이런 식으로 자료를 수집한다면 자료 분석을 위한 적절한 대표적 샘플을 확보할 수 있다. 당신은 이를 바탕으로 어느 과목에서 가장 문제가 많이 발생하는지를 파악할 수 있게 되고, 다음과 같은 질문을 스스로에게 던지면서 과제를 거부하는 행동의 이면에 있는 이유를 찾아낼 수 있을 것이다. 학생이 과제를 거부하는 것은 학업에서의 유창성 결함(proficiency deficit) 때문일까? 학습장애를 가지고 있어서일까? 아니면 지필 형태의 과제를 싫어하기 때문일까?

3. 지속적 모니터링 상황에서 기초선을 수집하는 또 다른 방법은 양쪽에 주머니가 달린 외투를 입는 것이다. 아침 일과가 시작되기 전에 왼편 주머니에 클립을 가득 넣어 둔다. 한 학생이 자리를 이탈하는 문제행동을 보인다고 가정해 보자. 8시 30분부터 9시 30분 사이에 학생이 자리를 이탈할 때마다 왼편 주머니에 있는 클립을 오른편 주머니로 옮겨 넣는다. 9시 30분이 되면 오른편 주머니에 든 클립의 개수를 기록하고, 그 클립을 다시 왼편 주머니에 되돌려 놓는다. 9시 30분부터 10시 30분 사이에도 학생이 자리를 이탈할 때마다 클립을 오른편 주머니로 옮겨 넣

는다. 10시 30분에 오른편 주머니에 든 클립의 개수를 기록한다. 이후의 시간에도 같은 과정을 반복한다. 하루가 끝난 후에는 일정별로 학생이 자리를 이탈한 횟수를 표시한 그래프를 그릴 수 있을 것이다. 당신은 행동 패턴을 찾기 위해 이 그래프를 자세히 들여다보며 이런 질문을 할 것이다. 자리이탈 행동이 오전과 오후 중 언제 더 많이 발생했는가? 학생은 점심시간, 쉬는 시간, 하나의 수업에서 다음 수업으로 바뀌는 시간 또는 체육시간 등과 같이 에너지를 많이 요하는 전이 시간에 자리를 이탈하는 행동을 좀 더 많이 보이는가? 이러한 유형의 자료 수집을 며칠에 걸쳐 할 수 있다면 요긴한 기초선 자료를 확보할 뿐 아니라 자리를 이탈하는 행동을 유발하는 요인에 대해서도 몇몇 아이디어를 얻을 수 있다. 13장에서는 이와 같이 자리를 이탈하여 돌아다니는 학생을 지원하는 데 도움이 되는 멋진 방법들을 소개할 것이다.

4. 이미 기능을 알고 있는 행동의 기초선 측정을 위해 빈도를 잴 때는 운동경기에 쓰이는 계수기(clicker)를 구하여 주머니에 넣어 두라. 학생이 해당 행동을 할 때마다 계수기의 버튼을 누르면 된다. 하루 일정이 끝난 후 그날의 발생 빈도를 기록한다. 이 방법을 적용할 수 있는 행동의 예로는 갑자기 소리내기, 끼어들기, 옆 친구에게 말 걸기 등이 있다.

5. 하루에 특정 행동이 얼마나 오래 지속되는지를 알고 싶을 경우에는 초시계를 활용할 수 있다. 문제행동이 발생하는 동안에는 초시계를 작동시키고 그 행동이 멈추는 순간 초시계를 멈춘다. 하루 일정이 끝난 후 초시계에 누적된 총 시간이 바로 기초선이다. 이 방법은 수업시간에 잠자는 행동에도 효과적으로 적용할 수 있다. 이러한 행동을 변화시키고자 할 때 초시계를 이용하여 간단한 기초선 측정을 할 수 있다. 중재가 실시된 후 같은 방식으로 자료를 측정하여 기초선 자료와 대조하면 행

동의 개선 여부를 파악할 수 있다.

6. 지속적 모니터링의 마지막 예는 교사의 책상에 자료 수집 양식을 올려 두고 행동이 발생할 때마다 선행사건, 행동, 후속결과를 적고 이 각각에 따라 지속시간과 빈도가 어떻게 달라지는지 기록하는 것이다. 〈표 4-6〉과 같이 선행사건, 행동, 후속결과를 코드화하면 기록 과정이 훨씬 쉬워진다. 하루에 8회 이하로 발생하는 행동일 경우 이 방식의 자료 수집을 며칠간만 하면 개별 중재계획을 개발하기 위한 유용한 정보를 충분히 수집할 수 있다.

시간 분할

시간 분할은 드러나지 않는 직접 관찰의 두 번째 유형이다. 이 방법은 미리 시간 간격을 정해 놓고 그 시간 내에 행동이 발생하는지를 기록하는 것이다. 다음은 교실에서의 개별 중재를 위해 이 방법을 적용한 몇 가지 예시다.

1. 과제에 집중하는 행동을 관찰하기로 했다고 가정해 보자. 타이머를 30분마다 울리도록 설정해 놓고 타이머가 울릴 때마다 학생을 쳐다보고 그 순간에 학생이 과제를 하고 있으면 기록지에서 그 구간에 해당되는 칸에 표시를 한다.

2. 손쉽게 사용할 수 있는 시간 분할의 또 다른 방법은 4장에 소개한 산점도([그림 4-1] 참조)를 활용하는 것이다. 지난 30분간 행동이 발생하지 않았다면 해당 박스는 비워 두면 된다. 지난 30분간 행동이 1~5회 발생했다면 해당 박스의 반을 검게 채운다. 행동이 6회 이상 발생했다면 해당 칸 전체를 검게 채운다. 이러한 방식으로 하루 동안 행동이 발생하는

시간적 패턴을 파악할 수 있지만, 이 방법을 반드시 하루 종일 실시해야 하는 것은 아니다. 오전에 30분, 오후에 30분씩 이러한 측정을 하기로 결정할 수도 있다.

3. 시간 분할 자료 수집의 세 번째 방법은 행동을 유발할 가능성이 가장 크다고 생각되는 배경사건이 있을 때 30분의 시간 표집을 하는 것이다. 표집한 시간을 녹화하여 ABC 자료 분석을 하거나 빈도나 지속시간 기록을 하면 된다. 표집된 30분의 영상을 일화 기록, 면담, 질문지 등과 대조해 보면 행동의 기능을 더 잘 파악할 수 있을 것이다.

학교차원의 긍정적 행동중재 및 지원을 할 때 당신은 자신의 학급에서 수업을 가장 많이 방해하는 5%의 학생에게 집중하고 싶을 것이다. 2장에서 우리는 3차 수준의 지원(개별 중재)을 필요로 하는 학생을 판별하는 보편적 선별에 대해 설명하였다. 3차 지원을 위해 학교를 지원하다 보면 교사들이 나에게 행동의 기능을 알아내기 위한 자료 수집을 할 시간을 내기 어렵다고 말할 때가 있다. 그에 대한 나의 대답은 다음과 같다. "교실에서 학습을 방해하는 행동을 다루기 위해 얼마나 많은 시간을 허비하고 있는지 한번 떠올려 보시겠어요?" 이 상황은 마치 하루에 1시간씩 운동을 해야 한다는 의사에게 그럴 시간이 없다고 말하는 것과 비슷하다. 의사는 이렇게 말할지도 모른다. "운동하실 시간이 없다고요? 네, 좋아요. 하루에 1시간씩 운동을 하셔도 되고 하루 24시간을 죽은 상태로 보내셔도 돼요. 어떤 쪽을 택하실지 매우 궁금하네요." 우리는 교실에서 발생하는 문제행동과 고군분투하느라 하루 종일 초죽음이 되어 지낼 수도 있고, 문제행동의 기능 파악을 위한 귀중한 자료의 수집에 하루 중 짧은 시간을 할애하여 자발적인 수고를 할 수도 있다.

PBIS의 3차 단계에서는 행동지원팀이 구성되어야 한다. 자료가 수집된 후 당신이 이를 행동지원팀에게 보여 주면 행동지원팀은 행동의 기능을 알아내기 위해 자료를 분석하는 과정을 도와줄 것이다. 1장에서 배운 것처럼 거의 모든 행동에는 이유가 있으며 그것은 정적 강화로 인한 것일 수도 있고 부적 강화로 인한 것일 수도 있다. 행동 이면에 있는 이유를 판별하고 다면적인 중재를 개발하는 것이 우리의 임무다. 문제행동을 유발할 수 있는 자극들을 실제로 살펴보기 전까지는 행동의 기능을 제대로 추측하기 어렵다.

행동의 기능 파악이라는 궁극적 목표를 고려할 때, 우리는 환경에서 발생한 어떤 요소가 행동을 야기했는지 알아보기 위해 문제행동과 관련하여 우리가 한 행동을 살펴보아야 한다. 문제행동의 75~85%는 후속결과의 영향을 받는다(Blanchard & Lorber, 1984). 따라서 자료를 기록할 때는 우리가 한 행동도 반드시 분석해야 하고 혹 우리의 행동이 학생에게 강화제로 작용한 것은 아닌지 고려해 보아야 한다. 자료 수집 형태가 무엇이든 관계없이 문제행동 발생 후에 어떤 일이 있었는지를 살펴보아야 한다. 다음에 나열된 교사 행동의 공통점을 찾아보자.

- 재지도
- 신체적 촉진
- 활동 변화
- 선택권 부여
- 근접성(가까이 다가가기)
- 훈시 늘어놓기

이 모든 행동의 공통점은 학생에게 성인의 관심이 주어진다는 것이다. 행동을 관찰할 때는 그 행동으로 인해 학생이 성인에게 관심을 받게 되는지를 살펴보아야 한다. 정말 그렇다면, 학생이 문제행동을 하는 이유가 성인의 관심 때문이 아닐까? 어떤 학생들은 성인의 관심에 너무나 굶주려 있기 때문에 긍정적인 관심이든 부정적인 관심이든 가리지 않고 관심을 받고 싶어 한다.

관심에 목마른 학생에게는 어떤 성격의 관심이든 상관이 없다. 이들의 주요 목표는 성인이 자신을 쳐다보는 것이다. 연구에 의하면 1950년대 이후 교사들이 학생들을 면대면으로 대하는 시간이 현저히 감소되었고, 이것이 교실에서 문제행동이 발생하는 대표적 이유 중 하나라고 한다(Putnam, 2000). 성인과 얼굴을 맞대며 접촉하기를 갈망하는 아이들은 그 접촉이 자신의 부적절한 행동으로 인한 것이든 적절한 행동으로 인한 것이든 개의치 않으며, 모든 수단을 동원하여 성인의 관심을 얻으려 할 것이다.

당신이 목표로 한 행동을 관찰하고 측정할 때 다음과 같은 후속결과를 유의해서 살펴보라.

- 학생들이 농담을 듣고 웃었음
- 학생들이 행동을 따라 함
- 학생들이 대상학생과 하이파이브를 함
- 학생들이 대상학생의 말을 들으려고 과제를 이탈함

이와 같은 후속결과는 학생의 목표가 또래의 관심을 얻는 것임을 보여 주는 징후다. 12장과 13장에서는 또래의 관심을 얻기 위한 행동에 적용할 몇몇 중재를 논의할 것이다.

세 번째로 살펴볼 사례는 주의력결핍 과잉행동장애(Attention Deficit Hyperactive Disorder: ADHD), 감각통합문제(sensory integration issues) 또는 자폐스펙트럼장애(Autism Spectrum Disorder: ASD)로 진단받은 학생들과 관련된 것이다. 이 학생들을 관찰할 때는 다음과 같은 패턴에 유의해야 한다.

- 학생들이 추구하는 고유수용 자극의 유형
  - 걷기
  - 몸을 앞뒤로 흔들기

- 두드리기
- 밀기
- 당기기
- 물기
- 문지르기
- 만지기

• 시간 패턴
- 특정 시간
- 특정 요일
- 특정 활동 후
- 특정 활동 전

이 항목들은 문제행동의 기능이 감각 자극을 얻기 위한 것일 때의 선행사건이나 배경사건 중 일부다. 수집된 자료에서 문제행동의 기능이 감각 자극을 얻기 위한 것으로 드러난다면 작업치료사에게 자문을 구하라. 작업치료사는 학생을 작업치료 서비스에 의뢰하지 않고도 학생의 필요에 근거하여 실행할 수 있는 중재방법을 추천해 줄 수 있을 것이다. 그러한 중재를 실행했는데도 기초선에 비해 행동이 감소되지 않을 경우에는 작업치료 서비스에 의뢰하도록 한다.

학생을 관찰하고 자료를 기록할 때 유의할 네 번째 영역은 과제를 회피하기 위한 행동이다. 학생이 성인의 관심을 얻기 위해 문제행동을 한 것으로 보이더라도 성인이 다음 조치 중 하나를 실행했다면 행동의 기능은 과제를 회피하는 것일 가능성이 있다.

• 행동에 대해 교장선생님과 면담을 하도록 훈육실로 보냄
• 타임아웃 장소로 보냄

• 현재 과제를 하던 자리를 떠나 교실 내 특정 장소로 보냄

행동의 직후에 이와 같은 후속결과가 있었다면 행동의 기능은 과제로부터의 회피일 가능성이 높으며 학생의 행동은 과제 회피라는 목적을 잘 달성한 셈이다.

학생을 관찰하고 자료를 기록할 때 유의할 다섯 번째 영역은 학생이 특정 성인이나 또래를 회피하려는 상황과 성인과 또래들이 대상학생을 무시하는 상황이다. 이와 관련하여 두 가지 시나리오를 생각해 볼 수 있다. ① 학생이 특정 과제를 회피하고자 이 과제를 제시하는 성인을 피하는 경우, ② 학생이 집단 괴롭힘을 회피하고자 성인이나 다른 학생들을 피하는 경우. 학교폭력 예방은 학교차원으로 실시되는 보편적 중재의 일부로 실행되어야 하는 것이지만, 학교폭력 예방에 관련된 훈련과 실행의 일부가 표적집단 중재나 개별 중재 대상학생들을 위해 적용되어야 할 때가 있다. 괴롭힘 현상과 관련된 문제행동을 보이는 학생에게는 학교폭력 피해학생과 가해학생을 돕기 위해 마련된 조치를 적용할 필요가 있다. 학생을 관찰하고 자료를 기록할 때 학교폭력의 징후가 보이는지 주의 깊게 살펴보아야 한다. 학교폭력을 알아내는 데 도움을 줄 좋은 정보원은 학교버스 운전기사다. 학교버스 운전기사는 괴롭힘 장면을 자주 목격하지만 바쁜 업무로 인해 이를 보고할 시간을 내지 못하거나 그 장면의 심각성을 자각하지 못하고 있을 수 있다.

환경에서 발생하는 후속결과를 관찰하고 기록할 때 유의할 여섯 번째 영역은 고통을 피하기 위한 회피 기능의 문제행동이다. 학교와 가정에서 행동으로 표출되는 고통은 두 가지 유형으로 나눌 수 있다. 정서적 고통을 겪고 있는 학생은 그 고통에서 벗어나려고 문제행동을 보일 수 있다. 자신이 글을 잘 읽지 못한다는 사실 때문에 정서적으로 괴로워하고 있는 한 학생을 예로 들어 보자. 교사가 수업 중에 이 학생을 호명하여 교과서를 읽어 보라고 하자 학생은 자리에서 일어나 교사를 향해 이렇게 소리쳤다. "꺼져 버려!" 이러한

행동의 실제 후속결과는 수업을 방해했다는 이유로 교사가 학생을 훈육실로 보내는 것이겠지만, 학생이 이렇게 행동한 것은 자신이 수업 중에 큰 소리로 교과서를 읽으면 자신의 형편없는 읽기 실력을 모두에게 들킬 거라는 생각이 주는 정서적 고통에서 벗어나기 위해서일 가능성이 크다.

환경에서 발생하는 후속결과를 관찰하고 기록할 때 유의할 일곱 번째 영역은 감각 자극을 회피하기 위해 문제행동을 보이는 경우다. 소리를 들을 때 다른 사람보다 10배의 크기로 들리는 학생의 경우 교실 천장에서 머리 위로 비치는 형광등의 윙윙거림을 참을 수 없어 자리에서 일어나 교실을 뛰쳐나갈 수도 있다. 많은 사람은 이 행동을 보고 성인의 관심을 얻기 위해 하는 행동이라고 말할지도 모른다. 하지만 사실은 그 반대일 수 있다. 학생은 자신의 감각체계로 너무 많은 소음(감각 자극)이 들어오는 것을 피하려고 그 행동을 보인 것이다. 학생은 복도로 뛰쳐나가 건물 밖으로 나감으로써 성가신 소음을 피할 수 있게 된다. 성인의 관심은 이 행동을 함으로써 덤으로 얻게 되는 것뿐이다. 학생이 특정 자극 상황을 회피하려고 문제행동을 보이는 것으로 짐작된다면 이 가설을 시험해 볼 수 있다. 교실의 형광등을 끄고 교실의 몇 영역에만 60와트 전구를 끼운 책상용 조명을 설치한다. 이러한 조치에 따라 학생의 문제행동이 감소한다면 행동을 유발한 요인이 실제로 형광등이 내는 소음이었음을 확인할 수 있다. 다음은 회피 기능의 문제행동으로 표출될 수 있는 감각 관련 문제의 예시들이다. 학생을 관찰할 때 이러한 요소를 고려해 보아야 한다.

- 사물함 문을 닫는 소리, 사물함에 책을 던져 넣는 소리 등 복도에서 나는 소음
- 화재 대피 훈련
- 향수, 요리활동, 공예수업, 자동차 정비과정의 수업, 꽃, 식물의 곰팡이, 흡연자의 옷, 구취 등에서 비롯된 냄새

- 벌이 내는 소리, 잔디 깎는 기계 소리, 잡초제거기 소리, 차가 달리는 소리 등 외부 소음
- 컴퓨터, 텔레비전과 라디오 또는 MP3 플레이어 등의 기기가 내는 소음
- 천장의 조명에서 나오는 눈부신 빛
- 다음과 같은 재질들
  - 옷에 부착된 태그
  - 꽉 끼거나 너무 헐렁한 옷
  - 살갗을 간질이는 옷
  - 달라붙는 옷
  - 곱게 처리되지 않은 솔기
  - 끈적이는 물질
  - 원목, 젖은 나무, 건조한 나무 또는 진흙투성이의 나무

이 모든 것과 그 외의 많은 요인이 문제행동의 근본 이유가 될 수 있으며, 학생은 문제행동을 통해 자신이 싫어하는 자극과의 접촉을 피할 수 있다. 학생을 관찰하여 자료를 기록할 때 이 장에서 논의한 여러 요인을 모두 고려하되 특히 행동을 유지시키는 후속결과가 무엇인지 살펴보아야 한다. 12장과 13장에서는 목표로 잡은 문제행동을 감소시키기 위해 실행할 수 있는 환경상의 조정방안을 논의할 것이다.

6장

위기계획

주요 내용

- 위기를 어떻게 판별할 것인가
- 위기일 때 건너뛰어도 되는 단계들
- 위기 이후 해야 할 일

인터넷을 검색하면 다음과 같은 위기(crisis)의 정의를 찾을 수 있다.

- 심각한 위험이나 어려움으로 인한 불안정한 상태[예문: 경제 위기(economic crisis)의 시기에 그들은 파산했다]
- 어떤 일의 과정 중 매우 힘든 단계 또는 전환점[예문: 위기(crisis)는 넘겼지만, 환자가 사망할 수도 있고 호전될 수도 있다]

우리는 교실 상황에서의 위기를 학생이 다치거나 다칠 가능성이 높은 상황으로 정의한다. 노스캐롤라이나에서 학생들을 가르칠 때 경험했던 위기의 실제 예를 들어 보겠다. 당시 나는 지적장애 학생으로 구성된 소규모 학급을 가르치고 있었는데 어떤 사람이 우리 반 학생들 모두에게 서커스 티켓을 주었다. 우리 모두는 보조교사가 운전하는 버스를 타고 서커스를 보러 갔다. 주 법규상 모든 버스 운전사는 기차선로를 건너기 전에 버스의 모든 문을 열고 좌우를 보면서 기차가 다가오는 소리가 들리는지를 확인해야 했다. 우리 버스를 운전하던 보조교사도 기차 소리를 들으려고 모든 문을 열었는데 갑자기 루이스(Lewis)가 자리에서 일어나 버스에서 내린 후 기찻길로 달리기 시작했다. 이것은 정말 엄청난 위기였다. 이 선로는 기차가 많이 다니는 곳이어서 루이스가 기차에 치일 위험이 매우 높았다. 나는 운전자에게 다음 교차로에서 만나자고 말하고 즉시 버스에서 내려 나의 땅딸막한 다리가 허락하는 한 최대한 빠른 속도로 루이스를 쫓아갔다. 내가 그렇게 즉각적으로 반응해야 하는지를 결정하기 위해 자료를 수집하거나 누군가를 면담할 필요가 없었다. 나는 선로 바로 옆을 따라 뛰고 있는 루이스가 선로로 뛰어드는 것을 막으면서 루이스 옆에서 계속 함께 뛰었다. 이렇게 우리는 다음 교차로에 도착했고 버스는 그곳에서 문을 활짝 연 채 안전하게 대기하고 있었다. 루이스는 버스에 올라탔고, 조금 전까지의 일이 전혀 이상할 것 없는 일상적인 활동이라는 듯이 자리에 앉았다. 나는 루이스 앞자리에 쓰러지듯이 앉았고, 그때부터 내 두 다리로 버스 통로를 막은 채 학교로 돌아왔다. 루이스의 지능은 45~50 정도이고 말로는 의사소통을 하지 못하기 때문에 루이스가 왜 버스에서 내려 달리기 시작했는지는 알아낼 수가 없었다. 그러나 그 사건을 계기로 기찻길을 건너기 위해 버스가 정차하고 있을 때마다 성인 1명이 통로에 서서 학생들을 바라보며 버스에서 내리지 못하게 막기로 했다. 이후 루이스는 버스에서 내리려는 시도를 하지 않았지만 교사들 누구도 버스로 이동할 때 하이힐을 신지 않았다. 우리는 늘 준비 태세를 갖추게 되었다.

물론 모든 학생이 기찻길 위에서 전력질주를 하는 것은 아니다. 그러나 이 이야기의 핵심은 기차가 다가왔다면 생명이 위험할 수도 있었던 학생을 힘으로 제압하거나 신체적으로 구속하지 않았다는 점이다. 정말 기차가 다가오고 있었다면 우리도 학생을 신체적으로 제지했을 것이다. 그러나 생명이 명확히 위태로운 상황이 아닌 한 우리는 학생을 힘으로 제압하지 않아야 한다. 나는 의자를 던지겠다고 위협했다는 이유로 교사가 학생을 신체적으로 구속한 사건을 목격한 적도 있고 이 사건의 해결을 위한 회의에 소환된 적도 있다. 한번은 침 뱉는 문제행동을 보였다는 이유로 3명의 건장한 성인이 한 학생을 눕힌 채 그 위를 누르고 있는 것도 보았다. 얼마간 시간이 흐른 후 나는 그 성인들이 학생을 힘으로 제압한 것은 아마도 학생이 자신들에게 침을 뱉어서 매우 화가 났기 때문이라는 추측하에 학생이 어디에 침을 뱉었는지 물어보았다. 그들의 대답은 학생이 바닥에 침을 뱉어서 학생을 힘으로 제압했다는 것이었다. 또한 나는 수학 학습지를 찢었다는 이유로 학생에게 10일간의 교외 정학(out-of-school suspension) 처분을 내렸다는 보고서를 본 적도 있다. 여기서 나는 격리나 신체적 구속이 나쁘다고 주장하려는 것은 아니다. 다만 위기 상황이라 해도 행동을 통제할 더 나은 방법이 있음을 명확하게 하고 싶은 것이다.

학교에서의 위기 상황이란 학생이 자신이나 타인에게 상해를 유발하는 장면을 말한다. PBIS의 개별 중재에서는 보편적 중재(1차 지원)와 표적집단 중재(2차 지원)가 잘 실행되고 있고 교사가 행동의 조작적 조건화와 적절한 행동에 대한 정적 강화를 제대로 사용한다면 루이스의 사례에서와 같이 위기계획(crisis plan)이 매우 간단하거나 거의 불필요하다고 본다. 루이스를 위한 위기계획이 있기는 했지만 늘 예방적 전략이 적용되었기 때문에 위기계획을 실행해 본 적이 없다. 루이스에게 기찻길에 뛰어드는 성향이 있음을 알게 된 직후 우리의 위기계획은 루이스가 버스에서 내리지 못하도록 내가 통로에 서 있는 것이었다. 우리는 또한 루이스가 버스에서의 모든 규칙을 잘 지키는 사진들을 파워포인트에 담아 "루이스는 안전하게 버스를 타요."라는 제목의 관계 이야기(relationship narratives)를 만들었다. 교사들은 루이스가 다음의 절차를 지킬 때마다 루이스에게 토큰을 주었다. ① 버스에 오를 때 손잡이 잡기, ② 버스 통로를 지나 버스 맨 뒷자리까지 걷기, ③ 창문 바로 옆자리에 앉기, ④ "내려서 줄 서세요."라고 버스 운전사가 말할 때까지 자리에 앉아 있기, ⑤ 통로를 지나 버스 문으로 걸어가기, ⑥ 버스에서 내릴 때 손잡이 잡기, ⑦ 버스에서 내린 후에는 정해진 자리에 줄 서기. 따라서 루이스는 버스를 한 번 탈 때마다 최대 7개의 토큰을 얻을 수 있었다. 토큰 10개를 모으면 루이스가 너무너무 좋아하는 컴퓨터 게임을 할 수 있다. 루이스는 버스에서의 규칙을 지키는 데 의욕을 보였고, 교사들은 루이스가 버스에서 뛰쳐나가려는 시도를 할 경우 적용할 위기계획을 가지고 있었다.

또 다른 위기계획을 살펴보자. 지미(Jimmy)는 자폐성장애, 양극성장애, 지적장애를 가진 19세의 학생이다. 그는 중복장애 학생을 위한 고등학교의 전일제 특수학급에 재학 중이다. 어느 날 지미는 갑자기 자리를 박차고 일어나 복도를 질주하다가 콘크리트 벽을 향해 돌진하여 머리를 부딪쳤다. 지미는 건물 전면의 판유리 창문도 뚫고 지나갔다(그 창문을 안전유리로 만들어야 했다고 말해 봤자 이미 늦었다). 지미는 여러 바늘을 꿰맨 머리의 상처와 멍 때문에 입원해야 했고 뇌진탕까지 일으켰다. 학교는 당장 행동중재 프로그램(역자 주: 학교 외부의 프로그램을 의미)에 지미를 의뢰하였다.

지미가 병원에서 회복되는 동안 행동중재 프로그램 담당자들은 지미가 보인 위기행동의 이유를 조사하였다. 지미가 학교에 없고 교내지원팀이 수집해 둔 자료도 없었기 때문에 행동중재 프로그램 담당자들은 교직원을 면담하기로 했다. 교직원들은 지미가 자해의 성격을 띤 행동을 보인 적은 없다고 하였다. 교직원들은 또한 그 행동에 앞서 발생한 배경사건이나 선행사건도 없었다고 하였다. 우리(역자 주: 행동중재 프로그램 담당자들)는 그 행동이 발생할 당시에 지미가 무엇을 하고 있었는지 물었다. 교내지원팀은 “매일 오후 2시에 지미가 하던 일을 하고 있었어요.”라고 답했다. 안타깝게도 그들은 이 대답으로 충분하다고 생각하는 것 같았다. 우리는 다시 물었다. “오후 2시에 정확히 지미가 무엇을 하는데요?” 이에 대한 답은 다음과 같았다. “분류하기요.” 우리는 속으로 ‘부디 지미 또는 타인에게 의미 있는 것을 분류하고 있었기를…….’이라고 기도하면서 다시 물었다. “지미가 무엇을 분류하고 있었나요?” 교직원들이 말했다. “보여 드릴게요.” 그들은 빨강, 노랑, 파랑 바구니를 자랑스럽게 꺼냈다. 그런 다음 빨강, 노랑, 파랑 플라스틱 곰이 잔뜩 들어 있는 커다란 바구니를 꺼냈다. 그 곰들은 유치원 교실에서 흔히 볼 수 있는 말랑말랑한 재질의 곰이었다. 우리는 다시 물었다. “지미가 빨강, 노랑, 파랑 곰 분류하기를 어려워했나요?” 그들이 말했다. “아니요. 지미는 분류를 아주 잘해요. 그래서 왜 복도로 뛰쳐나가 자해적인 행동을 했는지 더더욱 이해할 수가 없어요.” 우리는 이렇게 말했다. “빨강, 노랑, 파랑 곰 분류하기를 잘하는 게 당연해요. 어린이집이나 적어도 유치원 때부터 이 활동을 해 왔으니까요.”

지미를 위한 위기계획은 지루해질 틈이 없도록 좀 더 흥미로운 활동과 의미 있는 작업과제를 제공하는 것이었다. 중증장애를 가진 개인의 자기결정(self-determination)은 그가 표현하는 바를 우리가 어떻게 해석하는지에 달려 있다(Brown, Gothelf, Guess, & Lehr, 2004). 우리는 지미가 활동이 지루하다는 것을 표현하고 싶었던 거라고 느꼈다. 우리는 파워포인트를 이용하여 지미가 하게 될 새롭고 흥미로운 작업과제에 관한 모든 사항과 새로운 일을 열심히 하는 지미를 모두가 대단히 자랑스러워할 거라는 문장이 포함된 관계 이야기를 만들었다. 지미는 피자를 매우 좋아했다. 우리는 지미가 사는 동네 피자가게를 섭외하여 지미의 일자리를 만들었다. 거기서 지미가 하는 일은 샐러드 바의 빈 통을 채워 넣고(이것도 일종의 '분류하기'라 할 수 있다), 테이블을 치우면서 모아 온 접시는 싱크대에 넣고 수저는 싱크대 옆에 있는 통에 넣는 것이다(이것도 '분류하기'다). 가게 매니저는 지미에게 보수도 지급했는데 지미에게 돈보다 더 중요한 것은 매일 작업이 끝날 때마다 자기 돈으로 1인용 피자 한 판을 사 먹을 수 있다는 점이었다. 이것이 그의 위기계획이었다.

그러면 20~30명의 학생으로 구성된 일반학급에서 개별차원의 PBIS를 실행할 때 루이스와 지미의 이야기를 어떻게 응용할 수 있을까? 일반학급에서는 학생들이 루이스나 지미만큼 위험한 행동을 하지는 않는다. 그러나 일반학급 교사 역시 때때로 자신이나 타인을 물고 차고 때리고 치고 넘어뜨리는 학생들을 지도해야 한다. 누군가가 다칠 정도의 상황이라면 2~3일에 걸쳐 자료만 수집하려는 교사는 없을 것이다. 이런 경우 몇 가지 사용 가능한 방법이 있다.

첫 번째는 3장에서 설명한 것처럼 행동의 이면에 있는 기능을 판별하기 위해 문제행동 질문지(PBQ)를 작성하는 것이다. 이 학생이 신체적 공격행동을 보이는 것은 성인이나 또래의 관심을 얻기 위해서일까, 신체적·정서적 고통을 느껴서일까, 과제를 회피하고 싶어서일까, 아니면 감각적 요구가 있어서일까? 학생에 대해 교사가 알고 있는 바와 PBQ를 조합하면 학생이 관심, 회피 또는 감각적 문제 중 어떤 이유로 문제행동을 보였는지 판별하는 데 도움이 된다.

이번에는 교실에서 발생할 수 있는 좀 더 경미한 문제행동을 살펴보자. 잭(Jack)은 19명의 2학년 학생들과 함께 통합학급에서 공부하는 자폐성장애 학생이다. 잭은 대화를 위해 의사소통 도구를 사용하고 있으며 또래가 하는 과제의 대부분을 쓰거나 수행할 수 있다. 잭은 교실에 있는 여성이나 또래들을 상당히 화나게 만드는 한 가지 문제행동을 보이는데 바로 팔뚝 뒷부분의 살을 꼬집는 것이다. 잭은 짧은 소매를 입고 팔이 통통한 사람만 꼬집는다. 긴 소매 옷을 입는 것이 하나의 해결책일 수는 있으나 일단 어떤 사람의 팔이 통통하다는 것을 알아채면 긴소매 옷을 입어도 꼬집는다. ① 잭의 행동은 꼬집힌 사람을 아프게 하고 이들에게 멍을 남기며, ② 잭에게 꼬집힌 아이들은 울음을 터뜨리는 등 심리적으로도 상처를 받기 때문에 교사는 이 문제를 해결해야만 했다. 처음에는 잭의 행동이 관심을 끌기 위한 것으로 생각되었으나 작업치료사는 무언가를 꼬집으려는 감각적 요구가 우선이고 관심은 2차적인 것이라고 제안했다. 잭은 집게나 빨래집게처럼 무언가를 집어 올릴 수 있는 물건을 사용하는 모든 활동을 좋아했다. 교사들은 짧은 소매 셔츠를 입되 소맷단 끝에 빨래집게를 달고 있기로 했다. 그런 다음 잭에게 팔 대신 빨래집게를 꼬집도록 가르쳤다. 잭이 팔 대신 빨래집게를 꼬집으면 1점을 받는데 이 점수가 모이면 매 교시에 상을 받을 수 있다.

잭이 모든 교사의 팔 대신 빨래집게를 꼬집게 되자 교사는 빨래집게를 셔츠자락에 옮겨 달았다. 잭에게는 계속 팔 대신 빨래집게를 꼬집도록 격려하였고 그렇게 할 때마다 점수를 주었다. 교사들이 셔츠자락에 빨래집게를 달기 시작한 지 몇 주가 지난 다음에는 빨래집게를 잭의 셔츠자락에 달았다. 잭에게는 무언가를 너무나 꼬집고 싶을 때 자신의 옷자락에 있는 빨래집게를 꼬집도록 격려하였다. 다른 사람들 대신 자신의 옷에 있는 빨래집게를 꼬집을 때마다 점수가 부여되었다. 중재를 실행한 지 한 달도 되기 전에 잭은 짧은 소매의 옷을 입고 통통한 팔을 내놓은 다른 학생들과 함께 바닥에 둘러앉아 이야기 나누기 시간에 참여할 수 있게 되었다. 잭은 친구들의 팔이 아닌 자신의 옷자락에 있는 빨래집게를 꼬집곤 했다.

이런 상황은 정의상 위기이기는 하지만, 루이스나 지미의 경우만큼 심각한 것은 아니다. 그러나 일반교사가 통합학급을 운영할 때 일상적으로 다루어야만 하는 상황이다. 앞의 예에서 보았듯이 위기계획이라고 해서 반드시 타임아웃이나 격리 또는 신체적 구속을 포함해야 하는 것은 아니다. 위기계획은 학생이 자신이나 타인을 다치게 하지 않도록 예방하는 조치이기만 하면 된다. 위기계획은 자료 수집에서 얻은 정보를 활용할 수 없는 경우에도 실행된다. 어떤 학생으로 인해 위험이 예상된다면 모든 학생의 안전을 위해 위기계획은 즉각 실행되어야 한다. 간접적인 자료 수집 방법은 위기계획을 수립할 때 큰 도움이 된다.

또 하나의 시나리오를 살펴보자. 당신이 고등학교 교사인데 당신의 학생 중 하나가 마약을 복용하는 것으로 추정되는 상황이라고 가정해 보자. 이것은 학생 자신에게 해로울 뿐 아니라 이 학생이 마약을 복용한 후 운전을 하거나 타인을 공격한다면 타인에게도 해로울 수 있으므로 위기의 정의에 부합한다. 이 상황에서의 위기계획은 무엇일까? 이 경우 문제행동은 자신을 향한 외현적 공격행동은 아니다. 그러나 명백히 학생 본인에게 해로운 일이다. 학생이 약물 남용을 하는 것으로 의심될 때는 바로 조치를 취해야 한다(Towers, 1987).

미국 교육부(1986)가 발표한 약물 남용 학생의 징후는 다음과 같다.

- 출석률 감소
- 동공 팽창
- 외모의 급격한 변화(위생 상태 등)
- 성적 저하

- 두서없는 말
- 의욕 저하
- 과제 미제출
- 붉은 눈가
- 주의집중 시간 저하

이 중에 하나 이상의 징후가 보여 약물 남용으로 자신을 해치고 있다는 의심이 드는 학생이 있을 때 취해야 할 첫 번째 조치는 학교 상담교사를 만나 이 문제를 다룰 수 있는 위원회가 있는지 알아보는 것이다. 당신은 학교 상담교사와 학교 관리자와 함께 학생과 그 부모를 만나 학생의 행동에 대해 설명하고 그 행동에 대한 학교 측의 우려를 알려야 한다. 전문가의 도움 없이 약물을 끊는 것은 매우 어려운 일이기 때문에 학교와 가정은 힘을 합하여 전문가의 도움을 구해야 한다.

이상에서 우리는 교실을 뛰쳐나가는 학생, 벽에 돌진하여 머리를 부딪치는 학생, 꼬집는 학생, 약물을 남용하는 학생을 살펴보았다. 교사가 교실에서 보게 되는 좀 더 전형적인 행동은 타인을 때리는 행동이다. 이 행동은 처음에는 장난으로 시작되지만 종종 심각한 주먹싸움으로 커진다. 7장에서는 친구들을 때리는 테일러라는 여학생에 대해 살펴볼 것이다. 우리 팀이 처음 테일러를 관찰했을 때 팀원 대부분은 때리는 행동의 기능이 성인의 관심을 얻는 것이라고 확신했다. 그러나 다음 장을 읽어 보면 우리가 얼마나 잘못 짚었는지를 알게 될 것이다. 7장에서 밝혀질 비밀을 미리 누설하는 대신, 같은 문제행동을 가진 로키(Rocky)를 살펴보자.

로키는 아침에 교실에 도착하면 책상을 돌려 벽을 향하게 한 후 책상 위에 엎드려 잠을 자곤 했다. 이때 로키는 자신에게 처음으로 말을 건 사람에게 달려들어 주먹을 날리기도 했다. 로키가 유일하게 대화를 하는 상대는 그가 누군가를 때릴 때마다 와서 그를 데려가는 학교안전담당관(School Resource

Officer: SRO)이었다. 교사는 체크인 체크아웃이라는 PBIS 3차 수준의 중재를 하기로 결정했다. 학교안전담당관은 교사에게 로키의 아버지가 불규칙하게 집에 들어왔다 나가는 상황임을 알려 주었다. 로키가 등교하자마자 잠을 자고 다른 아이들을 때렸던 날의 대부분은 그 전날 아버지가 화가 나서 갑자기 집을 나간 후 아침까지 돌아오지 않았던 날이었다. 이를 들은 교사는 그제야 상황이 이해되기 시작했다. 로키는 믿고 따를 만한 남성 롤모델이 없었던 것이다. 로키는 학교안전담당관을 잘 따르는 편이었는데, 우연이긴 하지만 그가 남성이기도 해서 로키가 필요로 하는 롤모델이 될 수 있을 것으로 보였다. 교사는 로키가 보이는 문제행동의 기능이 남성인 학교안전담당관의 관심을 얻기 위한 것일 가능성이 있다고 보았다. 학교안전담당관과 교사는 개별화된 체크인 체크아웃 프로그램을 계획하였다. 학생-교사 평정 기록지(부록의 [그림 1] 참조)를 다소 수정하여 교사는 로키가 다음의 기준에 따라 스스로의 행동을 평정하게 하였다.

1. 손과 발을 가만히 둠으로써 타인의 안전을 존중했는가?
2. 수업에 열심히 참여함으로써 자신을 존중했는가?
3. 거친 행동이 아닌 말로 자신을 표현함으로써 자신과 타인을 존중했는가?

로키가 수업시간마다 이 세 가지 기대행동을 따로 연습할 필요가 없을 만큼 잘해 냈다면 로키 스스로 각 항목에 3점을 부여했다. 그런대로 잘 수행했다면 2점으로 평정했다. 조금 더 잘할 수 있었는데 그렇지 못했다면 1점으로 평정했다. 교사 역시 동일한 평정표를 가지고 로키의 행동을 평정했다. 교사와 로키는 매 시간 평정표를 비교하였다. 교사와 로키 모두 3점으로 평정한 경우 로키는 그 기대행동에 대해 3점을 받았다. 마찬가지로 교사와 로키 모두 2점으로 평정한 경우 로키는 그 기대행동에 대해 2점을 받았다. 교사와 로키 모두 1점으로 평정했다면 그 기대행동에 대해 1점을 받았다. 로키와 교사의 점수가 다를 경우 로키는 점수를 받지 못했다. 나는 행동 평정을 할 때 학생의 어떤 행동에 대해서도 0이나 슬픈 얼굴(역자 주: 유아의 행동을 숫자로 평정하는 대신 웃는 얼굴, 무표정한 얼굴, 슬픈 얼굴 등으로 평정할 때 0에 해당하는 최하 점수를 의미)로 평정하지 말아야 한다고 믿는다. 왜냐하면 학생들은 0이나 슬픈 얼굴을 "나는 아무것도 아니구나. 아무 쓸모도 없는 아이야."라는 의미로 받아들이기 때문이다. 학생들이 이렇게 믿기 시작하면 곧 그 믿음대로 행동할 것이다.

로키는 매 수업이 끝날 때마다 자신의 평정표를 학교안전담당관에게 가져가서 2분간 격려를 받았다. 로키는 또한 아침 등교 시 학교안전담당관에게 잠시 들러 하이파이브를 하고 학교안전담당관은 로키에게 좋은 하루를 보내라고 말하면서 수업에 들여보냈다. 이 중재는 로키가 책상을 뒤쪽 벽으로 돌려놓은 채 잠자는 행동을 감소시켰다. 개별화된 체크인 체크아웃 프로그램의 실시로 매 시간 그는 점수를 받았고 그 평정표를 학교안전담당관에게 가지고 갔다. 하루가 끝난 후 학교안전담당관은 평정표에 기재된 점수의 총점을 계산하고 로키에게 그 주에 해당하는 그래프 용지에 그날의 총점을 표시하게 하였다. 매일 저녁 로키의 어머니는 그날 로키가 학교에서 받은 점수에 상응하는 보상을 제공하였다(비용이 들지 않으면서도 부모가 자녀에게 줄 수 있는 강화물의 목록은 부록에 제시됨). 간헐 강화의 의미로 학교안전담당관은 가끔씩 로키와 점심을 함께 먹는다든지 방과 후에 체커스(checkers) 게임을 함께 한다든지 하는 등의 특별한 시간을 로키에게 선물하기도 했다. 이것이 타인을 때리는 행동을 보인 로키의 3차 수준 위기계획이었다.

학생-교사 평정 기록지와 학교안전담당관과의 만남 외에 적용한 또 다른 방법은 로키의 책상 위에 항상 포커 칩을 두는 것이었다. 로키가 누군가를 때리고 싶은 마음이 들 때 포커 칩 하나를 교사의 책상 위에 올려놓으면 바로 학교안전담당관을 만나러 갈 수 있게 하였다. 로키가 하루에 사용할 수 있는 포커 칩은 2개로 제한하였다. 이 방법은 로키가 누군가를 때리는 것보다 훨씬 좋았다. 학생들이 자신의 부적절한 행동을 대신하여 좀 더 사회적으로 적절한 행동을 하도록 돕는 것은 개별 중재의 중요한 한 부분이다.

이 사례 역시 위기계획이 격리, 신체적 구속 또는 교외 정학을 반드시 포함해야 하는 것은 아님을 보여 준다. 많은 경우 교외 정학은 학생이 정말 원하는 것인데, 안타깝게도 많은 학교가 학생이 원하는 바로 그 처분을 학생에게 선사한다. 학생에게는 성인들이 마치 자동판매기처럼 느껴질 것이다. 학생들은 자신들이 원하는 것을 얻으려면 어떤 버튼을 눌러야 할지를 정확히 알고 있다. '내가 누군가를 때리면 나는 바로 집에 가는 거야. 만세! 바로 이게 내가 원하던 바야.' 위기계획을 세우기 위해서는 사고의 틀을 바꿔야 한다. 모든 학생에게 늘 적용 가능한 훈육방법은 없다.

그러나 많은 학교가 모든 학생에게 일률적으로 적용할 조치를 핸드북의 형태로 성문화해 두었다. 이에 따라 누군가를 때린 학생은 교실에서 내보내야 하는 것이다. 상해를 입힐 수 있는 행동을 무시하자는 의미는 아니지만 우리는 좀 더 예방적인 계획을 적용할 수 있다. 위기계획을 적용한 지 2주 안에 로키의 행동이 놀랍게 향상되었다는 후기를 전할 수 있어서 매우 기쁘다. 그 2주 동안 로키가 타인을 몇 번 때려서 이에 대한 재교육을 해야 하는 일도 있었다. 우리 팀은 사회적 상황 분석 기록지(역자 주: 사회성 기술과 관련된 문제해결 전략을 지도할 때 사용하는 질문지로, 사회적 오류, 이로 인해 상처받은 사람, 이 오류를 교정하기 위해 해야 할 일 등을 묻는 질문으로 구성)를 이용하여 로키가 자신의 사회적 오류를 분석하고 다음에 또 누군가를 때리고 싶은 마음이 들 때 어떻게 해야 할지에 대한 계획을 세우도록 지원하였다.

교사들이 다루어야 하는 또 다른 행동을 살펴보자. 앞에서 우리는 위기의 정의가 누군가에게 해를 끼치는 것이라고 했는데 많은 행동이 이 범주에 포함된다. 피가 날 때까지 손톱 아래 피부를 벗기거나 깨무는 행동도 위기중재를 필요로 할 수 있다. 어떤 아이들은 이러한 행동을 염증이 생길 때까지 한다. 이것은 생명을 위협하거나 죽음에 이르는 위기는 아니지만 학생 본인에게 해로운 일이기 때문에 중재를 하게 되는 행동이다. 이런 행동은 주로 스트레스와 관련되는 경우가 많고 학생이 자신의 몸에 상처를 입히고 있어서 신속한 조치를 취해야 하기 때문에 자료를 대대적으로 수집하지 않아도 된다. 이런 유형의 행동을 멈추게 하는 데는 인지행동치료와 스트레스 감소기법을 함께 활용하면 많은 도움이 된다.

인지행동치료

인지행동치료(Cognitive Behavior Therapy: CBT)에서는 가장 먼저 학생과 약속을 하고 손톱 아래 피부 벗기기나 깨물기 행동을 멈추게 할 계획을 학생에게 말해 준다. 첫 번째 일주일 동안에는 새끼손가락을 제외한 나머지 손가락에 대해서는 피부 벗기기나 깨물기를 할 수 있다고 학생에게 말한다. 이렇게 함으로써 그간 내적으로 이루어진 사고과정을 변화시켜 학생이 자신이 하는 행동을 의식하게 한다. 이런 행동을 하는 학생들은 흔히 자신이 무엇을 하고 있는지 의식하지 못하며, 그저 스트레스에 대한 반응으로 그러한 행동을 한다. 중재 두 번째 주에는 새끼손가락과 약지 이외의 모든 손가락에 대해 피부 벗기기나 깨물기를 해도 좋다고 학생에게 말한다. 즉, 학생은 여전히 엄지, 검지, 중지를 깨물 수 있다. 세 번째 주에는 새끼손가락, 약지, 중지 외의 모든 손가락에 대해 피부 벗기기나 깨물기를 해도 좋다고 학생에게 말한다(여기서 "~ 외의 모든 손가락에 대해 깨물어도 좋다."라는 표현을 쓴 점에 유의하라. 이런 표현은 학생이 무언가를 해도 좋다는 허락을 받은 것처럼 느끼게 한다). 네 번째 주에는 새끼손가락, 약지, 중지, 검지 외의 모든 손가락을 깨물어도 좋다고 학생에게 말한다. 즉, 엄지만 남은 셈이다. 마지막 주에는 새끼손가락, 약지, 중지, 검지, 엄지를 제외한 모든 손가락을 깨물어도 된다고 학생에게 말한다. 이는 아무 손가락에 대해서도 피부를 벗기거나 깨물기를 할 수 없다는 뜻이다. 우리는 사고과정을 인지적으로 변화시켜 학생이 자신이 하는 행동에 초점을 두게 만들었다. 처음 이 행동을 유발한 스트레스를 다루기 위해 요가 호흡법을 인지행동치료와 함께 실시하라. 이 요가 호흡법은 위스콘신의 택시 운전사가 나에게 알려 준 것이다.

요가 호흡

먼저 혀를 앞니 뒤에 놓는다. 입을 다물고 코로 숨을 들이쉬면서 천천히 넷을 세고 다시 코로 숨을 내쉬면서 넷을 센다. 들이쉬고 내쉬는 이 동작을 10번씩 반복한다. 이렇게 하면 뇌의 전두엽 피질에 산소가 공급되어 학생이 마음을 가라앉히고 불안을 줄일 수 있다. 이 방법을 모든 학생에게 가르쳐 주면 학생들이 자신의 감정을 다스리는 데 큰 도움이 된다.

이 장의 주요 메시지는 두 가지다. 아동이 위기에 있을 때 우리는 어떻게든 대응을 해야 하겠지만 판에 박힌 자동반응이 아니라 예방적인 반응을 해야 한다. 미리 계획을 세우지 않는 것은 실패하기로 작정한 것이나 다름없다. 우리는 수년간 예비교사들이 학생들의 학업을 위한 수업계획안 작성을 잘 하게 하려고 많은 노력을 기울인 반면, 위기를 예방할 수 있는 적절한 행동의 지도를 위한 수업계획안 작성법을 익히게 하는 데는 거의 시간과 노력을 들이지 않았다. 행동지도를 위한 계획은 미식축구의 오펜스 포지션에 비유할 수 있다. 학생의 행동이 통제 밖에 있는 상태는 공을 뺏긴 상태와 비슷하다. 공격을 하려면 실행 계획을 세워야 한다. 우리에게는 최소한 네 가지 수준의 오펜스 포지션이 필요하며 이것은 미리 계획되어야 한다. 즉, 학생의 행동을 변화시키고 싶을 때 첫 번째로 할 일은 무엇이고, 그다음으로 할 일은 무엇인지 하는 식의 계획이 필요하다. 이러한 계획을 순서대로 정리하면 역삼각형 모양이 되는데 이 역삼각형의 하단 꼭짓점은 강화로부터의 타임아웃이 될 것이다. [그림 6-1]은 이러한 실행 계획의 예시 중 하나다.

이러한 중재와 예방 전략이 PBIS의 2차 지원(표적집단 중재) 단계에서 적용된다면 학생들은 더욱 잘 반응할 것이다. 그렇게 된다면 매우 소수의 학생만이 본격적인 행동치료를 필요로 할 것이다. 문제행동이 줄어들기 시작하면 적절한 행동에 대한 강화를 간헐적으로 제공해도 좋지만 이후의 특정 시점에 갑작스러운 행동 폭발이 나타날 수 있기 때문에 늘 주시하고 있어야 한다. 위기를 유발하는 행동은 절대 허용되지 않음을 학생에게 명확히 알게 해야 하지만, 학생이 어떤 주제에 대해 교사와 토론을 하고 싶어 한다면 교사는 다음 날 아침 자신이 아는 모든 것을 동원하여 기쁘게 학생과 토론을 할 것이다.

위기의 학생도 안전하고 다른 학생들도 안전한 것을 확인한 후에는 중재를 수정할 필요가 있는지 알아보기 위한 자료 수집을 고려한다. 학생이 기차나 자동차가 달려오거나 강속구가 날아오는데도 그리로 뛰어가려 한다면 우리

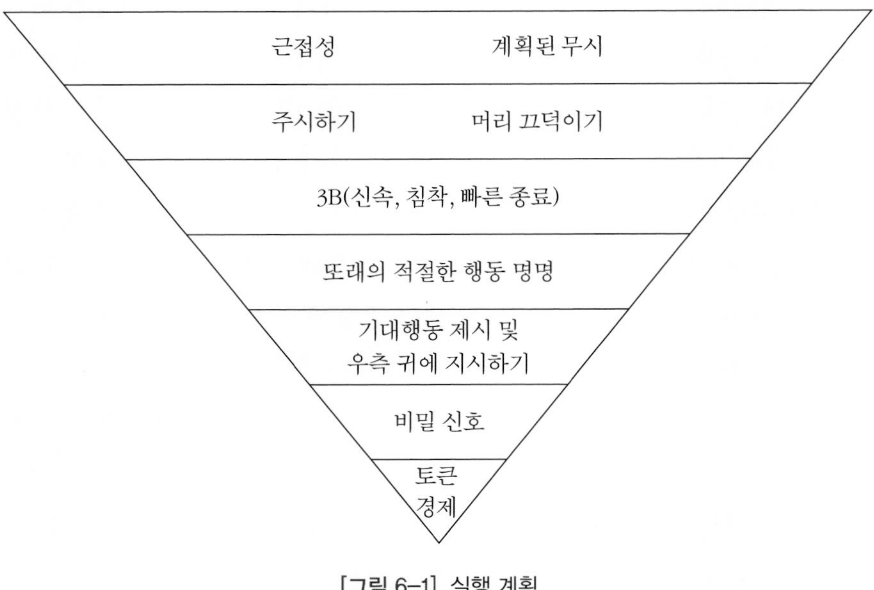

[그림 6-1] 실행 계획

는 즉각 반응해야 한다. 모든 사람의 안전이 확인된 후에는 행동을 유발하거나 유지시킨 선행사건과 후속결과를 판별하기 위해 학생을 관찰하거나 자료를 수집할 수 있다. 위기가 발생했을 때는 최선의 판단력과 결단력을 발휘하여 행동의 이유를 추측하고 그에 맞는 예방적 계획을 실행해야 한다.

7장

자료는 거짓말을 하지 않는다:
현장에서 수집하는 실제 자료

주요 내용

- 선행사건, 행동, 후속결과를 표시한 ABC 도표를 보며 자료를 검토하고 행동의 기능을 판단하는 방법
- 가설을 재확인하는 방법
- 3차 수준의 긍정적 행동중재와 지원을 위해 팀 접근을 활용하는 방법

PBIS 기술지원센터(Technical Assistance Center on PBIS)의 공동대표인 Rob Horner는 "자료는 거짓말을 하지 않는다."라고 말하곤 했다. 그렇다면 PBIS 3차 지원에서 교사는 어떻게 자료를 분석하는가? PBIS 기술지원센터가 실시하는 훈련과정에 참여하고 있는 학교가 PBIS 3년차가 되었을 때 PBIS 코디네이터는 3차 지원을 위한 팀을 구성하고 3차 지원에 대한 교육을 실시한다. 이 훈련과정에서는 행동지원팀 구성을 위한 Crone과 Horner(2003)의 모델을 활용하여 행동전문가 팀을 꾸리게 된다. 행동지원팀의 구성은 개별 학생의 요구에 따라 다를 수 있지만 각 학생을 지원할 때에는 핵심 행동전문가팀 구성원, 교사 이외의 교내 보조교사, 가족 구성원을 포함해야 한다. 즉, 부모, 조부모, 양육자, 보호관찰관, 버스 운전사, 운동 코치 등 학생의 행동 개선에 따른 직접적인 영향을 받는 사람들을 포함할 수 있다. 해당 학생의 능력 수준에 따라 팀은 학생을 회의의 일부 시간 또는 회의 내내 참여시킬 수 있다.

교사는 다음의 두 가지 방법으로 행동지원팀과 접촉할 수 있다. 첫 번째는 행동지원팀에게 연락하여 일화 기록을 들려주고 행동 분석에 필요한 도구를 결정할 수 있도록 도움을 요청하는 것이다. 두 번째는 교사가 먼저 필요한 자료를 수집하고 이를 회의에 가져가서 회의를 통해 자료 분석 결과에 근거한 중재방법을 논의하는 것이다. 이 중 당신이 처한 상황에서 좀 더 편리하게 느껴지는 방법을 선택하면 된다. 14명 이하의 사람이 모여 행동을 촉발하는 선행사건과 배경사건(setting events), 행동을 유지시키는 후속결과, 행동을 감소시킬 중재를 논의하는 과정은 매우 유용하다. "두 사람의 지혜가 한 사람의 지혜보다 낫다(Two heads are better than one)."라는 옛 속담은 바로 이 경우에 해당한다. 다음은 교사가 학생을 행동지원팀에 의뢰하고 정보를 제공한 예시다.

테일러 손턴(Taylor Thornton)

- 테일러는 경도 학습장애가 있는 6학년 학생이다.
- 테일러에게는 근처 고등학교에 다니는 2명의 형제자매가 있다.
- 테일러의 엄마는 정규직 직장이 있으며 아버지는 자주 출장을 다닌다.
- 테일러는 일반학급에 통합되어 지원 서비스를 받는다.

첫 모임에서 팀은 교사가 변화시키고자 하는 문제행동을 정하고 이 행동을 어떻게 지원할지 결정하도록 도왔다. 팀의 첫 번째 의제는 테일러의 강점과 강화제를 알아내는 것이었다. 팀은 다음의 목록을 만들었다.

강점

- 테일러는 친구들 앞에서 발표를 잘한다.
- 테일러는 그림을 잘 그린다.
- 테일러의 가족은 테일러를 적극적으로 지원한다.

강화제

- 테일러는 성인과 대화하기를 좋아한다.
- 테일러는 단어 찾기 게임을 좋아한다.

행동지원팀은 세 가지 문제행동을 정의하는 데 동의했으며, 교사가 측정 및 관찰이 가능한 용어로 기술된 세 가지 행동을 기록할 수 있을 것으로 보았다.

A행동: 물건 던지기

- 물건이 테일러의 손을 떠나 15cm(6인치) 이상 먼 곳에 떨어진다.

B행동: 언어적 방해행동

- 테일러가 입으로 큰 소리를 내거나 말을 하여 학습 환경을 방해한다.

C행동: 신체적 공격행동

- 테일러 신체의 일부가 다른 사람의 몸에 세게 닿는다.

문제행동을 행동 용어로 정의한 후, 팀은 다음에 대한 각각의 약자(a key)를 적었다.

- 상황
- 선행사건
- 문제행동
- 후속결과
- 학생의 반응

약자에 대한 복사본을 만들어서 행동을 10일 동안 매일 같은 방식으로 측정하였다. 교사는 테일러가 어떤 날은 다른 날에 비해 바르게 행동한다고 메모하였으며, 테일러의 문제행동이 나타나는 요일이 있다고 생각했다. 팀은 교사가 10일 동안의 자료를 수집하여 각 요일마다 두 번의 예시를 볼 수 있도록 하였다. 테일러를 자주 만나는 사람들은 회의 구성원이 되며, 모든 구성원은 행동 평정 기록지(behavior rating sheets)를 받아서 테일러가 자신의 영역

에서 특정 행동을 보일 때 이를 기록할 수 있다.

다음은 팀이 기능평가 자료 수집 도구(FBA, www.beha viordoctor.org에서 무료로 제공하는 도구)로 자료를 분석한 후 작성한 회의록의 일부이다.

자료 분석

학생: 테일러 손턴

팀 구성원: 메리 포핀스(Mary Poppins, 교사), 서전트 카터(Sergeant Carter, 교장), 루머 손턴(Rumor Thornton, 학부모), 비프 헨더슨(Biff Henderson, 체육교사), 채티 캐시(Chatty Cathy, 언어치료사), 캐리 케이스(Carrie Case, 특수교사)

날짜: 2003년 5월 13일

자료 수집 기간: ABC 자료 기록지를 사용하여 10일간 기능평가 자료를 수집하였다. 10일 동안 자료를 수집한 이유는 교사가 테일러의 행동에 요일 관련 패턴이 있다고 추측했기 때문이다. 수집한 자료의 결과는 다음과 같다.

- 사건이 일어난 총 횟수: 10일간 총 32회 발생
- 1일 사건 발생 수 평균: 32÷10=평균 3.2회
- 각 행동의 지속시간 평균: 총 사건 발생시간 379분÷32회=11.84, 즉 사건당 12분 이하로 발생
- 기초선: 총 사건 발생시간 379분÷총 관찰시간 4200분×100=9.02(%)
- 문제행동 발생에 대한 기초선: 하루의 9.02%에 해당하는 시간 동안 문제행동 발생

다음으로 교사가 알아보고자 한 것은 각 행동이 지속된 시간의 평균이다. 따라서 교사는 기능평가 자료 수집 도구를 사용하여 ABC 자료([그림 7-1] 참조)의 그래프를 만들었고 다음의 결과를 얻게 되었다.

- A행동은 평균 3분 30초 정도 지속되었다.
- B행동은 평균 12분 24초 정도 지속되었다.
- C행동은 평균 12분 24초 정도 지속되었다.

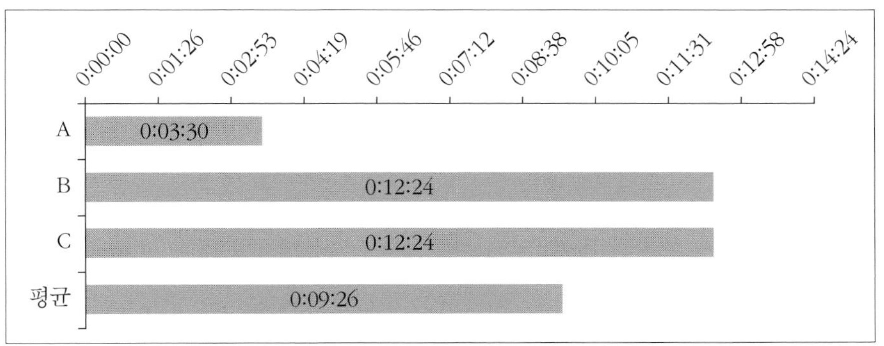

[그림 7-1] 사건 지속시간

행동 발생 시간

이후 행동지원팀은 행동이 발생하는 시간에 대한 패턴을 알아보고자 하였다. 팀은 교실에서의 일과를 30분 간격으로 나누고, 각 구간에서 문제행동이 발생한 횟수를 표시해 보았다. 행동지원팀은 테일러의 행동 발생 시간대와 관련하여 몇 가지 일관된 패턴을 발견했다. 테일러의 행동이 가장 많이 나타나는 시간은 하루의 시작과 끝 무렵이었다. 교실에서 행동 발생의 가능성이 높은 시간대를 파악한 교사는 이 유익한 정보를 이용하여 예방조치를 할 수 있게 된다. [그림 7-2]의 표는 시간대별 자료를 보여 준다.

기능평가 자료 수집 도구를 이용하여 [그림 7-2]와 같은 그래프를 그릴 수 있는데, 이를 통해 팀은 행동 패턴을 쉽게 파악할 수 있다. 기능평가 자료를

시간	발생 횟수	비율	백분율
아동의 하루 일과에 따른 시간표	(예: 15)	시간대별 발생 수/전체 발생 수 (예: 15/32)	15/32 × 100
8:30~8:59	6	6/32	19%
9:00~9:29	6	6/32	19%
9:30~9:59			
10:00~10:29	1	1/32	3%
10:30~10:59			
11:00~11:29			
11:30~11:59			
12:00~12:29	5	5/32	16%
12:30~12:59	1	1/32	3%
1:00~1:29	4	4/32	13%
1:30~1:59			
2:00~2:29			
2:30~2:59	1	1/32	3%
3:00~3:30	8	8/32	25%

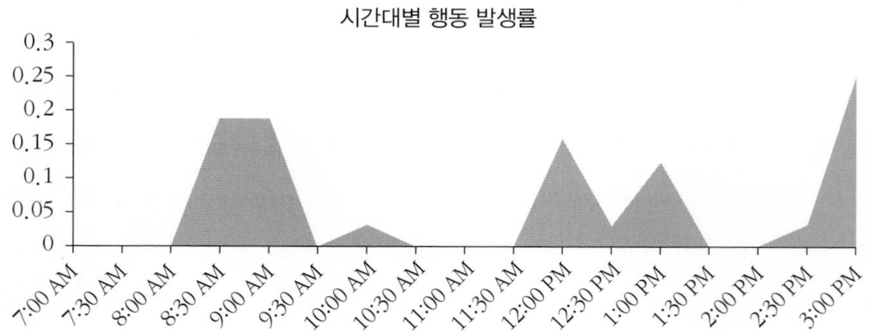

[그림 7-2] 시간대별 자료

보면, 테일러는 오전 일과가 시작될 때의 첫 1시간과 일과가 종료되는 마지막 30분 동안에 행동상의 어려움을 보이는 것으로 나타났다. 이처럼 문제행동이 발생하는 시간대를 파악한 후 가정–학교, 학교–가정 간 원활한 전이를 위해 선행사건 수정을 실행할 수 있을지 결정하는 것이 바람직하다.

행동 발생 요일

교사는 테일러의 행동 발생 요일에도 패턴이 있을 것으로 추측했다. 자료를 모두 수집한 후 교사는 자신의 가설이 옳은지 확인하기 위해 요일별 사건 발생 수를 합산했다. 요일별 행동 패턴이 밝혀진다면 이는 또 하나의 선행사건 정보를 알려 주게 되어 팀이 선행사건 수정을 통해 예방적인 조치를 취하

요일	전체 사건 발생 수	하루 평균 사건 발생 수
월(2)	11	5.5
화(2)	3	1.5
수(2)	3	1.5
목(2)	6	3.0
금(2)	9	4.5

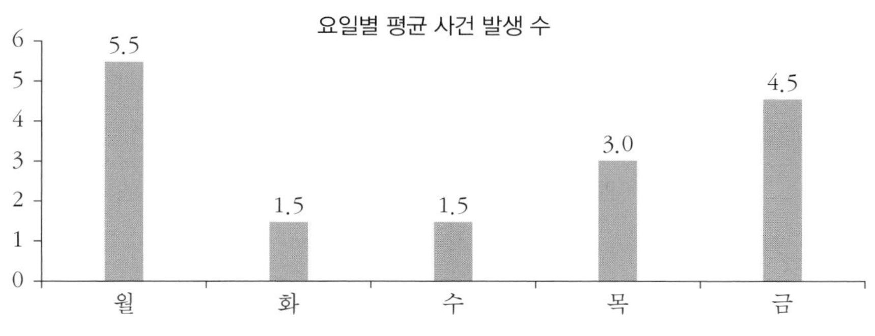

[그림 7-3] 요일별 자료

게 해 준다. [그림 7-3]은 요일별 행동 발생 기록을 보여 준다.

기능평가 자료 수집 도구는 팀이 일주일 동안 각 요일을 집중적으로 들여다볼 수 있게 한다. 테일러는 월요일과 금요일을 다른 요일에 비해 특히 더 힘들어하는 것으로 밝혀졌다. 이러한 사실은 팀이 선행사건 수정 계획을 하는 데 매우 유용한 정보가 된다.

상황

팀이 다음으로 살펴본 영역은 행동이 나타나는 상황의 패턴이었다. 교사는 집단별 협동 학습을 좋아해서 수업활동의 대부분은 4명의 학생이 모여 앉아 공동의 프로젝트를 수행하는 집단 활동으로 진행되었다. 이러한 활동은 교실을 소란스럽게 만들기는 하지만 학생들이 창의성을 발휘하게 해 준다. 교사는 이러한 활동의 경우 구조화가 다소 부족할 수 있는데 테일러가 그 점에서 어려움을 겪을 수도 있을 거라고 추측하였다. [그림 7-4]는 상황별 행동 자료와 그래프를 보여 준다.

기능평가 과정을 통해 수집한 자료를 보면 집단 활동 시간은 테일러의 문제행동이 가장 많이 발생하는 시간으로 44%의 문제행동이 이때 발생한다. 좀 더 자세히 살펴보면 하루 중 교사의 관심이 다른 곳에 있을 것으로 생각되는 두 가지 상황(집단 활동과 점심식사)에서 63%의 문제행동이 발생한다. 이러한 결과를 바탕으로 팀은 전체 문제행동의 63%는 교사의 관심을 얻기 위해 발생한다고 가정했다. 마찬가지로 전체 문제행동의 38%는 교과 시간(읽기, 수학, 맞춤법)에 발생했기 때문에, 팀은 문제행동의 38%가 수업활동을 회피하기 위해 발생한다고 가정했다.

상황	구분	발생 횟수	비율	백분율
집단 활동	A	14	14/32	44%
개별 활동	B			
읽기	C	6	6/32	19%
수학	D	5	5/32	16%
맞춤법	E	1	1/32	3%
사회	F			
과학	G			
학급 활동	H			
점심식사	I	6	6/32	19%

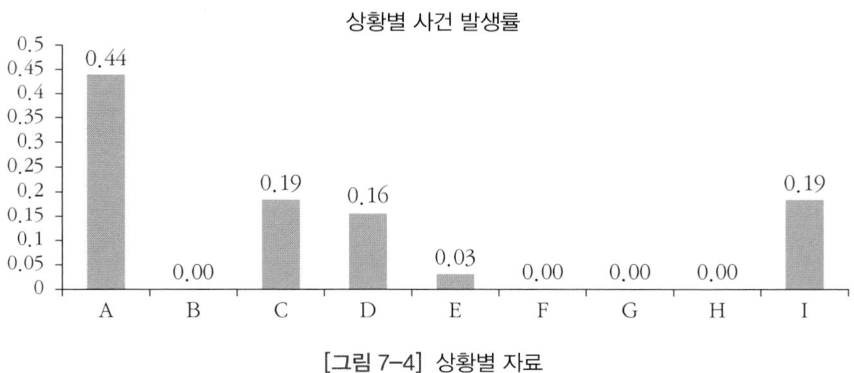

[그림 7-4] 상황별 자료

문제행동

팀은 세 가지 문제행동을 검토하여 테일러가 그중 특별히 더 자주 보이는 행동이 있는지를 살펴보았다. 언어적 방해행동은 신체적 공격행동보다 두 배 이상 발생했고, 물건 던지기는 기초선 관찰 기간에 단 두 번 발생하였다. 좀 더 구체적으로 확인해 보니 테일러가 물건을 던진 두 번의 상황은 모두 점심시간이었다. 테일러는 자신의 식판에 있던 야채를 집어 던졌으며 결국 식판까지 던져 버렸다. 이는 새롭게 나타난 행동이며 두 번밖에 나타나지 않았기 때문에 팀은 물건 던지기 행동은 무시하고 신체적 공격행동과 언어적 방해행동에 집중하기로 했다. 팀은 물건 던지기 행동의 기능이 언어적 방해행동의 기능과 같으며, 단지 행동이 증폭되는 과정에서 나타난 것이라고 추측했다. [그림 7-5]는 문제행동별 발생률과 그래프를 보여 준다.

기능평가 과정을 통해 수집한 자료에 근거하면 테일러의 언어적 방해행동은 20회 나타났고, 이 행동은 전체 문제행동 발생의 63%를 차지했다. 테일러의 신체적 공격행동은 10회 나타났고, 이 행동은 전체 문제행동 발생의 31%를 차지했다.

행동	구분	발생 횟수	비율	백분율
물건 던지기	A	2	2/32	6%
언어적 방해행동	B	20	20/32	63%
신체적 공격행동	C	10	10/32	31%

문제행동별 발생률

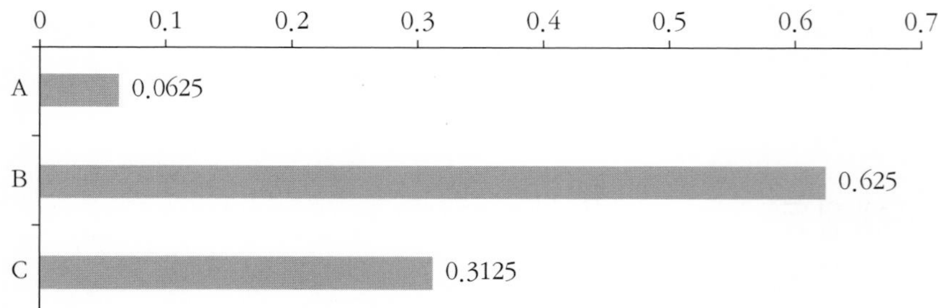

[그림 7-5] 문제행동별 자료

선행사건

선행사건은 특정 행동이 언제 나타날지를 예측하게 하는 훌륭한 정보다. 선행사건은 학생의 일과를 조정하기 위한 계획을 세울 때 매우 귀중한 정보를 제공한다. 선행사건 수정은 예방적 중재에 해당하는데, 학생이 문제행동을 할 기회가 생기기 전에 학생의 요구를 충족시켜서 더 이상 문제행동이 나타나지 않게 하는 것이다.

행동지원팀은 10일간의 자료를 수집할 예정이므로 앞으로 10일간 나타날 가능성이 있는 모든 선행사건을 토의하였다. 그러나 항상 10일간 자료를 수집해야 하는 것은 아니다. 종종 이 부분에 대해 많은 오해가 발생한다. 이 팀이 10일간 자료를 수집하기로 한 것은 테일러의 문제행동이 요일 관련 패턴을 보인다고 판단했기 때문이다. 팀은 각 요일별로 두 번씩 선행사건의 예시를 수집하는 것이 좋겠다고 생각했다.

이와 더불어 교사가 기억해 둘 점은 전이(transition)도 선행사건의 하나로 여기고 자료를 수집해야 한다는 것이다. 전이는 학생뿐 아니라 성인에게도 특정 행동을 촉발하는 선행사건 중 하나다. 지금까지의 체계에 큰 변화를 가져올 계획이 발표되었던 교직원 회의를 떠올려 보면, 많은 성인도 이러한 전이에 부적절하게 반응한다는 것을 알 수 있다. 학생들도 다르지 않다. 변화는 어렵다. 큰 변화는 더욱 어렵기 마련인데, 어떤 학생들은 하루 중 발생하는 여러 개의 작은 변화도 큰 변화만큼이나 어렵게 느낄 수 있다. [그림 7-6]은 테일러의 선행사건 자료와 그래프를 보여 준다.

기능평가 과정을 통해 수집한 자료에 근거하면 특정 행동에 대한 전체 선행사건 중 47%가 전이에 해당했다. 전이 시간 역시 교사의 관심이 교실의 다른 곳에 쏠려 있을 때라는 점을 고려하면, 특정 행동에 대한 전체 선행사건 중 66%는 테일러가 교사의 관심이 남에게 쏠렸다고 인식했을 때에 해당한다. 또

선행사건	구분	발생 횟수	비율	백분율
전이	A	15	15/32	47%
선택권 부여	B			
재지도	C			
교수/지시	D	3	3/32	9%
새로운 과제	E	8	8/32	25%
매일 반복되는 과제	F			
신체적 촉진	G			
교사가 다른 학생 지도	H	6	6/32	19%
"안 돼."라는 말을 들음	I			

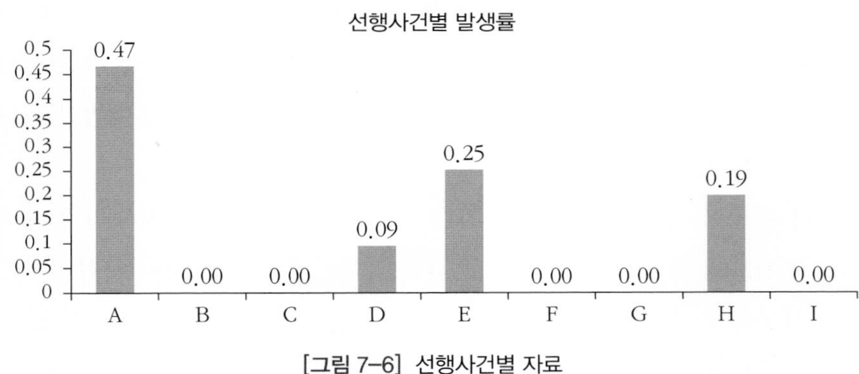

[그림 7-6] 선행사건별 자료

한 전체 선행사건 중 34%는 교과 시간이 차지했고, 9%는 교사의 교수나 지시가 있을 때였으며, 25%는 테일러에게 새로운 과제를 요구했을 때였다.

팀은 선행사건 수정을 위해 가장 집중해야 할 부분은 전이에 대한 중재라고 결정했다. 행동지원팀의 일원인 테일러의 어머니는 이렇게 말했다. "이제 알겠어요. 아침에 테일러가 신발 한 짝이나 가방을 못 찾는다는 이유로 말다툼하고 소리 지르며 하루를 시작한 것이 아이의 하루를 부정적으로 만들었다는 것을요. 이젠 상자를 하나 구해서 현관 옆에 두려고요. 테일러가 자기 전에 다음 날 아침에 가져갈 것들을 스스로 준비하게 할 거예요." 이것이 예방적인 선행사건 수정의 예다.

행동지원팀은 모든 선행사건 자료를 상황별, 일과별, 요일별 패턴과 연결지어 살펴보고 다음의 중재를 실시하기로 했다.

- 테일러는 아침에 등교하여 475명의 전교생이 있는 체육관으로 가는 대신 언어치료사(테일러가 좋아하는 성인)에게 체크인을 받는다.
- 테일러는 아침에 언어치료사와 재미있는 활동을 한다. 언어치료사는 조명을 약간 어둡게 하고, 60bpm(1분에 60비트)의 느린 음악을 틀어 놓아 테일러가 하루를 차분하게 시작할 수 있도록 한다.
- 언어치료사는 테일러가 하교 전 체크아웃을 하러 오면 아버지에게 메일을 쓰게 하고 매일 아침 체크인을 할 때는 아버지의 메일을 읽게 한다. 팀은 테일러가 아버지를 많이 그리워하고 있으며 그러한 이유로 금요일의 행동문제가 더 심해진다고 판단했다. 테일러의 아버지는 금요일에 집에 오시는데, 테일러는 아버지가 오시는 것에 너무나 흥분하여 학교에서의 행동을 조절하지 못할 정도였다. 아버지와 메일을 주고받는 활동은 테일러와 아버지가 주중에 일대일로 이야기를 주고받을 수 있는 시간을 마련해 주었다.
- 교사는 테일러에게 Vanna White[역자 주: 미국 텔레비전 게임쇼인 〈운명의 수레바퀴(Wheel of Fortune)〉의 보조진행자로, 많은 알파벳 조각으로 이루어진 커다란 판 앞에 서 있다가 출연자가 알파벳을 하나씩 부르면 알파벳 조각을 뒤집는 역할을 담당]의 역할을 주어 학급 일과표를 담당하게 했다. 이에 따라 테일러는 새로운 활동을 할 시간이 될 때마다 일과표를 뒤집는 일을 한다. 이러한 역할은 짧은 전이 시간 동안 테일러에게 할 일을 준다. 테일러는 교사에게 다음 활동이 무엇인지 듣고 반 학생들에게 이를 알리며, 조금 전 끝낸 활동에 해당하는 카드를 뒤집은 후, 반 친구들이 모

두 볼 수 있도록 다음 활동을 칠판에 적는다. 이러한 역할을 수행하는 과정에서 테일러는 긍정적인 관심을 많이 받을 수 있다. 이와 같이 활동과 과제를 듣고, 말하고, 쓰는 경험을 통해 테일러가 3시 이전에 모든 일과를 무사히 마칠 가능성도 높아진다.

이와 같이 간단한 자료 수집을 통해 팀은 문제행동을 예방할 선행적인 전략을 고안할 수 있었다.

행동과 선행사건 간 연관성

다음으로 분석할 부분은 테일러의 행동이 특정 선행사건과 연관되어 발생하는지에 대한 패턴을 찾는 것이다. 이러한 패턴은 같은 상황 또는 같은 선행사건이 일어났을 때 테일러가 반드시 같은 행동을 할 것임을 의미하지는 않는다. 그러나 이러한 패턴은 언제 어떤 행동이 발생할 것인지 예측하게 해 주는 좋은 정보가 된다. 교사들이 이러한 정보를 파악하면 보다 더 예방적으로 대처하게 되는데 예방적 대처는 바로 행동지원계획의 핵심이다.

분석은 행동과 선행사건 자료를 살펴보고 그래프의 X축과 Y축에 자료를 그려 넣는 과정이다. 행동은 X축에, 선행사건은 Y축에 표시한다. 만약 테일러가 전이 시간에 언어적 방해행동을 보였다면 이를 B열 a행에 표시한다. 다른 사람과 짝을 지어 이 작업을 하면 도움이 되는데, 한 사람이 행과 열을 읽어 주고 다른 한 사람이 이를 그래프에 그리면 된다. 이 작업이 끝나면 학생의 행동과 일과 속 선행사건 간의 패턴이 있는지 살펴보게 해 줄 간단한 산점도가 완성된다. 선행사건과 행동 간 관계에 대한 정보를 알면 예방이 가능하다. 이전 장에서 교사들이 자료를 수집할 시간이 없다고 불평했던 일에 대해 이야기한 적이 있다. 교사들은 교실에서 하루 종일 죽을 만큼 힘든 시간을 보낼 수도 있고, 약간의 수고를 들여 수집한 유용한 자료를 살펴보면서 선행사건 수정, 교체행동 교수, 후속결과 수정에 대한 현명한 결정을 내릴 수도 있다. [그림 7-7]은 행동과 선행사건 간 연관성에 대한 자료를 보여 준다.

총 10회의 신체적 공격행동이 모두 교수/지시나 새로운 과제가 선행사건일 때 발생했다. 또한 총 20회의 언어적 방해행동 중 14회가 전이와 관련된 활동일 때 발생했다.

	구분	A	B	C
선행사건		물건 던지기	언어적 방해행동	신체적 공격행동
전이	a		14	
선택권 부여	b			
재지도	c			
교수/지시	d			3
새로운 과제	e		1	7
매일 반복되는 과제	f			
신체적 촉진	g			
교사가 다른 학생 지도	h	2	5	
"안 돼."라는 말을 들음	i			

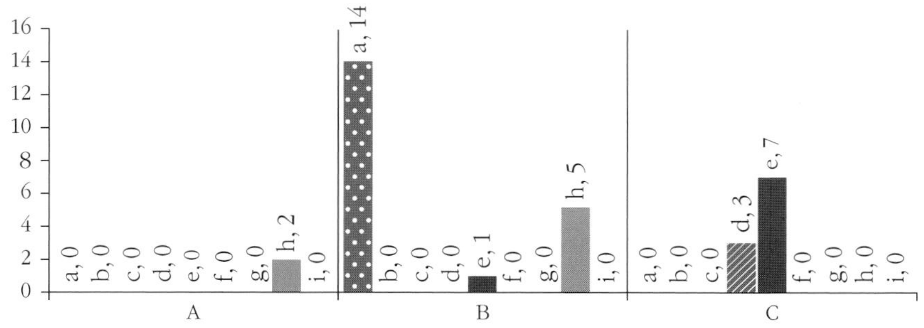

[그림 7-7] 행동과 선행사건 간 연관성

행동과 후속결과 간 연관성

다음으로 고려할 사항은 행동과 후속결과 간 연관성이다. 특정 행동이 발생했을 때 주변에서는 어떤 일이 일어나는가? 행동과 선행사건의 연관성을 살펴볼 때와 같은 원리로 행동과 후속결과의 연관성도 확인할 수 있다. 이를 통해 특정 행동을 유발하거나 유지시키는 후속결과의 유형을 파악할 수 있다. 이 연관성을 파악하면 학생이 무엇을 얻으려고 또는 무엇을 회피하려고 이러한 행동을 했는지 답할 수 있게 될 것이다. 다음과 같은 성인의 행동은 학생들에게 관심을 제공한다.

- 선택권 부여
- 재지도
- 행동에 대한 논의
- 활동 변경
- 말로 꾸짖기
- 신체적 촉진

[그림 7-8]은 테일러의 행동과 후속결과 간 연관성에 대한 자료를 보여 준다. 테일러가 언어적 방해행동을 한 결과로 나타나는 후속결과는 다음과 같다.

- 6회에 걸쳐 교사가 다가와 선택권을 줌
- 8회에 걸쳐 교사가 다가와 재지도를 함
- 3회에 걸쳐 교사가 다가와 테일러의 행동에 대해 논의함
- 2회에 걸쳐 교사가 다가와 테일러가 할 활동을 변경해 줌

	구분	A	B	C
후속결과		물건 던지기	언어적 방해행동	신체적 공격행동
선택권 부여	a		6	
재지도	b		8	
행동에 대한 논의	c	1	3	
사적 공간 제공	d			
활동 변경	e		2	
또래 관심	f	1		
말로 꾸짖기	g			
신체적 촉진	h			
타임아웃	i			10

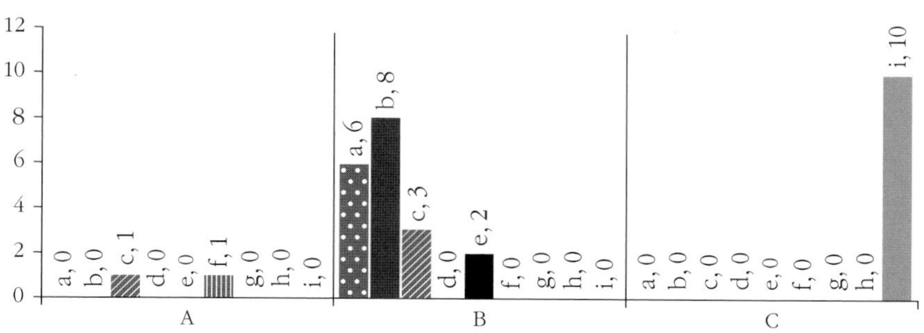

[그림 7-8] 행동과 후속결과 간 연관성

후속결과를 자세히 들여다보면 테일러가 전이 시간에 교사의 관심을 얻기 위해 언어적 방해행동을 한다는 것을 알 수 있다.

테일러는 10회의 신체적 공격행동을 하였는데 그때마다 교사는 테일러를 타임아웃 시켰다. 이 후속결과는 100% 확률로 발생하였다. 우리 팀은 관찰을 위해 테일러의 교실을 방문한 날 테일러가 누군가를 때리는 장면을 목격했다. 당시 테일러는 피해학생 옆에 가만히 서 있다가 교사가 자기 쪽을 바라보자 피해학생을 때렸는데, 멋진 차가 지나갈 때 옆 사람에게 빨리 저기를 보라며 팔을 치는 정도의 약한 세기였다. 이런 행동은 멍 자국을 남기는 건 아니지만 타인을 성가시게 하는 행동이며 이후 상대방의 반격을 불러일으킬 수 있다. 사실 우리는 이 행동의 기능이 성인의 관심을 얻기 위한 것이라고 판단했으나 이 행동에 대한 후속결과가 100% 타임아웃이었다는 자료를 본 후 행동의 기능을 더 자세히 알아보기로 했다. 학생들은 타임아웃 장소로 가는 과정에서 타인의 관심을 많이 받게 된다. 다음은 그 예시다.

- 교실 문을 나가며 친구들과 하이파이브를 한다.
- 다른 교사들이 "이번엔 또 무슨 사고를 쳤니?" 하고 묻는다.
- 호의를 가진 여러 교직원이 다가와 말을 걸며 교칙을 상기시킨다.
- 교장선생님과의 면담을 위해 훈육실에서 대기하는 동안 훈육실에 들어오는 사람들마다 테일러에게 말을 건다.

우리는 테일러와 주변 상황을 직접 관찰하러 갔다. 테일러가 대략 하루에 한 번은 누군가를 때렸기 때문에 우리는 이 행동의 기능이 관심 얻기인지 또는 회피인지를 알아보기 위해 오래 기다리지 않아도 될 거라 생각했다. 하루 일과를 시작한 지 3시간 만에 우리는 테일러가 또 다른 학생을 때리고 타임아웃 장소로 가는 것을 보게 되었다. 우리 팀원 중 1명이 화장실에 가는 척하며 복도로 나가서 어떤 일이 벌어지는지 지켜보았다.

아무도 테일러에게 하이파이브를 하거나 훈계 또는 위로를 하지 않았고, 말도 걸지 않았다. 타임아웃 장소를 담당하는 보조교사는 테일러를 타임아웃 방에 데리고 가면서 한마디도 하지 않았다. 이 둘은 타임아웃 장소까지 긴 복도를 걸어가다가 모퉁이를 돌고 또 다른 긴 복도를 걸어가서 예전에 벽장으로 쓰였던 작은 방에 다다랐다. 이곳이 테일러의 타임아웃 장소였다. 우리 팀원들의 교사 경력을 통틀어 보아도 이런 타임아웃 장소는 본 적이 없어서 우리는 이 상황에 경악했다. 보조교사는 필요할 때마다 CCTV를 통해 테일러를 지켜보았고, 타임아웃 시간이 끝나자 문을 열어 테일러를 다시 교실에 데려다주었다. 그들은 테일러의 잘못된 사회적 행동을 확인하거나 잘못된 행동의 결과를 복구하거나 향후 유사한 상황이 발생했을 때의 계획에 대해 이야기 나누는 과정을 전혀 거치지 않았다. 테일러가 교실에 돌아왔을 때 문제행동 발생 당시 테일러가 하고 있던 과제는 책상에서 치워져 있었다.

우리는 교사에게 테일러의 책상 위 과제를 치운 이유와 타임아웃을 받는 동안 수행하지 못한 과제를 테일러가 마저 해서 내야 하는지 여부를 질문했다. 교사는 타임아웃으로 인해 놓친 과제의 점수는 F임을 테일러가 이미 알고 있다고 대답했다. 우리는 테일러에게 가서 "테일러, 방금 과제에서 F 받은 거 신경 쓰이니?"라고 묻고 싶었다. 당연히 테일러는 F를 받든 말든 신경 쓰지 않을 것이다. 테일러는 과제에서 벗어나길 원할 뿐이며, 누군가의 팔을 때리는 행동이 '과제가 없는 시베리아(타임아웃 장소의 별명)'로 가게 해 준다는 것을 학습한 것이다. 교사는 사실 테일러에게 누군가를 때림으로써 원하는 바로 그것을 얻도록 가르친 셈이다.

우리는 타임아웃 장소를 교실 안으로 옮기도록 교사와 교내 행동지원팀을 설득하였다. 이들은 그래도 타임아웃 장소가 또래들로부터는 분리되어야 한다고 강력히 주장했다. 우리는 또 타임아웃 장소의 별명을 '시베리아' 대신 Judith Viorst의 책 『알렉산더의 너무너무 운수 나쁜 날(Alexander and the Terrible, Horrible, No Good, Very Bad Day)』에 나오는 '호주'로 바꾸도록 했다. 우리는 그 장소에 책걸상을 놓되 칠판을 향하여 놓으라고 권했다. 이제부터는 테일러가 다른 학생을 때리면 하던 과제를 가지고 '호주'로 보내라고 요청했다. 또한 테일러에게 타임아웃 장소에 가더라도 과제에서 벗어날 수 없음을 미리 알리도록 하였다.

테일러에게 이 새로운 계획을 시험해 보려던 날에 우리 팀이 우연히 그 학교에 방문할 일이 있었다. 테일러가 다른 학생을 때리자 교사는 테일러에게 다가가 침착하게 과제를 건네주며 '호주'라 불리는 교실 내 장소로 테일러를 데리고 갔다. 테일러는 약 3분 동안 믿을 수 없다는 듯 멍하게 앉아 있다가 과제를 시작했다. 학기가 끝날 때까지 테일러가 누군가를 때리는 일은 다시 일어나지 않았다. 후속결과의 수정은 성공적이었다.

후속결과의 효과

수집한 자료에서 마지막으로 살펴볼 부분은 우리가 시행한 특정 후속결과가 행동을 저지하는 데 효과가 있었는지에 대한 것이다. 타임아웃이 100% 효과가 있더라도 우리는 이 방법을 더 이상 사용하지 않기로 했다. 우리는 보다 일반적인 후속결과를 검토하고, 이 대안이 4분 이내에 행동을 저지할 수 있는지 살펴보고 싶었다. 다시 말하면, 어떤 후속결과가 주어졌을 때 학생들이 원하는 것을 얻고, 다시 과제로 돌아가는지를 알아보고자 하였다. 테일러에게 가장 효과적인 중재는 선택기회를 주는 것이었다. 우리는 이 사실이 매우 중요하다고 생각했다. 테일러는 2명의 손위형제자매가 있는데 아마도 우두머리 행세를 하는 언니들에 밀려 가정에서 많은 선택기회를 갖지 못했을 것이다. 선택기회를 제공하는 것은 테일러에게 자기도 일상에서 통제권을 갖고 있음을 느끼게 해 줄 것이다. 이런 방식으로 자료를 바라보고 중요한 정보를 발견하면, 좀 더 효과적으로 행동을 변화시킬 중재를 선별할 수 있다. [그림 7-9]는 후속결과의 효과에 대한 표와 그래프다. 효과는 교사가 후속결과 후 행동이 4분 이내에 멈췄다고 표시했는지 여부로 결정된다. 하지만 이러한 자료의 유용성은 이 자료를 누가 수집하여 어떻게 해석하는지에 달려 있다.

후속결과	구분	발생 횟수	학생의 반응		효과성
			행동 멈춤	행동 계속함	
선택권 부여	a	5	4	1	80%
재지도	b	8	3	5	38%
행동에 대한 논의	c	4	2	3	50%
사적 공간 제공	d				
활동 변경	e	2	0	2	0%
또래 관심	f	2	0	2	0%
말로 꾸짖기	g				
신체적 촉진	h				
타임아웃	i	8	4	4	50%

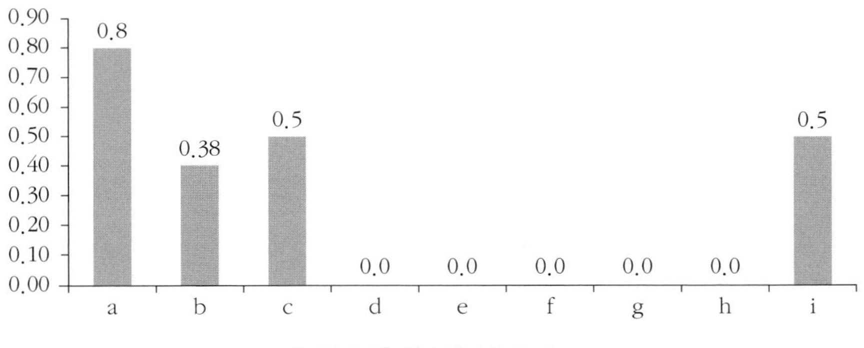

[그림 7-9] 후속결과의 효과

8장

자료 분석

주요 내용

- 자료를 해석하여 문제행동의 촉발요인(triggers)과 유지요인(maintainers)이 무엇인지 확인하는 방법
- 가설을 검증하는 방법
- 자료의 이상치(outlier)를 확인하는 방법

자료가 충분히 수집되었다고 생각되면 패턴을 발견하기 위해 자료를 종합하여 기록해야 한다. 특히 다음 사항과 관련된 패턴을 자세히 파악할 필요가 있다.

- 행동이 발생한 시간 또는 일과
- 행동이 발생한 요일
- 행동이 발생한 수업시간(과목)
- 선행사건

다음과 같은 선행사건은 행동을 서서히 유발한다.

- 몸과 마음의 상태
  - –잠이 부족함
  - –몸이 좋지 않음
  - –누군가 결석함
  - –특정 기술을 아직 익숙하게 하지 못함
  - –특정 삶의 영역에서 정서적인 문제가 있음

먼저 문서 작성 프로그램을 사용하거나 백지에 간단한 기록표를 손으로 그려서 만든다. 표에 기록된 행동 발생 여부를 확인하고 각 열의 발생 수를 더

한다. 팀 전체가 함께 자료를 수합하면 더 의미가 있다. 자료의 총계를 내는 과정에서 행동 발생 패턴에 대한 감을 잡을 수 있다. 팀이 행동 발생 자료와

시간	발생 횟수	백분율 (시간대별 발생 수/전체 발생 수)
8:15~8:30 아침 조회	卌 卌 ||	25% (12/47)
8:31~9:15 읽기	卌 卌	21% (10/47)
9:16~10:00 언어	||	4% (2/47)
10:01~10:15 쉬는 시간		0% (0/47)
10:16~11:15 수학	卌 卌 卌 ||||	40% (19/47)
11:16~11:45 맞춤법	||||	9% (4/47)
11:46~12:25 점심 및 쉬는 시간		0% (0/47)

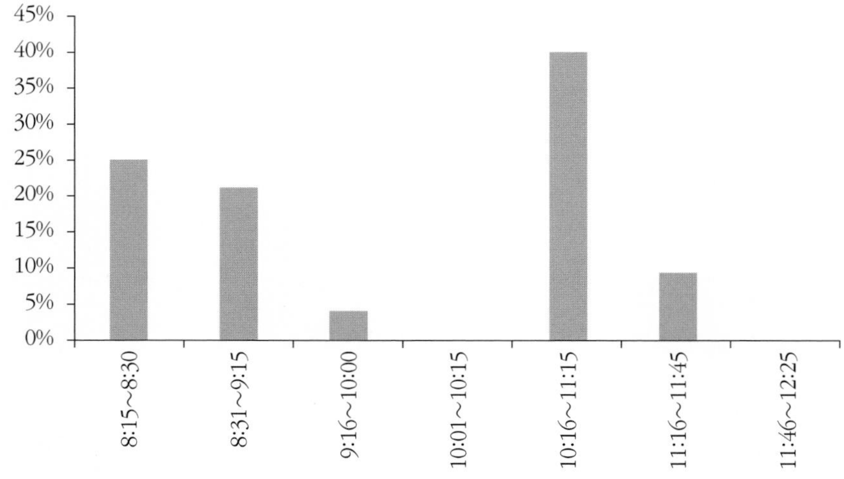

[그림 8-1] 일과에 따른 행동 발생 자료

환경과의 관계를 파악하면, 예방적 전략을 세우기 위한 논의를 시작할 수 있다. [그림 8-1]은 일과와 관련된 정보를 수합하여 그래프로 표현한 것이다.

[그림 8-1]을 보면 10시 16분부터 11시 15분까지가 자료 수집 구간 중 행동 발생률이 가장 높은 시간대임을 알 수 있다. 이 시간에 해당하는 교과는 수학이었다. 수학공부가 선행사건일 수도 있지만, 수학시간 직전이 쉬는 시간이라는 점도 하나의 요인이 될 수 있다. 때로 학생들은 매우 활동적인 시간을 보낸 후에 문제행동을 보인다. 이 학생은 흥분을 가라앉히고 수업에 집중하는 데 어려움이 있다. 초등학생이라면 쉬는 시간 후, 점심시간 후, 체육시간 후에 이러한 어려움을 보일 수 있다. 중·고등학생이라면 한 교실에서 다른 교실로 이동한 후, 신체활동을 한 체육시간 후, 점심시간 후에 이러한 어려움을 보일 수 있다.

가설검증

우리가 검증하고 싶은 가설은 다음과 같다. 행동을 유발하는 것이 수학시간인가, 아니면 쉬는 시간에서 수업으로의 전이인가? 이 가설은 며칠 동안 수학시간을 언어나 맞춤법 시간과 바꾸어 수업을 진행함으로써 쉽게 검증할 수 있다. 언어나 맞춤법 시간에는 문제행동이 거의 나타나지 않았는데 시간표를 바꾸어 쉬는 시간 직후 이 두 과목의 수업을 진행했을 때 문제행동이 나타난다면 진짜 선행사건은 활동적 시간에서 수업시간으로의 전이임을 알 수 있다. 만약 시간표를 바꿨는데도 수학시간에 문제행동이 나타난다면, 선행사건은 수학시간임을 확인할 수 있다.

자료 수집과 가설검증은 PBIS 3차 예방에 해당하는 개별 중재의 필수적 요소다. 개별 중재가 증거기반의 지원인 이유는 추측이 아닌 수집된 자료를 기초로 하기 때문이다. 나와 동료들은 스스로를 CSI, 즉 인과관계 수사대

(Causal Science Investigators)로 여긴다. 특정 행동의 원인을 파악하고 행동 감소 계획을 실행하는 과정은 큰 보람을 준다. PBIS의 고유한 특징 중 하나는 개별 지원팀이라 할 수 있는데, 이 팀은 학급 교사들이 학생의 행동을 분석하는 과정을 지원하도록 훈련받은 사람들이다. 이 팀의 구성원들은 기능평가의 전 과정에 대한 훈련을 받았거나 적어도 간소화된 3차 지원에 대한 훈련을 받는다. 학생을 둘러싼 교육전문가들과 다른 성인들의 지원을 받는 것은 행동의 기능을 확인하는 데 도움이 될 것이다. 행동의 기능을 확인하는 과정은 기초선, 중재, 유지의 단계를 거친다. 이 세 단계에 대해서는 13장과 14장에서 더 자세하게 다룰 것이다.

선행사건 분석을 위한 또 다른 사례를 살펴보자. 이 사례의 경우 정확한 선행사건을 파악하기에는 자료가 충분하지 않아 일화 기록과 추가 조사가 필요했다. 래리(Larry)는 성인이며 자폐성장애, 지적장애, 양극성장애, 강박장애, 경도 뇌성마비를 포함하는 중복장애를 가지고 있다. 대략 4~6주에 한 번씩 래리는 2~3일간 자리에서 일어나지 않고 누워만 있으려고 한다. 이때는 밥 먹기, 음료 마시기, 약 먹기, 화장실 가기를 일체 거부한다. 1년 이상 자료를 수집했지만 확실한 행동 발생 패턴이 발견되지 않았다. 래리의 가족과 직장 동료들이 포함된 3차 행동지원팀(BST)이 꾸려졌고, 팀은 래리의 행동을 촉발하는 다른 선행사건을 찾아보기로 했다. 행동지원팀은 모든 것을 거부하는 래리의 행동이 일차적으로는 양극성장애로 인한 것이며 자폐성장애와 지적장애로 인해 더 심각하게 발현되는 것이라는 가설을 세웠다.

먼저 일화 기록을 감정의 기복 주기와 비교해서 살펴보았는데, 예상과 달리 감정의 기복 주기와 모든 것을 거부하는 행동의 발생 간에는 별 관계가 없었다. 다음으로는 날씨가 맑을 때와 비가 올 때, 부모님의 부재 시와 부모님이 곁에 있을 때, 좋아하는 음악치료사가 있을 때와 별로 좋아하지 않는 음악치료사가 있을 때, 전날 먹은 음식, 전날 수면 시간, 카페인을 섭취했을 때와 섭취하지 않았을 때 등으로 구분하여 행동 발생의 차이가 있는지 조사하였다. 마지막으로 팀은 기압(barometric pressure)을 고려해 보기로 했는데, 놀랍게도 기압의 변화와 감정 기복 간의 상관관계를 발견했다. 기압 변화에 따라 감정이 가라앉고 점차 심해지면서 결국 아침에 침대에서 일어나기를 거부하는 것이었다. 어느 정도의 기압 변화가 영향을 미쳤는지는 래리에게만 의미가 있으며, 이를 다른 사람들이 일반화하기를 원치 않기에 그 수치는 여기서 공개하지 않을 것이다. 래리의 사례는 10장의 선행사건 수정 부분에서 다시 다루도록 하겠다.

또 하나의 예를 살펴보자. 레아(Leah)는 9학년으로 교사들에게 자주 욕을 한다. 교사는 선행사건과 행동의 관계도를 그려서 촉발요인을 분석하고자 했다. 교사가 확인한 사실은 다음과 같다.

- 언어적 폭발행동: 교사나 또래를 향해 욕하기
- 언어적 공격행동: "흠씬 두들겨 패 주겠어."와 같이 위협적으로 말하기
- 신체적 공격행동: 레아 몸의 다양한 부위로 다른 사람을 세게 치기

〈표 8-1〉은 여러 선행사건에 따른 레아의 행동 발생 빈도를 보여 준다.

표 8-1 선행사건별 행동 발생 빈도

구분	언어적 폭발행동	언어적 공격행동	신체적 공격행동
전이		卌 卌 |||	
새로운 과제	卌 ||||		|
매일 반복되는 과제	||||	||	||
접근을 제지당함		|	
말로 꾸중 들음	|	||	
또래가 가까이 있음			卌 |

〈표 8-1〉의 자료를 검토한 후 행동지원팀은 다음을 확인할 수 있었다.

1. 새로운 과제를 주면 욕하는 행동이 많이 나타난다.
2. 전이를 할 때 언어적 공격행동이 많이 나타난다.
3. 또래가 가까이 있을 때 신체적 공격행동이 나타난다.

교사는 이제 각 선행사건별로 어떤 행동이 나타날 가능성이 높은지 파악하게 되었고 중재를 계획할 때 예방적인 조치를 포함할 수 있게 되었다. 물론 이 정보만으로 행동의 기능을 알 수는 없으므로 교사는 행동 발생 후에 어떤 일이 발생하는지에 대한 패턴을 판별하기 위해 후속결과별 행동 발생 빈도를 알아보았다(〈표 8-2〉 참조).

표 8-2 후속결과별 행동 발생 빈도

구분	언어적 폭발행동	언어적 공격행동	신체적 공격행동
훈육실 의뢰			𝍸 𝍸
규칙 상기시킴	𝍸 𝍷𝍷	𝍷𝍷𝍷	
말로 꾸중 들음	𝍷𝍷𝍷		
또래 관심	𝍷𝍷	𝍸 𝍸 𝍸	
행동 무시			
교사 근접성	𝍷𝍷		

이와 같은 후속결과별 행동 발생 자료를 통해 다음과 같은 행동의 기능을 추측해 볼 수 있다.

- 신체적 공격행동을 하면 100% 훈육실에 의뢰되었으므로 이 행동의 기능은 회피일 것이다.

- 언어적 공격행동을 한 경우의 83%에 해당하는 후속결과가 또래 관심이었으므로, 이 행동의 기능은 관심 끌기일 가능성이 높다.
- 욕을 한 경우의 86%에 해당하는 후속결과가 규칙 상기나 교사 근접성, 교사의 꾸중이었으므로 이 행동의 기능은 성인의 관심 끌기일 가능성이 높다.

다음은 앞의 두 자료에 대한 교사의 분석이다(〈표 8-1〉와 〈표 8-2〉 참조).

- 레아는 전이 시간에 복도에서 언어적 공격행동을 보이는데, 이 행동의 기능은 또래의 관심을 받는 것이다.
- 레아는 누군가 자기 근처에 있을 때 신체적 공격행동을 보이는데, 이 행동의 기능은 훈육실에 가는 것 또는 또래로부터 회피하는 것이다.
- 레아는 새로운 과제가 주어질 때 매우 자주 욕을 하는데, 이 행동의 기능은 성인의 관심을 받는 것이다.

교사는 이 정보를 PBIS 개별 지원팀과 공유했다. 팀은 레아가 낮은 자존감 때문에 사회성에 어려움을 겪는다는 가설을 세웠다. 팀은 교사가 레아의 자존감을 높이기 위한 계획을 실행하도록 지원했다. 이 계획은 13장에서 상세하게 다룰 것이다.

지금까지 우리는 행동이 발생한 시간, 선행사건, 후속결과에 대한 자료를 분석하는 방법을 살펴보았다. 이 세 가지 외에도 행동 기능 파악에 매우 유용한 분석 요인은 다음과 같다.

- 요일
- 배경사건
- 후속결과에 대한 학생의 반응

요일

행동 발생이 요일에 따른 패턴을 보이는 경우도 많다. 이것은 주말에서 주중으로 또는 주중에서 주말로 바뀌는 전이의 영향일 때도 있다. 어떤 아동에게 주중–주말 간 전이는 큰 어려움을 줄 수 있다. 내가 초등학교 1학년을 담당한 첫해에 조이(Joey)라는 아이가 있었다. 매주 월요일마다 조이는 나만 졸졸 따라다녔다. 내가 교실 뒤편으로 이동하면 조이는 눈으로 나를 좇거나, 아니면 말 그대로 의자에서 일어나 내가 가는 곳마다 따라다녔다. 월요일에 조이는 쉬는 시간에 밖에 나가는 것도 거부했다. 하지만 월요일이 지나고 하루하루가 지날수록 조이는 보다 편안해져서 내가 교실 어디에 있든지 별로 개의치 않고 쉬는 시간에도 친구들과 바깥에 나가서 놀았다. 그러다 금요일이 되면 하교를 위해 학교버스에 오르다가 다시 되돌아와서 나에게 엉겨 붙었고, 학교버스 운전사는 조이를 나에게서 떼어 내서 버스 좌석에 도로 앉혀야 했다. 그런 행동은 약 한 달 동안 지속됐다. 조이는 아버지와 함께 살았고 어머니와는 연락이 단절된 상태였다. 나는 조이 아버지에게 전화를 걸어 월요일과 금요일마다 조이가 교사에게 집착하는 이유에 대해 짐작 가는 것이 있는지 물어보았다. 조이 아버지는 자신도 잘 모르겠지만 조이와 이야기해 보겠다고 했다. 다음 주 월요일, 글씨 쓰기를 어려워하는 조이를 도와주려고 다가가 조이의 어깨에 손을 얹게 되었다. 그때 조이가 몸을 움츠렸는데 나는 무의식적으로 보호본능이 발동하여 조이의 옷깃을 옆으로 당겨 혹시 다친 자국이 있는지 보았다. 나는 조이의 어깨에 가득한 상처를 보고 경악했다. 아동보호전문기관에 즉시 이 사례를 의뢰했고 조사 결과 조이의 아버지가 주말마다 아이를 학대했던 것으로 밝혀졌다. 학교에서는 안전하다고 느꼈기 때문에 조이는 나를 안전망으로 여겼던 것이다. 군인으로 복무하다가 전역한 조이의 아버지는 밤에 일했기 때문에 주중에 조이는 육아도우미와 함께 지냈다.

아버지가 퇴근할 즈음이면 조이는 이미 자고 있었다. 그러나 주말은 조이에게 악몽이었다. 내가 이 사례를 언급했다고 해서 월요일과 금요일에 전이의 어려움을 겪는 모든 아이에 대해 학대를 의심해 보라는 것은 아니다. 단지 그럴 가능성도 있음을 염두에 두라는 것이다. 교사들은 학생 행동에 영향을 미치는 요인을 분석할 때 학대를 가장 먼저 떠올리지는 않는다. 나는 단지 이러한 행동 패턴을 파악하는 데 4주나 걸린 것이 안타까울 뿐이다.

요일과 관련하여 우리가 발견한 또 다른 패턴은 많은 아이가 목요일에 가장 힘들어한다는 점이다. 대부분의 교회 활동, 스카우트 활동, 스포츠 활동 등이 수요일 저녁에 이루어지므로 학생들이 주중 다른 요일보다 수요일 밤에 1~2시간 늦게 잠자리에 들기 때문이다. 이 경우 부모와 만나서 학생들이 수요일 저녁에 열리는 행사에 참여하기 전에 미리 다음 날 학교 갈 준비를 마치게 하는 예방 전략을 계획하는 것만으로도 문제를 완화할 수 있다. 몇몇 교육구는 이러한 이유로 수요일에는 숙제를 내 주지 않는다. 이와 더불어, 특정 요일에 하는 특별 활동도 요일에 따른 행동 발생 패턴에 영향을 줄 수 있다. 체육시간처럼 학생이 에너지를 많이 써야 하는 활동은 그 직후나 약간의 시간이 지난 후 특정 행동을 발생시킬 수 있다. 우리는 헨리(Henry)의 사례를 다룬 적이 있는데, 헨리는 화요일과 목요일에 매우 공격적인 행동을 보이곤 했다. 우리는 먼저 화요일과 목요일에 행동이 발생한다는 패턴을 찾았고, 이후 자료를 더 자세히 들여다보고 헨리의 행동이 화요일과 목요일 오전 10시 20분까지는 별 문제가 없음을 발견했다. 화요일과 목요일 10시 20분부터 10시 50분까지는 체육시간이었다. 헨리는 체육시간이 되면 다른 학생들을 때리거나 성인을 거칠게 미는 행동을 보였다. 이 행동은 체육이 끝난 후 몇 시간 동안 지속되었다. PBIS 개별 지원팀은 자폐성장애를 가진 헨리가 소리에 매우 민감하다는 사실과 체육관 천장이 높아 25명의 학생이 공을 튀기거나 뛰어다닐 때 내는 소음이 크게 들렸으리라는 점을 고려하여 헨리의 행동이 체육관의 감각 자극으로부터 회피하려는 기능을 가지고 있다는 가설을 세웠다. 헨리를 위한 중재계획은 13장에서 자세히 읽을 수 있다.

요일 자료를 분석할 때 이상치가 나타나는 경우도 있다. 이상치란 특정 패턴이나 양상에 딱 들어맞지 않는 자료를 의미한다. 〈표 8-3〉은 이상치의 예를 보여 준다.

〈표 8-3〉의 자료에서 볼 수 있듯이 자료 수집을 한 첫 화요일에는 행동이 3회 발생했는데 두 번째 화요일에는 24회 발생했다. 이 둘 중 하나는 이상치, 즉 전형적이지 않은 자료다. 두 번째 화요일에 학생이 감기나 수면 부족으로 상태가 안 좋았을 수 있고, 첫 화요일은 생일이었거나 등굣길에 좋은 일이 생겨서 상태가 매우 좋았을 수 있다. 자료를 수집할 때 이상치가 나타나면 한 회기 더 측정해 보는 것이 좋다. 교사는 3주차 화요일에도 자료를 수집하였고 이 학생의 행동은 29회 발생하였다. 이제 화요일의 평균 행동 발생 빈도가 27회임을 알게 되었는데, 이는 다른 요일 평균에 비해 훨씬 높은 수치다. 이 정보를 근거로 교사는 화요일의 어떤 면이 학생의 행동을 유발하는지 분석하였다. 이 학생은 4학년으로 주 1회 언어치료를 받는데, 언어치료는 매주 화요일 등교 후 첫 일과였다. 지원팀은 이 학생이 언어치료를 받는다는 사실을 부끄러워한다는 가설을 세웠다. 지원팀은 어머니와 상의하여 매주 화요

표 8-3 이상치의 예

구분	자료 수집 첫 주 (행동 발생 빈도)	자료 수집 둘째 주 (행동 발생 빈도)	평균 행동 발생 빈도
월요일	13	11	12
화요일	3	24	***(이상치. 시기별로 수치의 차이가 크기 때문에 어떤 자료가 더 정확한지 알 수 없음)
수요일	15	12	14
목요일	14	11	13
금요일	15	13	14

일 방과 후에 30분간 언어치료를 받도록 일정을 조정했다. 수업이 끝나면 다른 학생들처럼 교실을 나가기 때문에 아무도 이 학생이 방과 후에 언어치료를 받기 위해 남는다는 사실을 알지 못했다. 다른 학생들이 다 나가면 이 학생은 다시 돌아와 언어치료실로 갔다. 이러한 일정의 변화가 생긴 후 화요일마다 발생했던 문제행동이 감소했기 때문에 팀이 세운 가설은 옳았던 것으로 판명되었다.

배경사건

요일 다음으로 분석할 자료는 바로 배경사건(setting events)이다. 행동을 촉발하는 사건이 학교가 아닌 곳에서 벌어지거나 교사에게 보이지 않기 때문에, 배경사건은 감지하기가 쉽지 않다. 찰리(Charlie)의 사례를 보자. 찰리는 15세로 자폐성장애, 지적장애, 양극성장애를 가지고 있다. 찰리는 구어로 의사소통을 하지 못한다. 우리가 목표로 삼은 찰리의 문제행동은 자해행동이었다. 찰리는 다음과 같은 상황에서 자기 몸을 깨문다. 첫째, "안 돼."라는 말을 듣거나, 자기 뜻대로 일이 되지 않을 때, 둘째, 복도에서 갑자기 큰 소리가 날 때, 셋째, 점심 메뉴로 피자가 나온다는 것을 오전에 알게 될 때다. PBIS 개별 지원팀은 이 정보가 가설을 세울 만큼 충분하지 않다고 판단했다. 어떤 날에는 찰리가 이 세 가지 상황에서 자신을 물었지만 어떤 날에는 이 상황이 일어나도 자신을 깨물지 않았기 때문에 우리는 좀 더 자료를 수집하기로 했다. 우리는 찰리의 건강 관련 일화 기록과 행동 발생 자료 간의 연관성을 살펴보았고 이 둘 사이에 관련이 있음을 발견했다. 찰리는 콧물이 나는 상태에서 앞의 세 가지 상황에 처하면 스스로를 깨물었다. 콧물이 나지 않을 때는 앞의 세 상황이 벌어져도 스스로를 물지 않았다.

개별 지원팀은 찰리 어머니에게 이 정보를 알렸고 어머니는 주치의에게 이를 전달했다. 주치의는 찰리의 축농증이 자주 재발되고 있음을 발견했다. 의사는 알레르기성 비염 예방약을 처방하여 찰리의 축농증 재발을 막았고, 찰리의 자해행동은 멈췄다. 지원팀은 이 모든 과정을 요약하여 찰리가 축농증 때문에 두통이 생겼고 이로 인해 위의 세 상황이 발생하면 짜증이 난 것이라는 가설을 세웠다. 두통이 생기면 아주 사소한 것에도 짜증이 날 수 있는데, 찰리가 자기 몸을 물면 몸에서 엔도르핀이 나와 조금이나마 두통으로부터 해방될 수 있었던 것이다. 이것은 두통이 있을 때 사람들이 손톱으로 손바닥을 꾹꾹 누르는 것과 같은 이치인데, 이렇게 하면 두통으로부터 약 1분 정도 해방될 수 있다. 찰리는 사실 매우 똑똑했던 것이다.

이번에는 비장애 아동의 예를 통해 서서히 행동을 유발하는 요인이 학교에서 이 아동에게 어떤 영향을 미치는지 살펴보자. 메를(Merle)은 똑똑한 7학년 학생이지만 매일 6교시만 되면 어려움을 보인다. 6교시에 메를은 전투적이 되며, 과제 수행을 거부하고, 수업 내내 종이에 자동차를 그리며, 수업 토론에 절대 참여하지 않는다. 만약 당신이 6교시에 메를을 가르치게 되었다면 메를의 지원팀에 있는 다른 교사들에게 다른 수업에서도 메를이 이렇게 행동하는지를 물어보았을 것이다. 메를은 다른 수업에서 전혀 문제를 보이지 않았다. 메를은 다른 학생들에게 귀감이 되는 학생이었고, 발표와 수업 참여도 잘하고 모든 과제를 제시간에 제출했다. 그렇다면 메를은 당신의 수업에서만 이런 식으로 행동하는 셈이다. PBIS 개별 중재를 실행하는 학교의 구성원으로서 당신이 가장 먼저 할 수 있는 일은 팀원 중 1명에게 당신의 수업을 관찰하게 하여 당신이 놓치고 있는 점이 있는지 찾아내게 하는 일이다. 누군가가 자신의 수업에 들어와서 수업 방식을 평가하는 것이 불편할 수도 있겠지만 이 절차는 매우 유익한 결과를 가져온다. 교사들은 자신이 알아차리지 못하는 습관을 갖고 있다. 나는 수 주에 걸쳐 주 2회씩 30분간 내 교실 뒤편에 동료교사를 앉혀 놓고 수업을 관찰해 달라고 부탁한 적이 있다. 동료교사는 내가 교실 오른쪽에 앉은 학생들에 비해 왼편에 앉은 학생들에게 훨씬 많은 발표기회를 준다는 사실을 알려 줬다. 나는 이런 사실을 전혀 모르고 있었으며 동료교사가 아니었으면 이 습관을 절대 바꾸지 못했을 것이다. 교실 오른편에 앉은 학생들은 교사가 자신들을 무능하게 보고 질문에 답을 하지 못할 것으로 생각해서 발표기회를 주지 않은 거라고 생각했을지도 모른다. 나는 한쪽 눈에 난시가 있어서 난시가 없는 쪽 눈을 주로 사용하는 경향이 있다. 이 경험을 통해 나는 내가 가진 문제를 자각하고 교실을 더 자주 돌아다니면서 여러 위치에 앉은 학생들을 골고루 지명하게 되었다.

메를의 사례를 다시 살펴보자. PBIS 개별 지원팀의 구성원 중 1명을 당신의 교실로 부르는 것도 하나의 방법이다. 또 다른 방법은 당신의 수업을 녹화하여 영상을 분석하는 것이다. 자주 사용하는 방법은 아니지만 또 하나의 방법은 메를과 함께 점심을 먹으며 수업시간에 잘 참여하기 위해 도와줄 것이 있는지 물어보는 것이다. 때로는 교사가 학생에게 신경 쓰고 있음을 보여주는 것만으로 충분할 수 있다. 메를의 교사는 메를이 6교시 수업에 잘 참여하기 위해 도울 것이 있는지 물어보는 방법을 택했다. 메를은 마음을 열었고 6교시 수업에 자신이 좋아하는 여학생이 있는데 대화를 시도했다가 거절당했음을 털어놓았다. 그 여학생의 아버지는 클래식 자동차의 내부 장식품 가게를 운영하고 있는데 메를은 작년에 그 가게에서 그 여학생을 처음 만났다. 메를은 아버지의 일을 돕고 있는 그 여학생을 보고 호감을 갖게 되었다. 여학생은 6교시 수업을 메를과 함께 듣는데 메를에게 조금의 틈도 주지 않았다. 어떤 교사들은 이런 상황에 처한 학생에게 그냥 잊어버리고 공부나 하라고 말하겠지만 메를의 교사는 싹트는 연애를 도울 방안을 생각해 보았다. 교사는 3명이 한 팀이 되어 진행할 협동학습 활동을 계획하였고, 메를과 메를이 좋아하는 여학생 및 또 다른 여학생을 같은 팀으로 편성했다. 이 활동은 3주가 걸리는 협동학습 프로젝트였다. 교사는 학교 일과가 시작되기 전 메를과 만나 활동과 관련된 몇 가지 개념을 미리 가르쳐서 메를이 수업 내용을 미리 준비하고 팀에서 실력을 발휘하게 했다. 메를에게 수업 준비를 시키고 협동학습 프로젝트를 실행한 것은 결과적으로 메를과 교사 모두에게 좋은 결과를 가져왔다. 메를의 수업 태도가 바뀌었고, 메를이 좋아하는 여학생도 그에게 관심을 보였으며 교사는 이 결과에 만족했다.

이 내용은 억지스러운 중재처럼 보일 수도 있지만, 풋사랑은 사춘기 중학생에게 매우 심각한 일이며 학업에 영향을 미칠 수 있다. 메를의 교사는 학생과 직접 이야기하는 것이 문제해결에 도움을 줄 것이라고 가정한 후 기꺼이 추가의 노력을 들였다. 교사로서 학생과 함께 일할 때 '무엇이든지 해 보겠다.'라는 좌우명은 매우 좋은 신념이다. 가설을 세우고, 분석하고, 새로운 시나리오를 시도해 보는 과정은 교사에게 즐거움과 성취감을 준다. 우리는 개별 지원팀에게 스스로를 WIT(Whatever It Takes) 팀이라고 부르도록 하는데, 학생이 자신의 잠재력만큼 성공하도록 돕기 위해 무엇이든지 해 보는 팀이라는 의미가 있다.

후속결과에 대한 반응

마지막으로 분석할 내용은 후속결과에 대한 학생의 반응이다. 한 학교에서 도움을 요청한 적이 있는데 그 학교는 소속된 주에서 교외 정학 비율이 가장 높은 학교였다. 교내지원팀이 자료를 수합해 달라는 우리의 요청을 받고 집계를 한 결과 교외 정학 처분을 받은 학생의 82%가 동일한 이유로 정학에 처해졌음을 발견했다. 우리는 이렇게 말했다. "이거 잘됐는데요? 이렇게 많은 학생이 정학조치를 받은 이유가 같다고 하니 한 가지 중재로 많은 학생의 문제를 해결할 수 있겠군요. 그리고 그 중재에 반응하지 않는 학생들에게만 좀 더 강력한 중재를 실행하면 될 거고요. 그런데 교외 정학을 받은 학생의 82%가 보인 행동이 도대체 무엇인가요?" 그러자 팀은 이렇게 대답했다. "결석이요. 학생이 학교를 빠지면 이틀간 교외 정학 처분을 받게 되어 있습니다."

우리는 다시 물었다. "왜 학생들이 학교를 빠진다고 생각하세요?" 그러자 팀은 "학교에 오기 싫으니까요."라고 대답했다. 우리가 "그럼 학교는 1+2 쿠폰을 주는 거네요?"라고 묻자, 팀은 이게 무슨 말인가 하는 표정으로 우리를 쳐다보았다. "학생이 하루를 결석하면 학교가 이틀을 더 결석하게 하잖아요. 학교를 하루 빠지면 이틀이 덤으로 주어지는 거죠." 이제야 팀은 이해했다. 학교에 있기 싫은 학생들에게 결석할 기회를 이틀이나 더 주니 결석이 더 반복적으로 나타나게 된 것이다. 후속결과에 대한 반응은 바로 이런 것이다.

내가 교사연수를 할 때 들었던 후속결과에 대한 학생 반응의 또 다른 예를 살펴보자. 한 교사가 연수를 받다가 일어나서 "필기구를 가지고 오지 않는 학생들은 어떻게 해야 합니까?"라고 질문했다. 나는 "선생님은 그럴 때 어떻게 하시는데요?"라고 되물었다. 그 교사는 "훈육실로 보내요."라고 말했다. 나는 다시 "훈육실에 가면 어떤 일이 일어나나요?"라고 물었다. 그 교사는 "교장선생님이 그 학생과 면담을 한 후 연필을 주시지요."라고 말했다. 나는 다시 "훈육실에 얼마 동안 머무나요?"라고 물었고, 그 교사는 "약 20분 정도요."라고 대답했다. 우리의 경험을 토대로 나는 다음과 같이 그녀에게 제안했다. "교실에 연필을 많이 구비해 놓으세요. 학급에 있는 ADHD 학생들이 고유수용 자극을 필요로 할 때 연필을 깎게 하시고요. 연필을 안 가져온 학생에게 구비해 둔 그 연필을 주시면 돼요." 그 교사는 "그건 어렵겠는데요."라고 했다. 나는 교사가 직접 연필을 구입하기가 곤란하다면 학부모에게 연필을 기부해 달라고 부탁하면 어떨지 제안하였다. 그러자 교사는 "그것도 어려운데요."라고 말했다. 그 교사가 연필을 돌려받지 못할까 봐 걱정하는 것 같아서 나는 연필에 대한 담보로 신발 한 짝을 받아 두면 된다고 했다. 학생들은 신발 한 짝이 없이는 교실을 나가지 못하므로 연필을 돌려줄 것이다. 그러나 그 교사는 다시 "그것도 어려운데요."라고 말했다. 함께 연수를 받던 다른 교사들이 키득키득 웃기 시작했고 나는 왜 그것을 실행하기 어려운지 물었다. 그 교사는 "그렇게 하면 학생들의 나쁜 습관이 악화되니까요."라고 답했다. 나는 학생들이 연필을 이빨로 씹는 행동을 하는지 물었다. 그 교사는 "제가 말한 나쁜 습관은 연필을 씹는다든지 하는 것이 아니라 연필을 준비하지 않는 행동을 뜻해요."라고 말했다. 그녀는 학생의 나쁜 습관을 악화시키는 것이 자기 자신임을 깨닫지 못했다. 학생들이 원하는 것은 교실을 벗어나는 것인데, 그녀는 매번 훈육실에 다녀올 수 있는 20분짜리 표를 끊어 줌으로써 교실을 벗어나는 행동을 강화하고 있었다. 상황이 이렇다면 학생들이 학교에 올 때 연필을 가져오는 것이 오히려 놀라운 일이다.

학생들이 후속결과를 좋아한다면, 그 후속결과는 학생의 행동을 강화하게 될 것이다. Mark Twain이 말한 '제정신이 아닌 사람'의 정의를 기억하는가?(역자 주: 2장에 나온 "같은 일을 반복하면서 다른 결과를 기대하는 사람은 제정신이 아니다."를 지칭) 그와 비슷한 속담이 또 하나 있다. 여러분이 아이에게 어떤 일을 하라고 천 번이나 이야기했는데 아이가 아직도 그 일을 하지 않았다면, 아이에게 문제가 있는 것이 아니다.

9장

문제해결 모델을 활용하여 행동중재 계획하기

주요 내용

- 경쟁행동 경로 도표(competing pathway chart)를 문제해결 모델로 활용하는 방법
- 다면적(multimodal) 행동중재계획을 개발하는 방법

경쟁행동 경로 도표

경쟁행동 경로 도표는 행동중재계획을 설계하는 데 사용하는 도구로(O'Neill et al., 1997), 이른바 ABC로 축약할 수 있는 다음 세 영역을 망라한다. 선행사건(Antecedents), 행동(Behaviors), 후속결과(Consequences). 선행사건은 행동 직전에 발생하여 행동을 유발한 요인이다. 행동은 당신이 변화시키려는 문제행동을 말한다. 후속결과는 행동의 발생 후에 뒤따르는 요인으로, 학생의 행동을 강화하여 그 행동이 유지되게 만든다. 경쟁행동(competing behavior)과 경쟁행동 경로(competing pathway)라는 용어는 '교체행동(replacement behavior)'에서 유래했다. 교실을 뛰어다니는 학생의 행동이 멈추기를 바란다면 학생에게 걸어서 다니도록 가르쳐야 한다. 걷기와 달리기는 상호 배타적이다. 즉, 한 행동을 하는 동시에 다른 행동을 할 수 없다. 이렇게 상호 배타적인 두 행동을 경쟁행동이라고 한다. 이 경쟁행동이 행동중재계획의 핵심이다. 이것은 금연치료에서 사용하는 행동주의 기법과 매우 비슷하다. 상담사는 흡연자들이 자신의 흡연 촉발요인이 무엇인지 찾아보게 한다. 무엇이 담배를 피우고 싶게 만드는가? 예를 들어, 파블로프의 개처럼 흡연자는 식사 후에 담배를 꼭 피워야 한다고 생각하도록 조건화되어 있다. 상담사는 식후의 여유 시간에 흡연자가 교체행동을 하게 할 것이다. 예를 들어, 어떤 사람이 매번 식사를 하고 밖에 나가 담배를 피운다면 상담사는 그 사람에게 저녁식사 후 바로 밖에 나가 자전거를 타라고 할 것이다. 흡연과 자전거 타기는 상호 배타적인 행동이다. 자전거를 타면서 동시에 담배를 피우는 것은 매우 어렵다. 흡연 촉발요인이 발생하는 시간에 흡연이 아닌 경쟁행동을 하게 함으로써 담배 끊는 것을 도울 수 있다. 우리는 대부분의 행동을 다룰 때 이와 똑같은 기법을 사용한다.

1장에서 우리는 하나의 행동이 가질 수 있는 여러 기능을 살펴보았다. 이 장에서는 행동의 다양한 기능이 어떻게 선행사건과 연결되어 패턴을 형성하며, 이후 행동을 예측하는지를 배울 것이다. 이를 로드맵으로 표현해 보면 더욱 쉽게 선행적인 계획을 세울 수 있다. 이를 위한 첫 단계는 행동을 측정 가능하고 관찰 가능한 용어로 정의하는 것이다. 경쟁행동 경로 도표는 보통 흐름도(flow chart)의 형태로 그린다. [그림 9-1]은 경쟁행동 경로 도표를 그리기 위한 첫 단계로, 박스에 문제행동을 기입한 상태다.

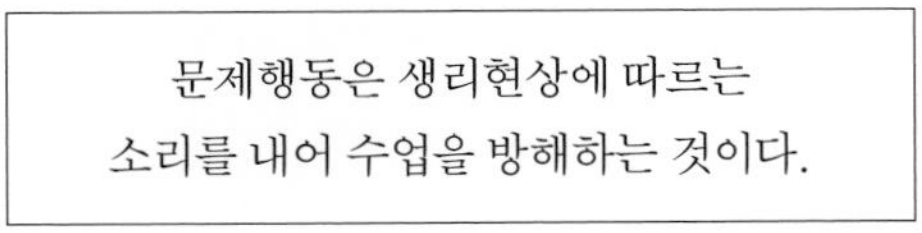

문제행동은 생리현상에 따르는 소리를 내어 수업을 방해하는 것이다.

[그림 9-1] 문제행동

다음 단계로 [그림 9-2]에서 보는 것처럼 문제행동 발생을 예측하는 선행사건을 문제행동의 왼편 박스에 기입한다.

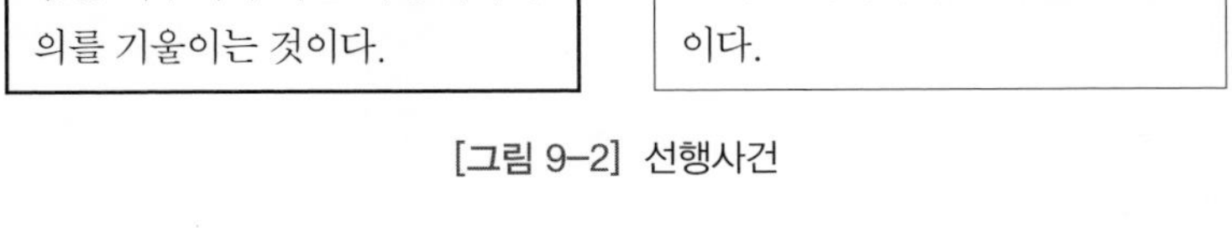

선행사건은 교사가 학생에게 관심을 거두거나 다른 학생에게 주의를 기울이는 것이다.	⇦	문제행동은 생리현상에 따르는 소리를 내어 수업을 방해하는 것이다.

[그림 9-2] 선행사건

선행사건은 하나의 사건이나 상황일 수도 있지만 때로는 여러 가지가 선행사건으로 작용할 수 있다. 보통 행동에 대한 자료를 검토하거나 조사함으로써 어떤 것이 선행사건에 해당하는지 판단할 수 있다. 다음 단계는 [그림 9-3]과 같이 문제행동의 기능을 판별하는 단계로, 행동을 유지시키는 강화제에 대한 가설을 세운다는 뜻이다. 행동을 재발하게 하는 요인은 무엇인가?

선행사건은 교사가 학생에게 관심을 거두거나 다른 학생에게 주의를 기울이는 것이다.	⇦	문제행동은 생리현상에 따르는 소리를 내어 수업을 방해하는 것이다.	⇨	학생이 소리를 낼 때마다 교사는 말로 꾸중을 하거나 학생에게 다가간다(성인의 관심).

[그림 9-3] 행동의 기능

이제 우리는 문제행동에 대한 ABC를 파악했다. A는 선행사건, B는 문제행동, C는 후속결과다. 이 세 가지가 파악되었으므로 수업시간에 교사의 관심이 다른 곳에 있을 때 학생이 생리현상에 따르는 소리를 내어 교사의 관심을 얻고자 한다는 가정 아래 중재계획을 세울 수 있다.

[그림 9-4]를 이용하여 개선되어야 할 행동을 보이는 당신의 학생 중 1명을 생각하며 ABC를 연습해 보라.

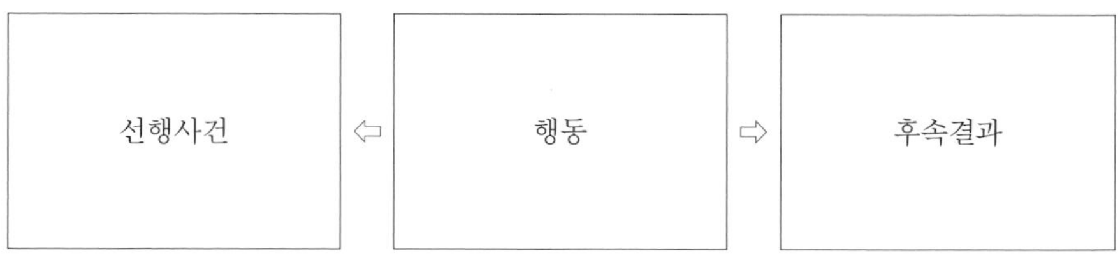

[그림 9-4] ABC

행동이나 학생에 따라 ABC를 쉽게 파악할 수도 있고, 그렇지 않을 수도 있겠지만, 지금은 연습 단계이므로 비교적 쉬운 사례를 선택하라.

[그림 9-5]는 다음 단계인 선행사건 조정 계획을 보여 준다. 학생의 부적절한 행동을 강화하지 않으면서 적절한 행동만 강화하려면 환경을 어떻게 조정해야 할까?

앞의 사례에 나오는 학생은 성인의 관심을 원하고 부적절하게 관심 끄는 것도 마다하지 않으므로 교사는 학생이 관심을 끌기 위해 부적절한 행동을 하기 전에 미리 많은 관심을 주기로 했다. 일단 교사는 교실 문 앞에서 그 학생과 인사를 하고 하이파이브를 했다. 이때 교사는 학생과 눈을 맞추고 이름을 불러 주었다. Ann Corwin은 2006년 DVD 영상 〈아이와 관계 맺기(The Child Connection)〉(Brandmeir, 2006)에서 아동과 관계를 맺을 때 필요한 세 가지를 말하였는데, 첫째는 눈 맞춤, 둘째는 신체접촉, 셋째는 대화하기다. Bhaerman과 Kopp(1988)은 긍정적으로 학생의 이름을 불러 주는 것이 매우 중요하다고 하였다. 앞의 사례에 등장하는 학생은 중학생이고 이 시기 학생

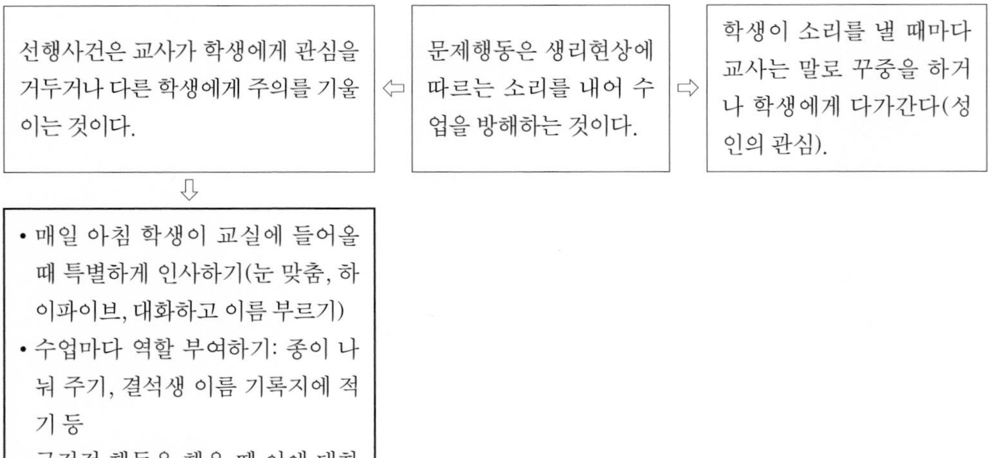

선행사건은 교사가 학생에게 관심을 거두거나 다른 학생에게 주의를 기울이는 것이다.	⇦	문제행동은 생리현상에 따르는 소리를 내어 수업을 방해하는 것이다.	⇨	학생이 소리를 낼 때마다 교사는 말로 꾸중을 하거나 학생에게 다가간다(성인의 관심).

⇩

- 매일 아침 학생이 교실에 들어올 때 특별하게 인사하기(눈 맞춤, 하이파이브, 대화하고 이름 부르기)
- 수업마다 역할 부여하기: 종이 나눠 주기, 결석생 이름 기록지에 적기 등
- 긍정적 행동을 했을 때 이에 대한 칭찬카드를 집으로 보내기
- 적절한 행동을 강화하는 토큰경제 체계 시작하기

[그림 9-5] 선행사건 조정

들은 집단 상황에서 교사의 관심을 받는 것을 좋아하지 않으므로 교사는 학생이 긍정적인 행동을 했을 때 그 행동을 칭찬하는 내용의 카드를 가정에 보내는 방법이 적절하다고 판단했다. 교사는 학생의 가정에 주 1회 칭찬카드를 보내기로 했다. 선행사건 조정의 마지막 조치로 교사는 토큰경제 체계를 시작하였는데 선행사건 조정의 다음 단계에 해당하는 교체행동 교수와 이를 연결하여 적절한 교체행동을 하면 토큰을 받을 수 있게 하였다. Marzano(2003)는 토큰 같은 구체물을 주는 것은 뇌물로 사용되거나 강압적 방식으로 사용되지 않는 한 적절하다고 하였다. 이 학생은 수업시간에 할 말이 있으면 손을 들어야 한다는 규칙을 학교생활 내내 들어왔을 것이다. 그러나 이 학생이 이러한 규칙을 잘 따르지 않으므로, 교사는 학생과 자신만 아는 비밀 신호를 고안했다. 교사는 Carol Burnett이 자신이 진행하는 TV쇼에서 보여 준 '귀 잡아당기기'(역자 주: Carol Burnett은 매번 이 쇼가 끝날 때마다 자신의 왼쪽 귓불을 살짝 당기는 동작을 취했는데, 이는 어려운 환경에서 자신을 키워 준 할머니에게 사랑한다고 말하는 신호였다)를 사용하기로 했다. 교사가 자신의 귀를 잡아당기면, 지금 교사가 하는 말을 집중해서 들으라는 의미다. 학생이 자신의 귀를 잡아당기면 자신에게 주의를 기울여 달라는 신호를 교사에게 보내는 것이다. 이 중재는 독특해 보이지만 어떤 이유에서인지 학생들은 이 방법을 잘 따른다. 교사와 자신만 아는 비밀이 생겼기 때문이거나 이 독특한 방법 덕분에 자신이 특별한 학생이 된 것처럼 느껴지기 때문일 것이다. 중요한 것은 이 방법이 효과가 있다는 것이며, 어떤 이유 때문인지는 중요하지 않다. 손을 들어 귓불을 잡아당기는 행동은 우리가 궁극적 목표로 삼은 행동, 즉 교사의 관심을 끌기 위해 손을 드는 행동에 근접한 행동이다. [그림 9-6]은 교체행동을 계획한 것이다.

선행사건은 교사가 학생에게 관심을 거두거나 다른 학생에게 주의를 기울이는 것이다.	⇦	문제행동은 생리현상에 따르는 소리를 내어 수업을 방해하는 것이다.	⇨	학생이 소리를 낼 때마다 교사는 말로 꾸중을 하거나 학생에게 다가간다(성인의 관심).
⇩		⇩		
• 매일 아침 학생이 교실에 들어올 때 특별하게 인사하기(눈 맞춤, 하이파이브, 대화하고 이름 부르기) • 수업마다 역할 부여하기: 종이 나눠 주기, 결석생 이름 기록지에 적기 등 • 긍정적 행동을 했을 때 이에 대한 칭찬카드를 집으로 보내기 • 적절한 행동을 강화하는 토큰경제 체계 시작하기		학생은 교사의 관심을 끌기 위해 교사와 자신만 아는 비밀 신호를 사용한다. 학생이 소음 대신 이 신호를 보내면 5점을 받는다. 15점이 쌓일 때마다 스마트보드를 사용할 기회를 얻는다.		

[그림 9-6] 교체행동

이 예방 계획 수립의 마지막 단계는 후속결과 수정이다. 성인은 문제행동이 발생했을 때와 적절한 행동이 발생했을 때 어떻게 하면 뚜렷이 구별되는 반응을 보일 수 있을까? [그림 9-7]은 이 부분을 추가한 도표를 보여 준다.

추가된 박스는 학생이 성인의 관심을 받기 위해 적절한 행동을 하도록 조건화하는 내용이다. 학생이 생리현상에 따른 소리를 내는 행동을 그만두기까지 몇 주간의 중재가 필요할 수도 있다. 하지만 이 시점에서 교사가 미리 학생들에게 많은 관심을 주고, 적절한 행동을 계속 알려 주는 예방 전략을 꾸준히 사용한다면 이 학생은 생리현상에 따른 소리를 내는 것보다 적절한 행동을 학습할 것이다. 그러나 교사가 일주일간 생리현상에 따른 소리를 무시하는 중재를 잘 하다가 컨디션이 너무나 좋지 않은 어느 날 학생이 내는 소리를 더는 참지 못하고 장황한 훈계를 하는 상황이 발생할 수 있다. 이런 일이

선행사건은 교사가 학생에게 관심을 거두거나 다른 학생에게 주의를 기울이는 것이다.	⇦	문제행동은 생리현상에 따르는 소리를 내어 수업을 방해하는 것이다.	⇨	학생이 소리를 낼 때마다 교사는 말로 꾸중을 하거나 학생에게 다가간다(성인의 관심).
⇩		⇩		⇩
• 매일 아침 학생이 교실에 들어올 때 특별하게 인사하기(눈맞춤, 하이파이브, 대화하고 이름 부르기) • 수업마다 역할 부여하기: 종이 나눠 주기, 결석생 이름 기록지에 적기 등 • 긍정적 행동을 했을 때 이에 대한 칭찬카드를 집으로 보내기 • 적절한 행동을 강화하는 토큰경제 체계 시작하기		학생은 교사의 관심을 끌기 위해 교사와 자신만 아는 비밀 신호를 사용한다. 학생이 소음 대신 이 신호를 보내면 5점을 받는다. 15점이 쌓일 때마다 스마트보드를 사용할 기회를 얻는다.		학생이 관심을 받고 싶을 때 귀를 잡아당기거나 교사가 귀를 잡아당기는 신호를 보낼 때 주의를 기울일 경우, 모든 성인은 점수를 준다. 모든 성인은 학생이 생리현상에 따르는 소리를 낼 때 이를 무시하며 관심을 주지 않는다.

[그림 9-7] 후속결과 수정

벌어지면 학생은 이전의 행동을 다시 하게 되는데, 이는 부적절한 행동이 여전히 자신의 목적을 달성하게 해 주기 때문이다. 교사의 의도와 달리 이 학생은 문제행동을 일주일 정도 계속하면 목적을 달성할 수 있다고 생각할 수도 있다. 이에 따라 성인의 관심을 얻기 위해 생리현상에 따른 소리내기를 폭발적으로 많이 보일지도 모른다. 이러한 문제행동의 폭발에 대비하는 것이 중요하다. 이럴 때 사용할 수 있는 효과적인 방법을 소개하겠다. 특정 색깔의 실을 팔찌처럼 손목에 둘러 묶되, 글씨 쓸 때 사용하는 손에 묶어서 자주 볼 수 있게 한다. 실 팔찌를 볼 때마다 당신이 실행하고 있는 중재를 떠올리면, 갑작스러운 상황에 휘둘리지 않고 부적절한 행동이 발생했을 때 학생이 원하는 후속결과를 제공하지 않을 수 있다.

생리현상에 따른 소리를 내는 학생을 생각하며 지금까지 채워 넣은 6개 박스의 내용을 통해 우리는 문제 예방을 위한 다면적 행동중재계획을 작성할

수 있다. 다면적 계획이란 한 가지 방법만 실행하고 마는 것이 아니다. 우리는 세 단계의 중재를 통합하는데 ① 선행사건을 조정하고, ② 문제행동을 경쟁행동(competing behavior)으로 교체하고, ③ 부적절한 행동과 적절한 행동에 대한 우리의 반응을 바꾼다. 행동중재계획의 일부만 실행하는 경우 대부분 계획은 실패로 끝난다.

경쟁행동 경로 도표는 행동지원팀이 중재를 운영할 때 사용하는 한 쪽짜리 로드맵이다(O'Neill et al., 1997). 대부분의 경쟁행동 경로 도표는 앞에서 작성한 6개 박스의 상단에 2개의 박스가 추가되는데, [그림 9-8]은 그 2개 중 행

		목표행동은 학생이 교사의 관심을 원할 때 손을 드는 것이다.		
		⇧		
선행사건은 교사가 학생에게 관심을 거두거나 다른 학생에게 주의를 기울이는 것이다.	⇦	문제행동은 생리현상에 따르는 소리를 내어 수업을 방해하는 것이다.	⇨	학생이 소리를 낼 때마다 교사는 말로 꾸중을 하거나 학생에게 다가간다(성인의 관심).
⇩		⇩		⇩
• 매일 아침 학생이 교실에 들어올 때 특별하게 인사하기(눈 맞춤, 하이파이브, 대화하고 이름 부르기) • 수업마다 역할 부여하기: 종이 나눠 주기, 결석생 이름 기록지에 적기 등 • 긍정적 행동을 했을 때 이에 대한 칭찬카드를 집으로 보내기 • 적절한 행동을 강화하는 토큰경제 체계 시작하기		학생은 교사의 관심을 끌기 위해 교사와 자신만 아는 비밀 신호를 사용한다. 학생이 소음 대신 이 신호를 보내면 5점을 받는다. 15점이 쌓일 때마다 스마트보드를 사용할 기회를 얻는다.		학생이 관심을 받고 싶을 때 귀를 잡아당기거나 교사가 귀를 잡아당기는 신호를 보낼 때 주의를 기울일 경우, 모든 성인은 점수를 준다. 모든 성인은 학생이 생리현상에 따르는 소리를 낼 때 이를 무시하며 관심을 주지 않는다.

[그림 9-8] 경쟁행동 경로 도표-행동 박스

동에 초점을 둔 첫 번째 박스가 추가된 상태를 보여 준다.

[그림 9-9]는 목표행동을 유지시킬 강화제에 초점을 둔 두 번째 박스가 추가된 상태를 보여 준다. 이 박스에는 학생이 적절한 행동을 계속하게 하는 것이 무엇인지를 적는다.

		목표행동은 학생이 교사의 관심을 원할 때 손을 드는 것이다.	⇨	규칙을 지킬 때 사회적 강화를 제공한다.
		⇧		
선행사건은 교사가 학생에게 관심을 거두거나 다른 학생에게 주의를 기울이는 것이다.	⇦	문제행동은 생리현상에 따르는 소리를 내어 수업을 방해하는 것이다.	⇨	학생이 소리를 낼 때마다 교사는 말로 꾸중을 하거나 학생에게 다가간다(성인의 관심).
⇩		⇩		⇩
• 매일 아침 학생이 교실에 들어올 때 특별하게 인사하기(눈 맞춤, 하이파이브, 대화하고 이름 부르기) • 수업마다 역할 부여하기: 종이 나눠 주기, 결석생 이름 기록지에 적기 등 • 긍정적 행동을 했을 때 이에 대한 칭찬카드를 집으로 보내기 • 적절한 행동을 강화하는 토큰경제 체계 시작하기		학생은 교사의 관심을 끌기 위해 교사와 자신만 아는 비밀 신호를 사용한다. 학생이 소음 대신 이 신호를 보내면 5점을 받는다. 15점이 쌓일 때마다 스마트보드를 사용할 기회를 얻는다.		학생이 관심을 받고 싶을 때 귀를 잡아당기거나 교사가 귀를 잡아당기는 신호를 보낼 때 주의를 기울일 경우, 모든 성인은 점수를 준다. 모든 성인은 학생이 생리현상에 따르는 소리를 낼 때 이를 무시하며 관심을 주지 않는다.

[그림 9-9] 경쟁행동 경로 도표-강화제

지금까지 효과적인 행동중재계획 작성을 위한 로드맵이 되어 줄 경쟁행동 경로 도표를 작성해 보았다.

이제 행동 변화가 필요한 당신의 학생에게 직접 연습해 볼 차례다. [그림 9-10]의 양식을 활용하라.

	목표행동은 무엇인가? ⇨	목표행동을 유지시킬 성인이나 또래의 행동은 무엇인가?
	⇧	
문제행동 이전에 발생한 사건이나 상황은 무엇인가? (A. 선행사건)	⇦ 문제행동은 무엇인가? (B. 행동) ⇨	문제행동을 유지시키는 성인이나 또래의 행동은 무엇인가? (정적/부적 강화) (C. 후속결과)
⇧	⇧	⇧
문제행동이 불필요하게 만들기 위해 환경/맥락/선행사건을 어떻게 바꿀 것인가?	현재의 문제행동을 교체하기 위해 지도할 새로운 행동은 무엇인가?	기존의 문제행동과 새로운 교체행동에 대한 성인의 반응을 어떻게 바꿀 것인가?

[그림 9-10] 경쟁행동 경로 도표 양식

10장

선행사건의 조정과 수정

주요 내용

- 효과적인 전략을 개발하기 위해 선행사건 조정(manipulation)과 수정(modification)을 고안하는 방법
- 선행사건 조정과 수정의 적용 시기를 결정하기 위해 패턴을 분석하는 방법

'조정'이라는 단어가 약간의 부정적 느낌을 준다고 해서 이를 사용하는 데 주저할 필요는 없다. 모든 학생의 학습에 도움이 되도록 환경을 조정하는 것은 결코 부정적인 것이 아니다. 사람에 따라 조정(manipulation)이라는 단어를 쓰기도 하고 수정(modification)이라는 단어를 쓰기도 하여 이 책에서는 두 단어를 모두 사용하려고 한다. 두 단어 모두 긍정적 행동의 발생 가능성이 높은 상황을 조성하는 것을 의미한다. 이처럼 환경에 변화를 줄 때 우리는 행동 발생 시 나타나는 패턴에 대해 자세히 들여다볼 필요가 있다. 다음은 몇 가지 패턴의 목록과 각 패턴별 예시다.

- 하루 중의 시간대
  - 약기운이 떨어짐
  - 아침형 인간이 아님
  - 전날 밤 잠을 설침
  - 이전 활동에서 너무 흥분함
- 특정 과목이나 활동
  - 소리 내어 책 읽기, 쓰기 활동, 강의식 수업 듣기 등
  - 특정 과목이 지루해서 참여하고 싶지 않음
- 요일
  - 월요일이나 금요일 같은 특정 요일을 더 힘들어함
  - 서서히 영향을 미치는 촉발요인으로 인해 특정 요일을 더 힘들어함(예: 부

모의 별거로 특정 요일마다 집을 옮겨 다니는 경우)

- 특정인의 존재 유무
  - 자신을 괴롭히는 사람이 있을 때
  - 특정인이 있고 없음에 따라 일과가 변경될 때
- 상호작용 방식
  - 제지("안 돼.")를 당할 때
  - 자기 뜻대로 되지 않을 때
- 특정 날짜
  - 기압
  - 생리주기
  - 비 오는 날
- 특정 계절
  - 우울한 계절
  - 활력이 넘치는 계절
    - 10월
    - 12월
  - 알레르기

나는 행동을 분석할 때 나 자신을 CSI, 즉 인과관계 수사대(Causal Science Investigators)라고 여긴다. TV 수사 프로그램에서처럼 범죄사건을 조사하는 것은 아니지만 우리는 특정 행동 뒤에 숨어 있는 원인을 조사한다. 무엇이 이 행동을 촉발했나? 원인을 밝혀내고 문제행동의 촉발요인을 경감시킬 계획을 세우는 과정은 큰 만족감을 준다.

내 직업을 행동전문가라고 소개하면 사람들은 매우 신나서 "이런 행동을 하는 아이는 어떻게 해야 돼요?"와 같은 질문을 하기 시작한다. 그러나 이들은 행동전문가가 이것저것 질문을 하기 시작하면 귀찮아한다. 우리는 항상 패턴을 먼저 밝히고, 그다음에는 문제행동을 유지시키는 환경 내 사건을 찾으려 노력한다. 예를 들면, 어린 자녀를 둔 부모들은 "우리 아이가 자꾸 다른 사람을 무는데 이런 아이는 어떻게 해야 하나요?"라는 질문을 많이 한다. 아이가 남을 무는 행동은 후속결과와 관련된 세 가지 이유가 있는데, 이에 대해서 12장에서 좀 더 다루겠지만, 물기와 관련된 몇 가지 패턴의 예를 살펴보자.

빌리

빌리(Billy)는 5세의 비장애 아동으로 유치원에 다닌다. 빌리는 자유선택활동 시간에 남을 무는데, 다른 시간에는 이 행동을 하지 않는다. 자유선택활동 시간에 발생하는 물기 행동의 패턴을 조사한 후 우리 팀은 빌리가 남을 물면 어떤 일이 발생하는지 관찰할 수 있었다. 빌리가 자유선택활동 시간에 다른 아이를 물면, 물린 아이는 가지고 놀던 장난감을 버려 둔 채 교사에게 자신이 물린 것을 알리러 달려갔다. 빌리는 그 장난감을 집어 들었다. 이로써 우리는 이 행동을 지속시키는 선행사건과 후속결과를 알게 되었다.

선행사건 파악은 중재를 언제 실행해야 할지 알려 준다는 점에서 매우 중요하다. 체육, 음악, 앉아서 하는 활동 시간에는 중재를 할 필요가 없었다. 자유선택활동 시간에만 중재가 필요했다. 13장에서 빌리를 위한 중재를 좀 더 다룰 것이다.

환경의 수정

PBIS의 주요 방침은 자료를 활용하여 문제행동 예방을 위한 결정을 하라는 것이다. 환경 수정은 교사의 수고를 요하는 일이기 때문에 때로 우리 지원팀은 '날아다니는 원숭이(flying monkeys)'에 해당하는 장애물을 만나곤 한다. 날아다니는 원숭이는 〈오즈의 마법사(Wizard of Oz)〉에 등장하는 캐릭터로, 주인공이 노란 벽돌 길 끝에 있는 도착점에 도달하지 못하도록 훼방을 놓는다. 우리가 선행사건 수정방법을 추천하면 교사들이 "내가 굳이 그렇게까지 해야 하나요? 학생이라면 학교에 와서 올바르게 행동하는 것이 당연한 일인데, 학생이 바르게 행동하게 하려고 내가 꼭 뭔가를 해야 하나요?"라고 할 때가 있다. 이러한 반응에 대해 우리는 어느 한 TV 방송인의 말을 빌려 이렇게 반문한다. "지금의 방법이 효과가 있나요?"(역자 주: 미국 TV 토크쇼 〈닥터 필(Dr. Phil)〉에서 진행자인 Phil McGraw가 출연자들에게 자주 하는 질문) 만약 지금 하고 있는 것들이 효과가 없다면 무엇인가를 하여 효과가 나타나게 만들어야 한다. 많은 교육자가 한 가지 방식으로 문제를 해결하려 고집하다가 지쳐 버린다. 우리가 늘 하던 방식대로만 살아간다면 인생은 지루할 것이다. 행동에 대해 조사하는 것을 하나의 모험이라고 생각하면 여러분은 행동중재계획을 훌륭하게 해낼 수 있을 것이다.

자료 수집을 위한 초기 계획을 세울 때, 당신은 향후 며칠간의 자료 수집 과정에서 발생 가능한 모든 선행사건을 고려할 것이다. 다음은 이 과정에 활용 가능한 항목들이다.

상황

- 조례
- 공부
- 미술
- 화장실
- 쉬는 시간
- 학교버스 타는 곳

- 지역사회중심 교수
- 센터
- 선택기회
- 한 교실에서 다른 교실로 이동하는 시간
- 컴퓨터실
- 체육관/체육시간
- 집단 활동(대집단, 소집단, 전교생)
- 복도
- 가정생활
- 개별 활동
- 친구들과의 여가활동
- 급식실/식당
- 음악시간
- 실외/운동장
- 직업훈련
- 휴식
- 교실에서 자기
- 간식
- 언어치료 시간
- 이야기 나누기 시간

선행사건은 다음과 같은 특정 상황과 짝을 이루어 발생할 수도 있다.

- 대화를 시도함
- 다른 학생들이 싸움을 걸어오거나 놀림
- 선택기회가 주어짐

- (특정인이나 특정 사물이) 가까운 거리에 있음
- 지적을 받음
- 욕이나 부적절한 말을 들음
- 좋아하는 물건이나 활동을 금지당함
- 예상 밖의 문제행동 발생
- 쉬는 시간
- 환경 변화
- 지시/명령
- 새로운 과제
- 원치 않는 상호작용
- 신체적 촉진
- 신체적 증상
- 직전에 일어난 사건
- 재지도
- 매일 반복되는 과제
- 교사가 다른 학생에게 주의를 돌림
- 틱이 나타남
- 거절당함
- 활동 간 전이
- 발성에 문제가 있음
- 기다리기

이 외에도 여러 가지가 있지만, 이 내용들은 PBIS 개별 지원팀이 브레인스토밍을 시작할 때 약간의 아이디어를 줄 것이다. 당신은 이 목록에서 자료 수집 기간에 발생할 가능성이 높고, 문제행동 발생에 영향을 미칠 만한 선행사건이나 상황을 고를 수 있다.

PBIS를 실행할 때 우리는 학교단위 정보 시스템(School-Wide Information System, 이하 SWIS, www.swis.org)이라는 웹 기반 자료 정보 시스템을 사용하여 잠재적 선행사건을 조사한다. 이 프로그램은 지원팀이 다음 사항을 파악하는 데 도움을 준다.

- 언제 발생했는가?
- 어디서 발생했는가?
- 어떤 행동이 발생했는가?
- 학생에게 어떤 후속결과가 주어졌는가?
- 행동 발생 당시 성인이 생각한 학생 행동의 기능은 무엇인가?
- 몇 명의 학생이 그 상황에 관련되었는가?
- 누가 대상학생을 훈육실에 의뢰했는가?
- 다음 집단의 학생들과 비교했을 때 대상학생의 특징은 무엇인가?
  - 같은 학년의 학생들
  - 같은 성별의 학생들
  - 개별화교육계획(IEP)을 가진 학생들
  - 같은 인종/민족에 속한 학생들
  - 재학 중인 학교의 전교생

일부 학생의 경우, PBIS 개별 지원팀은 이 내용에 대한 자료만으로 행동 기능에 대한 가설을 세울 수 있다. 그러나 전체 학생 중 5% 정도의 학생에 대해서는 좀 더 많은 정보가 있어야 가설을 세울 수 있는데, 특히 문제행동을 예측할 수 있는 선행사건에 대한 정보가 필요하다.

SWIS는 장소 범주를 다음과 같은 일반적 용어로 구분한다.

- 화장실

- 학교버스
- 버스 타고 내리는 곳
- 학생식당
- 교실
- 공동구역
- 체육관
- 복도/건물 간 옥외통로
- 도서관
- 탈의실
- 음악실
- 학교 밖
- 훈육실
- 기타 장소
- 주차장
- 운동장
- 특별활동/전교생 조회/체험학습
- 운동경기장
- 불분명한 장소

이러한 장소 요인도 선행사건으로 고려해 볼 수 있다. 다음 서식은 자료 수집을 할 때 대상학생이 보이는 문제행동의 선행사건이 될 만한 것을 기록하는 데 활용할 수 있다.

상황	선행사건
a.	a.
b.	b.
c.	c.
d.	d.
e.	e.
f.	f.
g.	g.
h.	h.
i.	i.
j.	j.
k.	k.

먼저 상황과 선행사건을 표에 기입한다. 각 칸에 부여된 알파벳 소문자를 코드로 활용하면 자료 분석이 쉬워진다. 자료 수집 중 행동이 발생했을 때, 그 상황과 선행사건에 해당하는 코드만 적어 넣으면 되기 때문에 자료의 기록과 분석을 훨씬 빨리 할 수 있다. 자료 분석을 할 때도 이러한 표를 만들어서 각 상황과 선행사건별 행동 발생 빈도를 기록하면 어떤 상황이나 선행사건이 있을 때 문제행동이 더 자주 발생하는지를 한눈에 볼 수 있다. 이 방법은 간편하면서도 막연한 추측을 배제하게 해 준다. 교사들의 추측은 대부분 틀리지 않지만, 진정한 자료는 눈으로 확인할 수 있어야 한다.

래리

8장에 등장했던 래리의 사례로 돌아가 보자. 침대에 누워 있으려고만 하고 일어나기를 거부했던 래리의 행동이 발생하기 전 24시간 이내에는 일정 정도의 기압 변화가 있었다. 기압 변화에 대한 자료를 보면 래리의 행동 발생을 예측할 수 있으므로 이에 대한 예방 조치를 취해야 했다. 래리와 함께 사는 사람들은 래리가 침대에서 몸을 일으키게 하려고 익살스러운 장난을 포함하여 온갖 시도를 했지만, 자료를 통해 상황이 명백해진 후 적용한 선행사건 조정방법은 이전 시도와는 매우 다른 것이었다. 이 사례의 자문을 맡은 우리 팀은 기압이라는 선행사건을 찾기는 했지만 문헌조사를 해 본 결과 양극성장애나 자폐성장애를 기압과 연결시킨 연구가 별로 없음을 알게 되었다. 그래서 우리는 중재방법을 추측해 내야 했다. 래리는 평소에 지시나 안내를 잘 따랐고 오로지 환경의 변화에만 거부반응을 보였다. 지원팀이 밥 먹을 시간이라고 하면 래리는 주방으로 나왔다. 지원팀이 출근할 시간이라고 하면 래리는 현관문 앞으로 나왔다. 지원팀이 이제 잠잘 시간이라고 말하면 래리는 침실로 갔다. 래리의 몸이 슬프다는 신호를 보내면 뇌간(brainstem) 영역이 작동하여 그는 매우 우울해졌다. 그리고 문제행동으로 반응했다. 우리는 래리가 우울한 감정에 대한 반응으로 문제행동을 하는 대신 전두엽 피질을 많이 사용하게 할 선행사건 수정을 실행하기로 했다. 우리는 매일 기압을 확인했다. 24시간 내에 일정 정도의 기압 변화가 예상될 경우 적대적 반항장애(oppositional deifnant disorder) 학생들의 전두엽 피질 기능 촉진을 위해 사용했던 중재를 실행했는데, 그것은 바로 선택기회를 주는 것이었다. 지원팀은 기압의 변화가 시작되면 집 안의 모든 일에 선택기회를 부여했다. 모든 일에 선택기회를 부여했다는 말의 의미는 다음 예시를 보면 알 수 있다.

- 평소: "저녁식사 준비할 시간이에요."
  –선택기회: "래리, 녹색 접시에 먹을래요, 보라색 접시에 먹을래요?"
- 평소: "이 닦을 시간이에요."
  –선택기회: "래리, 녹색 칫솔 쓸래요, 노란색 칫솔 쓸래요?"

• 평소: "출근할 시간이에요"
  –선택기회: "래리, 차 타고 갈래요, 걸어갈래요?"(둘 다 가능한 출근방법임)

이들 예에서 보듯이 조금만 생각해 보면 모든 일에 선택기회를 만들 수 있다. 몇 가지 중에서 선택을 하느라 래리는 전두엽 피질을 계속 사용한다. 이와 같이 선행사건을 수정한 이후로 래리가 양극성장애 증상의 연쇄반응 때문에 결근한 적은 한 번도 없었다. 이것으로 래리의 양극성장애가 완치되었다는 말을 하려는 것은 아니다. 그러나 더 이상 래리가 우울한 기분 때문에 자리에서 일어나지 못하고 출근을 거부하지는 않게 되었다는 뜻이다. 선행사건의 조정이나 수정은 우리가 미리 주변 환경에 변화를 주어 문제행동이 나타나지 않도록 조치를 취하는 것이다.

11장

행동 교수

주요 내용

- 학생에게 구체적으로 행동을 교수하는 것의 중요성
- 문제행동을 적절한 행동으로 교체하는 것의 중요성

우리는 모두 지역사회 안에 존재하는 다양한 실험실에서 다음의 장면을 목격하곤 한다. 여기서 지역사회 안의 실험실이란 할인 매장, 패스트푸드 음식점, 대형 마트라고 불리기도 한다. 이런 장소에서 우리는 짜증을 내거나 칭얼대는 아이를 보며 행동을 멈추면 사탕이나 장난감을 주겠다고 말하는 성인을 볼 수 있다. 그 순간 아이는 짜증을 내면 괜찮은 보상이 따른다는 것을 배운다. 많은 부모가 자녀가 계속 짜증 내는 이유를 궁금해하지만 짜증을 내면 좋은 보상이 따른다는 것을 가르친 사람은 부모 자신이다.

Newton의 운동 제1법칙인 관성의 법칙(law of inertia)은 외부에서 힘이 주어지지 않는 한 물체는 현재의 운동 상태를 유지하려 한다는 것을 말한다. 즉, 소리를 지르는 학생에게 교사도 똑같이 소리를 지른다고 해서 학생의 행동이 변하지 않는다는 것이다. 이 경우 학생과 교사의 행동이 동등하기 때문에 현재의 운동 상태를 바꾸지 못하는 것이다. 우리는 상대방이 부적절한 행동을 하면 똑같이 부적절한 행동으로 반응하는 사람들을 자주 본다. 그러나 아동의 행동을 변화시키고 싶다면 우리의 행동을 먼저 바꿔야 한다.

내가 목격한 최고의 모범사례를 소개하겠다. 젊은 엄마가 두 살 반 정도 되는 여자아이와 몰에서 쇼핑을 하고 있었다. 그 둘은 행복한 시간을 보내고 있었고 어린 여자아이는 엄마 말을 매우 잘 들었다. 나는 이 엄마처럼 이렇게 쇼핑을 즐길 수도 있는데 왜 다른 엄마들은 자녀에게 언성을 높이거나 자녀를 억지로 끌고 다니는지 알고 싶어졌다. 좀 더 관찰해 보니 이 여자아이가 입은 티셔츠 앞면에 '엄마의 쇼핑 도우미'라는 글씨가 쓰여 있었다. 그때 우리는 이 엄마의 첫 번째 비결을 알 수 있었다. 이 엄마는 아이에게 역할을 주어 자신이 중요하다고 느끼게 해 주었다. 두 번째 비결은 이 아이가 손에 사진 한 장을 쥐고 있었다는 점이다. 그 사진은 엄마가 찾고자 하는 옷 사진이었다. 엄마는 여러 옷을 몸에 걸쳐 보면서 아이에게 사진과 비슷한지를 물었다. 엄마는 아이가 쇼핑 중 자신에게 주어진 역할을 잘 이해할 수 있게 했다. 엄마는 아이에게 "엄마가 입어 본 옷과 사진에 있는 옷을 정말 잘 비교해 주었구나." "엄마를 잘 따라오다니 정말 훌륭한 걸." "우리 딸이 도와주지 않았으면 오늘 쇼핑은 어려웠을 거야." 등의 말을 했는데, 이는 아이의 적절한 행동을 명확하게 묘사해 준 것이었다. 이 엄마는 이렇게 평화로운 쇼핑 시간을 갖기 위해 아이에게 적절한 행동을 가르치고(Teach), 기억하게 하고(Imprint), 연습시키고(Practice), 칭찬해(Praise) 온 것이 틀림없다. 이 예에서처럼 바라는 행동이 나타나기 원한다면 우리는 그 행동을 가르치고, 기억하게 하고, 연습시키고, 칭찬해야 한다.

교사들은 종종 학생이 화를 내거나 문제를 일으킬 때 학생에게 적절한 행동을 가르치려고 한다. 이는 적절한 행동을 가르치기에 좋은 시점이 아니다. 9장에서 살펴본 것처럼 학생들에게 '올바르게 행동하라.'라고 말만 해서는 효과를 볼 수 없다. 변화시키고 싶은 문제행동이 무엇인지를 정하고, 그 행동을 상호 배타적인 적절한 행동으로 교체해야 한다. 많은 행동중재계획이 학생의 문제행동과 그에 대한 성인의 반응을 연결시킨 조건문 서술에 초점을 둔다. 예를 들어, '학생이 복도에서 뛰면 복도 끝으로 돌려보내고 다시 걸어오게 한다'는 문장이 이러한 조건문에 해당한다. 이는 단일 중재에 근거한 것으로, 일부 학생에게는 효과적일지 모르지만 행동중재계획이 필요한 아동들에게는 별 효과가 없을 것이다. 집중적 요구가 있는 학생의 행동을 바꾸려면 다면적 설계가 필요하다. 이러한 다면적 설계의 일부가 바로 모두가 평화롭고 침착한 상태일 때 새로운 행동을 가르치는 것이다.

남을 함부로 대하는 학생에게 다른 사람을 존중하라고 말만 하는 것은 충분하지 않다. 우리는 그 학생에게 다른 사람을 존중하는 것이 어떤 것인지를 다양한 상황에서 구체적으로 가르쳐야 한다. 복도, 화장실, 교실, 운동장, 버스 또 그 밖의 장소에서 다른 사람을 존중하는 마음은 어떤 행동으로 나타나야 하는가? 많은 성인은 아이들에게 "남을 때리면 안 돼."라고 가르치면 충분하다고 생각한다. 많은 교실 벽에는 학생들이 하면 안 되는 행동 목록이 규칙으로 붙어 있다. 그런데 많은 학생은 이 행동 목록을 무엇부터 하면 좋을지 고르는 메뉴판으로 여긴다.

9장의 문제해결 모델을 기억하는가? [그림 11-1]은 9장에서 다루었던 ABC 흐름도의 또 다른 예시다.

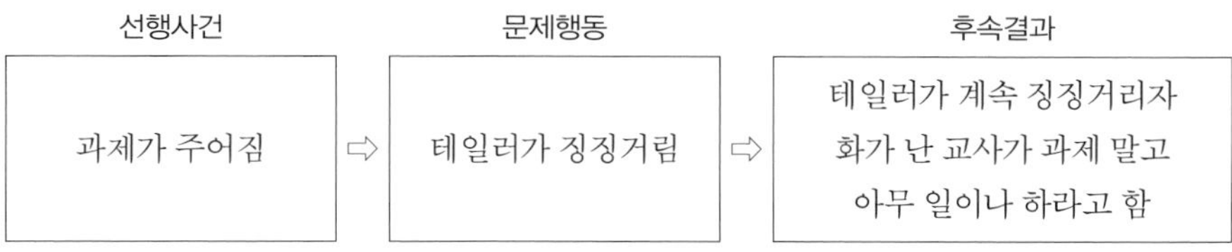

[그림 11-1] ABC 예시

단지 "징징대지 마."라고 말하는 것은 전혀 효과가 없을 것이다. 테일러는 이미 징징대는 행동에 보상이 따른다는 것을 배웠기 때문에 우리는 테일러에게 징징대는 행동과 무관한 교체행동을 가르쳐야 한다. 테일러 같은 학생에 대해 많은 교사가 나에게 알려 준 좋은 방법은 과제 양을 두 배로 늘린 후 반만 하게 해 주는 것이다. 즉, "홀수문제나 짝수문제만 푸세요." "두세 문제를 연달아 풀고 다음 두세 문제는 그냥 넘어가세요. 반만 풀면 돼요." 하는 식으로 말하는 것이다. 이 방법을 반 전체에 사용해 보라. 그리고 테일러에게 다가가 우측 귀에 대고 "테일러, 네가 풀지 않을 문제에 표시해 보렴. 반만 풀면 된단다."라고 속삭여 보라. 우측 귀는 순응성을 이끌어 내는 뇌의 부분과 연결되어 있다(Springer Science Business Media, 2009). 테일러가 문제에 표시를 할 때마다 풀어야 하는 문제에서 해방된다. "이 문제는 안 풀 거야." "이건 빼

야지.” 전체 문제의 반에 제외 표시를 하고 나면 테일러는 일부 과제에서 벗어난 것처럼 느낄 것이다. 교사가 테일러에게 문제 중 일부만 풀라고 했기 때문에, 징징대는 문제행동의 기능인 과제 회피가 성취되었다. 풀지 않을 문제를 스스로 선택하는 것은 징징대는 행동의 교체행동이다. 이전 장(10장)에서는 선행사건 수정을 살펴보았고, 12장에서는 후속결과 수정을 다룰 것이다.

학생에게 무언가를 가르칠 때 한 번 말하는 것으로는 충분치 않음을 명심해야 한다. “한 번 말해 주었다고 해서 가르친 것이 아니며, 한 번 들었다고 해서 배운 것이 아니다.” 신발끈 묶는 법을 배우는 데 얼마나 걸렸는지 생각해 보라. 당신의 부모님은 신발끈 묶는 법을 그냥 말로만 알려 주었는가? 부모님이 신발끈 묶는 법을 딱 한 번 보여 준 후 당신이 바로 배웠을 거라고 기대했는가? 아마도 부모님은 신발끈 묶는 법을 여러 번 보여 주었을 것이고, 당신은 토끼 귀 모양의 고리 하나를 만들고 다른 고리가 동굴을 통과한다는 이야기를 반복하여 듣고, 거듭된 실패와 시도를 거쳐 마침내 두 고리를 능숙하게 묶었을 것이다. 적절한 행동을 배우는 과정도 이와 같다. 학생들이 2점 슛을 넣으려면 초기에 많은 연습기회가 필요하며, 농구 코트의 정중앙에서 3점 슛을 넣으려면 더 많은 연습기회가 필요하다. 또한 학생들에게 추가의 중재를 해야 할 때도 있다. 이러한 추가의 중재는 학기 중 특정 시기에 더욱 필요하다. 학기 초인 8월이나 9월(역자 주: 미국의 학사 일정에 따른 것)에 행동 훈련을 시작했다면 10월쯤에는 추가의 중재가 필요할 것이다.

10월은 다음의 여러 이유로 어려운 시기가 될 수 있다. 첫째, 학생들과의 허니문 시기가 끝나는 시점이다. 학생들은 어떻게 하면 교사를 화나게 할 수 있는지 알고 있다. 둘째, 계절이 변하는 시기다. 여러 성인과 아동이 계절성 알레르기로 인해 상태가 좋지 않을 수 있다. 셋째, 여러 곳에서 서머타임제(일광시간절약제)가 끝나서 시간의 변화가 생긴다. 하루에 단 1시간이 늘어났을 뿐인데도 이러한 변화는 모두에게 쉽지 않은 일이다. 넷째, 10월은 사탕 섭취가 많은 달이다. 학교에서 핼러윈 파티를 하든 말든 이 시기에는 상점과 가정에 사탕이 넘쳐나며 아이들과 어른들은 늘 단것을 먹게 된다.

10월 다음으로 추가의 중재가 필요한 시기는 12월이다. 비록 우리가 '겨울방학'이라고 부르기는 하지만 아이들은 그보다 훨씬 더 긴 시간 동안 학교가 쉬었으면 하고 바란다(역자 주: 미국의 경우 '겨울방학'이라고 부르기는 하나 그 기간이 매우 짧다). TV나 라디오 광고들이 더 자주 들리고, 최신 장난감에 대한 정보로 아이들의 흥분 수치는 올라간다. 성인들은 친척들이 도착하기 전에 혹은 장거리 가족여행 준비를 하기 전에 끝내 놓아야 하는 일을 생각하느라 바쁘다. 성인들이 다른 일에 정신이 팔리면 아이들은 그것을 감지하고 그 상황을 자신에게 유리하게 이용한다. 12월에는 아이들이 출석하는 날이 얼마 되지 않지만 행동 교수의 필요성은 매우 높다.

현명한 교사는 1월을 학년 초라고 생각하고, 겨울방학 직후 학교로 돌아온 첫날에는 학급 규칙을 복습하는 데 시간을 보낼 것이다. 아이들은 몇 주간 집에 있으면서 밤늦게까지 깨어 있었을 것이고 규칙적인 일과도 무너졌을 것이다. 기대행동으로 정해 둔 적절한 행동을 할 수 있는 분위기를 조성하는 것이 매우 중요한 시점이다.

당신이 사는 지역과 그곳에서 지켜지는 여러 절기와 행사에 따라 다르기는 하지만, 그다음으로 추가의 중재가 필요한 달은 3월이나 4월이다. 재직 중인 교육구 내에서 봄방학을 가졌거나 서머타임제로 시간이 변경되었을 때 또는 계절이 바뀌었을 때, 추가의 중재를 위한 노력을 일상적 교수활동에 포함할 필요가 있다. 일부 학년의 경우, 시험 요인이 영향을 미칠 수 있다. 스트레스는 문제행동을 유발한다. 따라서 시험으로 인해 스트레스가 높아지는 시기에는 학생들에게 지속적으로 적절한 행동에 대하여 상기시키는 것이 좋다.

한 학년의 마지막 달은 학교에 근무하는 성인들에게 추가의 중재가 필요한 시기다. 집중적인 중재를 필요로 하는 학생들은 학년의 마지막 달이 학기 초의 다른 달들과 크게 다를 것이 없음을 배워야 한다. 교사가 게시판에 '종업식 날까지 17일 남음'이라고 써 붙이면서 끝나는 날을 세기 시작하면 학생들은 교사도 이번 학년이 어서 끝나기를 바란다는 느낌을 받게 되고 학생들 역시 남은 날을 대충 끝내고 싶어진다. 자신이나 타인의 학습을 방해하는 행동을 보이는 학생에게는 교사가 어서 학년이 끝나기를 바란다는 인상을 주지 않는 것이 현명하다. 방학 바로 직전까지 수업이 변함없이 계속되리라는 메시지가 학생에게 전달되어야 한다. 종업식까지 남은 날짜는 마음속으로만 세기 바란다.

교체행동 교수의 예

모델링

문제행동이 발생하는 특정 상황에서 성인은 일부러 학생에게 부적절한 행동을 시범 보인다. 그다음 자신이 시범 보인 행동이 왜 잘못되었는지 학생에게 설명한 후 올바른 행동을 시범 보인다. 예를 들면, 복도에서 소리를 지르는 학생에게 "소리 지르면 안 돼!"라고 말하는 대신 성인이 직접 소리 지르는 행동을 보여 준 후 복도에서 소리를 지르는 행동이 왜 부적절한지 학생과 이야기 나눈다. 그런 다음 성인은 30cm 자를 가져와 자신의 귀 높이로 들고 말소리의 크기에 대해 가르친다. 성인은 학생을 운동장으로 데리고 나가 "운동장에서는 30cm 수준으로 말해도 돼."라고 말한 후 자신의 귀 높이로 든 30cm 자가 끝나는 지점에 학생이 서서 자신의 말소리를 듣게 한다. 다음으로 성인은 학생을 체육관으로 데려가서 15cm 수준의 크기, 즉 15cm 거리에 있는 상대방이 들을 수 있는 크기로 말한다. 이러한 말소리는 두 사람이 15cm 떨어져 있을 때는 들리겠지만 30cm 떨어져 있을 때는 들리지 않을 것이다. 이와 같이 성인이 다양한 크기로 말하는 행동의 예시를 보여 준 후, 학생이 이를 똑같이 연습해 보게 한다. 다음으로는 학생을 복도로 데려가서 8cm 수준의 목소리로 말한다. 각각의 시간과 장소별로 예시를 보여 주고 학생이 그 행동을 연습하게 한다. 학생이 새로운 행동을 보이기 시작하면 성인은 이를 목격할 때마다 학생의 노력과 시도를 칭찬해야 한다. 이러한 교수방법은 학생이 매우 흥분된 상태에서 소리를 지르고 있을 때는 적용하지 않아야 한다. 그러다가는 학생이 그 자로 교사를 때릴지도 모른다. "모든 사람이 평화롭고 침착한 상태일 때 행동을 지도할 수 있다."

파워포인트로 만드는 관계 이야기

성인은 문제행동이 일어나는 상황을 보여 주는 파워포인트 자료를 만든다. 파워포인트 자료에 대상학생의 사진을 넣어 이야기의 주인공으로 설정한다. 그다음으로는 적절한 행동과 그것을 해야 하는 상황에 대한 슬라이드를 만들어 넣는다. 이때 이 행동을 하는 것이 중요한 이유와 그것을 하는 것에 대한 칭찬 문장을 반드시 넣어야 한다. 파워포인트로 이야기를 제작할 때 각 슬라이드에 음성을 삽입하는 것은 매우 쉽다. 이후 슬라이드 쇼로 저장을 하면 이야기가 스스로 재생된다. 이 파워포인트 이야기를 헤드폰이 있는 학교 컴퓨터에 저장하여 학생들이 이를 특정 행동이 주로 나타나는 시간 전에 볼 수 있도록 한다. 이와 더불어 대상학생이 등교 전에 가정에서 이를 시청하고 오는 것도 추천하고 싶다. 이 방법은 전이에 어려움을 겪는 아동에게도 매우 효과적이다. 이 방법을 통해 학생은 하루 중 전이가 언제, 어떤 순서로 이루어질지 예상할 수 있다. 이 방법은 유치원에서 초등학교 또는 초등학교에서 중학교로의 진학과 같은 큰 변화를 앞둔 학생에게 특히 유용하다. 학생은 방학 동안 새로운 학교와 내년에 만나게 될 새로운 사람들을 소개하는 파워포인트 이야기를 매일 볼 수 있다. 이를 통해 새 학교는 더 이상 낯설지 않을 것이다.

비디오 모델링

사회적인 상황에서 어려움을 겪는 학생을 지원할 때는 하루 중 발생하는 사회적 상황 전체를 녹화해 두면 편리하다. 녹화된 영상에서 부적절한 사회적 대면 상황은 빼 버리고, 대상학생과 타인 간의 적절한 사회적 행동만을 담은 영상을 제작한다. 대상학생이 사회적 상호작용을 할 기회가 발생하기 전에 성인은 대상학생과 함께 이 영상을 시청하면서 영상 속 대상학생의 적절한 행동에 대해 이야기 나눈다. 이 방법은 자유선택활동 시간에 다른 친구들의 장난감을 빼앗는 어린 아동에게 사용할 수 있다. 하루 중 발생하는 놀이상황 전체를 녹화한 뒤 대상아동이 장난감을 빼앗는 부분은 편집하여 삭제한다. 아동이 다른 아이와 병행놀이나 상호놀이를 하는 모습을 비디오로 보여주고 왜 영상 속 행동이 적절한지, 성인이 아동의 이러한 행동을 얼마나 자랑스러워하는지 이야기한다. 이 방법은 사회적 상호작용 상황이 일어나기 직전에 사용해야 한다. 이 방법을 통해 아동의 머릿속에 적절한 행동이 기억되게 한다. 이후 성인은 학생이 놀이하는 모습을 지켜보면서 적절한 행동을 했을 때 이를 다음과 같이 묘사해 준다. "○○(이)는 친구가 블록놀이를 마칠 때까지 기다려 주는구나. 참 잘했어." 학생이 적절하게 상호놀이나 병행놀이를 하게 된 후에는, 파워포인트를 이용하여 친구끼리 장난감을 서로 바꾸어 놀거나 함께 가지고 노는 적절한 방법에 대하여 관계 이야기를 만들 수 있다.

또래 멘토링

때로는 학생들이 서로에게 적절한 행동을 멘토링하는 것이 최선의 방법일 수 있다. 초등학교 1학년 교실에서 빈번하게 발생하는 행동을 한번 들여다보자. 어린 토미(Tommy)는 자주 칭얼대고, 자유놀이시간에 자기 혼자 장난감을 독차지하려고 하여 친구가 1명도 없다. 이 상황에서 성인이 적절한 행동의 시범을 보여 줄 수도 있지만, 약간의 또래 멘토링이 놀라운 효과를 낼 수도 있다. 토미 같은 아이들은 자주 교사에게 와서 "아무도 나랑 안 놀아요." 라고 불평한다. 요령이 있는 성인이라면 이런 학생에게 왜 친구들이 함께 놀려고 하지 않는지 1~2명의 친구에게 직접 물어보자고 제안할 것이다. 아마도 그 학생은 "좋아요."라고 답할 것이다. 이후 성인은 이해심 많은 학생 몇 명을 골라 작은 소그룹 회의에 초대하고, 거기서 토미는 다른 학생들에게 "어떻게 하면 내가 좋은 친구가 될 수 있을까?"라고 물어본다. 회의 전 성인은 초대된 멘토 학생들에게 좋은 친구란 어떤 것인지를 회의에서 말하도록 격려하되, 나쁜 친구란 어떤 것인지는 이야기하지 않도록 지도한다. 성인은 이후 몇 주간 멘토 학생들에게 토미가 소그룹 회의에서 제안된 좋은 친구의 행동을 할 때마다 토미를 칭찬해 주도록 한다. 일주일에 한 번 정도 교실에서 토미와 멘토 학생들을 위한 점심 모임을 갖고 아이들이 잘하고 있는지 이야기를 나눈다.

적절한 행동 칭찬하기의 예

적절한 행동에 대한 칭찬은 뇌물이 아니다. 학교 관리자가 "잘하고 있군요." 하고 말하는 것보다 "와, 선생님이 제곱의 개념을 아이들에게 가르치는 방식이 정말 맘에 들어요."라고 한다면 우리는 더욱 열심히 수업에 매진할 것이다. 누군가 우리의 적절한 행동을 묘사하면서 칭찬하면 우리는 우리가 잘한 것이 무엇인지 더욱 명확히 알 수 있다. 이 장에서 다룰 방법 중 일부에 대해 회의론자들은 〈오즈의 마법사〉에 등장하는 '날아다니는 원숭이' 노릇을 한다. 회의론자들은 길을 방해하는 원숭이를 날려 보내며 "이것저것 다 해 봤지만 결국 다 허사였어." 하고 말한다. 한 유명한 행동전문가는 "한 학생만 토큰경제에 참여하고 다른 학생은 참여하지 않는다면 이건 불공평하다."라고 말하기도 했다. 이제 요술봉을 꺼내서 다음의 주문을 반복하라. "모든 이가 같은 것을 가져야 공평한 것은 아니다. 공평함이란 각자 자신이 필요한 것을 갖는 것이다." 시력이 나빠져 글씨가 잘 보이지 않으면 안경이 필요하다. 소리가 잘 들리지 않으면 보청기가 필요하다. 고혈압이 있으면 약이 필요하다. 몇몇 사람이 필요하다고 해서 모든 사람에게 약을 먹게 하고, 안경을 쓰게 하고, 보청기를 끼게 하는 것이 공평할까? 그렇지 않다. 공평함을 위해 누구에게도 토큰경제를 적용하지 않는 것 역시 동일하게 잘못된 생각이다. 어떤 아동에게는 토큰경제가 필요하고, 또 다른 아동에게는 필요하지 않을 수 있다. 학년 초에 "선생님은 각 학생에게 다양한 방법을 시도할 거예요. 만약 선생님이 여러분 중 누군가에게 적용한 방법이 자신에게도 도움이 될 것 같다면 선생님에게 말해 주세요. 선생님과 같이 의논해 봅시다."라고 학생들에게 미리 말해 두면 일부 학생에게만 토큰경제를 적용하는 것이 불공평하다는 불만을 말하는 학생으로 인해 곤란을 겪을 일은 없을 것이다.

나는 같은 학생들을 3년 연속 가르친 적이 있다. 이들 중 5명은 주의력결핍과잉행동장애(ADHD)를 가지고 있었는데 모두 약물은 복용하지 않았다. 그동안 나는 많은 아동이 어릴 때부터 과도하게 약물을 복용하는 것을 보아 왔기 때문에 이 아이들이 약물을 복용하지 않는다는 점에는 별 불만이 없었다. 그러나 ADHD 아이들을 가르치기 위해서는 보다 좋은 기술이 필요했다. 나는 내가 가르친 기술(적절한 행동)과 그것을 묘사한 목표행동 문장을 학생들이 연결 지어 이해하게 하려고 토큰경제를 적용했다. 나는 학년 초에 전체 학생들에게 어떤 것이 공평한 것인지에 대해 이야기했기 때문에, 어떤 학생도 ADHD 학생들에게만 토큰경제를 시도한 것이 불공평하다고 불평한 적은 없다. 그러나 학생들이 나를 찾아와 이렇게 말한 적은 있다. "선생님, 샐리한테 토큰을 주셔야 해요. 샐리가 오늘 음악선생님에게 신발을 던지지 않았어요." 학생들은 샐리와 같은 아이들이 바르게 행동하기를 원한다. 그리고 이들은 기꺼이 다른 친구의 좋은 행동을 보고하는 경찰관이 되고자 한다.

토큰경제

토큰경제는 적절한 특정 행동을 칭찬하기 위해 사용된다. 교사는 이 장에 소개한 다양한 교수방법으로 학생에게 적절한 행동을 가르친 후 토큰경제를 도입하게 된다. 1장에서 우리는 행동의 두 가지 기능을 살펴보았다. 토큰경제에서의 보상은 행동의 기능에 기반을 두어야 하며, 장난감이나 사탕 같은 구체물을 보상으로 사용하지 않아야 한다. 예를 들어, 성인의 관심을 끄는 것이 행동의 기능이라면, 토큰경제의 보상은 아이가 선호하는 성인의 관심이어야 하며 학생이 특정 행동을 할 가능성을 높이는 방식으로 제공해야 한다. 매일 점심을 먹고 난 후 남자화장실 바닥에 대변을 보던 초등학교 3학년 남학생이 있었다. 이 행동의 이유가 될 만한 건강상의 문제는 없었다. 최종적으로 밝혀진 행동의 이유는 이 학생이 성인 남성의 관심을 받고 싶었던 것이었다. 이 학생이 화장실 바닥에 대변을 보면, 화장실 청소와 상황 정리를 위해 남자 교장선생님과 남자 학교 관리인이 뛰어왔다. 행동지원팀은 화장실에서의 적절한 행동에 대한 파워포인트 관계 이야기를 제작하였고, 변기 사용에 대한 토큰경제를 실시하였다. 1개의 보상 토큰을 받을 때마다 바로 성인 남성인 교장선생님을 만날 수 있었고, 5개의 토큰을 모으면 교장실에서 교장선생님과 특별 점심을 먹고 보드게임을 할 수 있었다.

행동 평정 기록지

많은 교사가 학생의 행동에 대해 등급, 점수, 스마일 표시 등을 이용하여 평가해 왔지만, 상당수의 학생은 교사가 이러한 평가체계를 통해 바라는 것이 무엇인지 잘 모른다. 이와 유사한 방법을 활용하여 교사는 매 시간 1점에서 3점까지의 척도(3점은 매우 잘함을 의미)로 학생의 행동을 평정하고, 학생도 자신의 행동을 똑같은 방식으로 평정하게 한다. 그런 다음 교사와 학생은 자신의 점수와 상대방의 점수를 비교한다. 두 점수가 일치하는 구간(동일한 점수로 행동을 평정한 구간)마다 학생은 해당 숫자만큼의 점수를 얻는다. 만약 두 사람이 모두 3점으로 평정했다면 학생은 3점을 받게 된다. 만약 팀이 긍정적으로 기술된 3개의 기대행동을 설정하였고, 하루에 6회 학생을 평정한다면 하루 중 얻을 수 있는 최대 점수는 54점이다. 대상학생이 일정 점수를 모으면 받을 수 있는 보상에 대해 행동계약서를 작성해 둔다. 예를 들어, 40~45점을 얻으면 학생은 그날 저녁 집에서 가족끼리 볼 영화를 직접 고를 기회를 얻는다. 46~54점을 얻으면 학생은 그날 저녁 집에서 가족끼리 볼 영화를 직접 고를 기회를 얻을 뿐만 아니라 엄마가 가족에게 줄 쿠키를 굽는 것을 도울 수 있다. 무엇을 보상으로 할지는 매주가 시작되기 전 학생이 직접 고른다. 기대행동은 앞에서 언급한 행동 교수방법을 통해 학생에게 가르친다.

〈표 11-1〉은 두 가지 기대행동을 정한 후, 하루를 5구간으로 나누어 각각의 기대행동을 평정한 행동 평정 기록지다. 각 칸의 위쪽 진한 숫자는 교사가 평정한 점수이고, 아래쪽 굵은 글씨로 쓰인 숫자는 학생이 평정한 점수다. 이 기록지의 경우 학생은 하루 최대 30점을 얻을 수 있다. 따라서 이 학생을 위한 보상 계획은 다음과 같을 것이다. 15~20점을 받으면, 학생은 방과 후에 집으로 친구를 1명 초대하여 1시간 놀 수 있다. 21~26점을 받으면, 학생은 방과 후에 친구 집에 가서 1시간 놀 수 있다. 27~30점을 받으면, 어머니는 대상학생과 친구를 공원에 데려가서 1시간 자전거를 타게 해 준다. 학생은 성

표 11-1 행동 평정 기록지

구분	8:30~9:45	9:46~11:00	11:01~12:30	12:31~2:00	2:01~3:30
물건을 조심해서 다루기	3 / **3**	2 / **3**	1 / **2**	2 / **2**	3 / **3**
다른 사람을 존중하기	2 / **2**	3 / **3**	3 / **3**	3 / **2**	3 / **3**
총점	5	3	3	2	6

인의 감독 아래 보상을 선택한다. 우리는 학교에서의 행동에 대한 보상이 가정에서 이루어지기를 원하는데, 이렇게 함으로써 학생에게 가정과 학교가 함께 움직인다는 느낌을 줄 수 있다.

이 학생은 이날 하루에 19점을 얻었다. 따라서 방과 후에 1명의 친구를 집에 초대하여 1시간 놀 수 있다.

적절한 행동을 학습한 것에 대한 보상

다음은 전 세계에서 자주 볼 수 있는 장면이다. 부모는 어린이 세트를 구매하면 장난감을 주는 패스트푸드 체인점에 아이를 데려간다. 부모는 아이가 장난감 포장을 뜯고 바로 가지고 노는 것을 허락하지만, 아이는 장난감에 빠져 식사를 하지 않는다. 부모는 아이에게 빨리 먹으라고 혼내기 시작한다. 아이는 감자튀김이 마치 잠수함인 양 토마토케첩이라는 바다 속으로 계속 넣지만 먹지는 않는다. 어서 먹으라는 부모의 목소리는 점점 커진다. 결국 자포자기 상태의 성인이 말한다. "빨리 먹으면 할인점 가서 장난감 하나 사줄게." 이것은 토큰경제가 아니다. 아이는 음식을 먹지 않고 계속 장난을 치면 또 하나의 장난감을 얻을 수 있다는 것만 배워 버렸다. 아이들은 매우 영리하다.

다음은 이보다 훨씬 나은 부모의 대처 장면이다. 어린이 세트를 구매하면 장난감을 주는 패스트푸드점에서 그 세트를 주문한 후 받은 장난감을 아이에게 주지 않고 부모의 가방에 넣으면서 아이에게 "다 먹고 나서 장난감 줄게." 라고 말한다. 아이가 음식을 다 먹을 때까지 친절한 목소리로 다 먹으면 장난감을 준다는 말만 반복한다. 아이가 먹기를 거부한다면 부모는 장난감을 계속 가지고 있어야 할 것이다. 이때 미소를 잃지 말라. 중간에 포기하고 밥을 다 먹기 전에 장난감을 주면 절대 안 된다. 한두 번만 이렇게 하면 아이는 이

것이 부모의 새로운 행동임을 배우게 된다. 현명한 부모는 패스트푸드점에 들어가기 전에 미리 아이에게 이러한 규칙을 설명할 것이다. 새로운 행동은 언제 가르쳐야 하는가? 바로 모두가 평화롭고 침착할 때 가르쳐야 한다. 부모가 의도하는 바를 아이에게 말하고, 말한 후에는 그것을 지켜야 한다.

아동에게 토큰경제를 실시할 때, 아이가 갖고자 노력하는 보상을 우리가 가지고 있는 경우가 있다. 행동의 기능을 떠올려 보라. 아동 행동의 기능이 성인의 관심을 끄는 것이라면 보상은 행동의 기능에 맞아야 한다. 교사와 학부모가 여러 기술을 공유하는 것은 매우 중요하므로 가정과 학교에서 사용할 수 있는 보상의 예를 제시하고자 한다. 학교와 가정 중 어느 한 편에서 아동의 특정 행동에 대해 보상을 할 때, 이것이 다른 편 성인을 어렵게 할 수 있기 때문이다. 다음은 아동이 성인의 관심을 얻을 수 있는 다양한 방법이다.

가정에서의 예

- 저녁식사 메뉴를 정하고, 엄마가 식사 준비하는 것을 돕기
- 일정 시간 동안 부모를 독차지하기: 다른 형제자매들은 집에 두고 엄마나 아빠와 단둘이 산책하기
- 저녁에 가족이 함께 보는 프로그램이나 영화를 선택하기, 영화를 보는 동안 함께 먹을 간식 선택하기

학교에서의 예

- 정해진 시간에 좋아하는 성인과 보드게임 하기
- 교실에 마련된 특별한 자리에서 선생님이나 친구와 간식 먹기
- 교사와 단둘이서 갖는 휴식 시간에 스마트보드(스마트칠판)를 작동시켜 보거나 컴퓨터게임 하기

다음은 행동의 기능이 **회피**일 때 사용할 수 있는 보상의 예시다.

가정에서의 예

- 매주 아이가 가정에서 해야 할 일의 목록을 만들고, 아이가 토큰을 일정 개수만큼 모으면 그중 1개를 지우게 하기
- 자녀가 해야 할 일의 목록을 부모가 만들고, 아이가 토큰을 일정 개수만큼 모으면 그 일을 대신하고 특별용돈을 벌게 하기
- 아이가 학원이나 축구 연습 등의 활동을 하루 빠지고 싶을 때 토큰 점수를 사용하기

학교에서의 예

- 수학 과제 중 교사에게 정답을 받을 수 있는 5개의 문제 고르기
- 숙제 없는 날 얻기
- 어려운 과제를 할 때 교사에게 도움을 청할 수 있는 5개의 문제 고르기

다음은 행동의 기능이 **원하는 물건**을 얻는 것일 때 사용 가능한 보상의 예시다.

가정에서의 예

- 컴퓨터 시간 15분 얻기
- 저녁에 TV 볼 때 아빠의 안락의자에 앉아서 볼 수 있는 특권 얻기
- 귀가 제한시간 15분 연장 받기

학교에서의 예

- 교장선생님 또는 담임선생님의 의자에 앉을 수 있는 특권 얻기
- 학급 친구들과 함께 할 게임을 만들기 위해 컴퓨터 사용 시간 갖기
- 교실에 있는 일반 의자 대신 소파나 푹신한 의자에 앉아서 공부할 기회 얻기

이 예시들은 사탕 한 봉지를 주거나 인기 비디오게임을 하게 해 주는 것보다 훨씬 적절하다. 물론 학생들은 사탕이나 비디오게임도 받기야 하겠지만 그들이 진정으로 원하는 것은 성인이 주는 관심이다. 학생들에게 자신이 받을 보상을 스스로 선택하게 하면, 학생들은 이를 얻기 위해 열심히 노력할 것이다. 또한 앞에서 예시로 제시한 그 어떤 것도 비용이 들지 않는다. www.behaviordoctor.org에 가면 비용이 들지 않는 적절한 보상의 예시를 더 볼 수 있다.

12장

후속결과 수정

주요 내용

- 타인의 행동에 대해 우리가 가지고 있는 통제력의 정도
- 간단한 반응의 변화로 결과(outcome)를 바꾸는 방법
- 특정 행동에 대한 강화를 멈추어야 하는 시점
- 절대 무시해서는 안 되는 행동과 무시해도 되는 행동

시골 소도시에 있는 고속도로변 낡은 주유소에서 일하는 직원 이야기를 해 보자. 어느 날 말쑥한 차림의 젊은 남성이 스포츠카를 주유소에 세우고 기름을 가득 채워 달라고 말했다. 그는 차에서 내려 주변을 돌아보더니 주유소 직원에게 몇 가지 질문을 했다. "괜찮은 동네 같은데, 여기 사람들은 어떤가요? 저도 여기서 살아 볼까 봐요." 주유소 직원은 "손님이 지금 사는 동네의 사람들은 어떤가요?" 하고 물었다. 젊은 남성은 "제가 사는 곳 사람들은 다 인색하고 못됐어요. 제가 열심히 한 일을 인정하고 칭찬하기보다는 그걸 가로채려고만 해요. 정말 끔찍해요."라고 말했다. 주유소 직원은 "저런, 근데 여기 사람들이 딱 그래요."라고 말했다. 젊은 남성은 서둘러 차에 다시 탄 후 다음 동네로 가 버렸다.

며칠 후에는 젊은 여성이 주유소에 와서 주유소 직원에게 기름을 가득 채워 달라고 말했다. 주유소에 붙어 있는 작은 가게를 둘러본 후 그 여성도 주유소 직원에게 비슷한 질문을 했다. "여기 사람들은 어떤가요? 이사하려고 하는데 이곳이 좋아 보이네요." 주유소 직원이 물었다. "손님이 지금 살고 있는 동네 사람들은 어떤가요?" 그녀는 "모두가 정말 좋은 사람들이에요. 글쎄, 어떤 사람에게 옷이 필요한 걸 알게 되면 자기가 가진 옷이 지금 입고 있는 옷 한 벌뿐이어도 그걸 벗어서 준다니까요. 우리 동네 사람들은 그 정도로 친절해요."라고 대답했다. 주유소 직원은 "오, 그렇군요. 여기 사람들도 딱 그래요."라고 말했다.

이 이야기의 교훈은 사람은 결국 자기가 행한 대로 대접받는다는 것이다.

즉, 우리가 다루어야 하는 아동의 문제행동을 유발한 것은 다름 아닌 우리의 인식이나 반응인 것이다. 모범적이지 않은 다음 예시들을 살펴보자.

우리는 고통을 자초한다

우리 팀은 근무 중인 교직원의 정강이를 발로 걷어찬 7세 학생을 지원해 달라는 요청을 받은 적이 있다. 그 학생을 하루 동안 관찰한 결과, 두 가지가 확실해졌다. 첫째, 성인들은 해당 학생에게 별로 관심을 주지 않았다. 둘째, 해당 학생은 자신이 그 행동을 함으로써 받는 모든 관심을 즐겼으며, 사람을 발로 차면 안 된다는 훈계를 듣느라 과제에서 해방되는 것도 즐기고 있었다. 행동지원팀은 교직원들에게 정강이 보호대를 착용하고 발로 차는 행동을 무시하라고 권했다. 여태까지 그들은 타인을 발로 차면 성인과 대화를 하게 되고 과제를 회피할 수 있음을 학생에게 가르쳐 온 셈이다. 그 학생을 위해서는 이와 같이 잘못 학습된 연결 고리를 끊어야 했다. 우리는 정강이 보호대를 구해서 교직원들에게 주었다. 다음 날 아침, 교직원들은 정강이 보호대를 하고 당당하게 학교를 활보하였다. 해당 학생이 등교하자 그들은 바짓단을 들어 올려 보이며 이렇게 말했다. "네가 선생님들에게 한 짓을 봐. 네가 나쁜 행동만 안 했으면 선생님이 이런 것을 하고 있을 필요가 없잖아." 이를 들은 아동이 그날부터 어디를 발로 찼을지는 상상에 맡긴다. 때때로 우리는 고통을 자초한다.

내가 후속결과 수정에 대한 이야기를 꺼내면 교사들은 불편해한다. 후속결과 수정은 우리의 행동을 변화시키는 것인데, 타인이 아닌 우리의 행동에 변화가 필요하다는 생각은 결코 달갑지 않다. "사람이 늘 하던 대로만 행동하면, 늘 같은 결과만을 얻게 된다."라는 격언이 있다. 때로 우리는 목숨 걸고 정복해야 할 목표를 정해야 하고, 싸울 때와 물러날 때를 알아야 한다. 우리는 기꺼이 포기할 수 있는 부분과 반드시 지켜야 하는 원칙이 무엇인지 결정해야 한다.

나는 교사들에게 다른 아이를 때리는 학생을 보고도 무시하라는 조언은 절대 하지 않는다. 그러나 연필을 가지고 오지 않는 학생에 대해서는 무시하라는 조언을 할 수도 있다. 만약 학생이 연필 없이 수업에 온다면 나는 사랑스러운 미소를 지으며 이렇게 말할 것이다. "나도 학창 시절에 연필 없이 수업에 오는 방법을 써 봤는데 별 효과가 없더라고. 이번 시간에 쓸 연필을 빌려줄게." 확실히 말할 수 있는 것은 수업에 연필을 가져오지 않은 행동을 바로잡느라 학생과 갈등을 빚다가 결국 교실 전체를 난장판으로 만들 필요는 없다는 점이다. 교실이 난장판이 되는 상황이란 무엇일까? 학생들의 과제이탈 행동을 유발하는 가장 확실한 요인은 교사가 다른 학생을 꾸짖는 것이다(Shores, Gunter, & Jack, 1993). 교사가 다른 학생을 야단치면 어떤 일이 생길까? 모든 학생은 하던 일을 멈추고 야단맞고 있는 학생을 보게 된다. 야단치는 행위 자체가 학생의 돌발행동을 야기할 수 있는데, 야단맞은 학생은 체면을 지켜야 하기 때문에 빨리 교실에서 쫓겨나 지켜보는 시선들로부터 벗어나려고 더 크게 문제행동을 보일 수도 있다. 이렇게 생각해 보자. 회의에 가거나 퇴근하기 위해 고속도로에 거의 도달했는데, 도로에 차가 밀려 엉금엉금 기어가기 시작하고, 왜 사람들이 제한속도 110km/h인 도로에서 30km/h로 달리는지 도무지 알 수 없을 때 누구나 화가 나기 마련이다. 그러다 당신은 마침내 도로 정체의 핵심에 도달하여 고속도로의 '교사'라 할 수 있는 경찰이 교통 법규를 어긴 운전자의 차를 멈춰 세운 것이나, 누군가 부주의한 운전을 하여 도롯가에서 자동차 보험에 대한 열띤 토론이 벌어진 것을 보게 된다. 이러한 난장판이 교실에서도 일어날 수 있다. 그러면 학생들의 주의는 산만해지고, 수업 진도에도 지장이 생긴다. 다른 학생을 때리는 행동은 이러한 혼란을 감수하고서라도 저지해야겠지만, 연필을 가져오지 않은 행동에 대해 수업 준비가 부족했다는 설교를 하느라 학급 전체의 수업을 지체시킬 필요는 없다. 당신은 교직원 회의가 시작된 후에야 펜이나 메모지를 들고 오지 않았음을 깨달은 적이 단 한 번도 없는가?

연구

우리가 학생을 지도하는 동시에 학생의 특정 행동을 강화하고 있는 것은 아닌지 평가하는 것은 매우 어렵다. 최선의 방법은 우리의 행동을 연구하는 것인데 다음 세 가지 방법으로 진행할 수 있다. 첫째, 하루를 마친 후 성찰하기, 둘째, 하루 일과 동안 자신의 행동 촬영하기, 셋째, 자신이나 타인의 학습을 방해하는 학생의 행동에 대해 선행사건, 행동, 후속결과(ABC) 자료 수집하기. '교사를 위한 응용행동분석'이라는 강의를 할 때마다 첫 과제로 교사들이 자신의 수업을 촬영하게 했다. 강사는 절대 그 영상을 보지 않았다. 교사들은 자신의 수업 영상을 보고, 자신에 대해 알게 된 점을 저널에 기록하였다. 학기마다 교사들은 학생들을 고압적으로 대하거나, 특정 학생에게 이를 악물고 말하거나, 발표를 시킬 때 여학생만 또는 남학생만을 지명하거나, 특정 모둠만 바라보면서 수업하거나, 특정 학생이 말할 때 따분하다는 듯 시선을 돌리는 자신의 모습을 발견하고 놀라곤 했다. 이 과제는 자아발견을 위한 훌륭한 도구가 되었다. 4장에서는 ABC 자료 수집에 대해 다뤘다. 이 자료 분석 방법을 통해, 우리는 각 행동을 살펴보고, 행동 발생 직후 환경에 발생한 사건과 그 행동을 비교할 수 있었다. 1장에서 행동 기능에 대해 정리한 표를 기억하는가?

다음을 획득하기 위함	다음을 회피하기 위함
• 관심 –성인의 관심 –또래의 관심 • 선호하는 물건 • 감각 자극	• 과제나 활동 • 사람들 • 과다 자극 • 고통(정서적 또는 신체적)

성인의 관심

ABC 자료에 대한 검토를 통해 학생이 보이는 특정 문제행동을 발견하고 나면 우리는 다음과 같은 반응을 자주 보인다.

- 올바른 행동을 재지도하기
- 문제행동에 대해 이야기 나누기
- 학생에게 다가가서 선택기회 주기
- 어딘가(교장실, 타임아웃 장소 등)로 보내겠다고 위협하기
- 꾸중하기

이와 같은 후속결과는 성인이 학생에게 관심을 주는 대표적 행동들이다. 어떤 아이들은 성인에게서 받는 관심이 긍정적이든 부정적이든 상관하지 않는다. 그들은 교실 안에 있는 성인과 눈 맞춤을 했거나 대화를 한 것 자체를 기뻐한다. 학생은 특정 행동을 하면 타인의 특정 반응을 이끌어 낼 수 있음을 어디에선가 누군가에게 배운 것이다.

7장에서 우리 팀은 테일러의 자료를 분석했고 테일러가 성인의 관심을 얻기 위해 언어적 방해행동을 한다고 판단했다. 테일러는 전이 시간에 알파벳 소리로 트림을 하거나(역자 주: 미국 학생들이 하는 장난 중 하나로, A부터 Z까지의 음과 유사한 소리가 나게 트림을 하는 행동) 갑자기 엉뚱한 말을 했다. 이때 관심을 주어 문제행동을 촉진하는 대신, 우리는 중재계획을 세워 성인이 전이 시간 전에 테일러에게 관심을 주도록 하였다. 우리는 테일러에게 일과표를 담당하는 역할을 주었다. 테일러가 이 역할을 잘 수행하려면 성인이 전이 시간 전에 테일러에게 다가가 다음 일과, 반 친구들에게 전할 말, 칠판에 적을 말을 알려 주어야 한다. 이러한 활동을 통해 테일러는 전이 시간 전과 전이

시간 동안 시각적 · 청각적 · 운동감각적인 학습을 할 뿐 아니라 주변인의 관심도 받는다. 지원팀은 교사에게 테일러가 반 친구들에게 지시를 전달하고 칠판에 학급 과제를 잘 쓰면, 눈을 맞추며 엄지손가락을 드는 신호를 보내게 하였다. 테일러가 올바른 행동으로 관심을 얻기 시작하자 알파벳 소리로 트림을 하거나 갑자기 엉뚱한 말을 하는 행동은 교실에서 나타나지 않았다. 테일러의 사례는 후속결과 수정의 매우 좋은 예시다. 아주 작은 환경의 변화가 가져온 파급효과가 매우 커서 이후 긍정적인 성과를 기대할 수 있게 된 것은 정말 멋진 일이다.

과제 회피

이번에는 수학시간마다 불쑥불쑥 말을 내뱉고 교사에게 욕설을 하는 학생의 사례를 살펴보자. 교사는 매번 무례한 행동을 했다는 이유로 학생을 훈육실에 보냈고, 남학생은 매일 훈육을 책임지는 교장선생님과 규칙위반에 대한 면담을 하느라 수학시간에 빠질 수 있었다. 이 행동과 관련된 자료를 파헤치려면 최소한 두 가지를 자료에서 찾아내야 했다. 첫째, 이 학생이 수학시간을 회피하려는 것은 너무 어려워서인가, 아니면 너무 지루해서인가? 둘째, 이 학생은 훈육을 담당하는 교장선생님과 라포가 잘 형성되어 있어서 자신에게 무관심한 교사가 가르치는 수학시간보다 훈육실에 가서 교장선생님이 오기까지 기다렸다가 교장선생님과 이야기하는 것을 더 좋아하는가? 학생들이 수업시간에 문제행동을 하는 이유는 주로 지루해서인데, 영화 〈페리스의 해방(Ferris Bueller's Day Off)〉(Hughes, 1986)에서 Ben Stein이 연기한 캐릭터(역자 주: 미국의 저명한 경제학자 Ben Stein이 카메오로 등장하여 경제수업을 매우 지루하게 하는 장면을 연기)와 매우 비슷하게 교사들이 수업을 하기 때문이다.

또한 학생들은 수업 과제를 잘 해내지 못해서 문제행동을 할 때도 있는데, 간단한 선행교수만으로 이러한 행동을 예방할 수 있다. 7장에서 다룬 테일러의 사례에서 우리는 테일러의 신체적 공격행동 중 일부는 회피의 기능이 있음을 알았다. 테일러는 자신이 잘 수행하지 못할 것 같은 과제를 두려워했는데, 이로 인해 과제를 다 마치는 대신 다른 사람을 때려 타임아웃 조치를 받는 쪽을 택했다. 우리는 매주 테일러에게 일련의 새로운 기술을 미리 가르쳤다. 수의 제곱을 가르치려는 교사의 예를 들어 보자. 교사는 "4의 제곱이 얼마인지 아는 학생 있나요?" 하고 도입 질문을 했다. 우리는 전날 테일러에게 4의 제곱은 4 곱하기 4임을 가르쳤는데, 테일러는 4 곱하기 4가 16인 것은 이미 알고 있었다. 테일러는 선행교수 시간에 4뿐 아니라 몇몇 숫자를 제곱하는데 자신감을 보였다. 교사가 도입 질문을 했을 때 누가 대답하려고 손을 들었을지 상상해 보라. 이렇게 되면 테일러는 자신이 다음 학습활동도 잘 해낼 것이라고 생각할 것이다. 교사는 이와 같은 선행사건 수정을 후속결과 수정과 함께 실행했다. 교사는 다른 사람을 때리는 행동을 무시할 수는 없다. 그러나 회피 기능을 가진 문제행동에 강화를 제공하는 것은 피할 수 있다. 교사는 테일러에게 만약 또다시 다른 사람을 때리면 하던 과제를 가지고 교실 뒤편에 있는 책상으로 가도록 했다. 테일러는 그 자리에서 과제를 마쳐야 하기 때문에 교사는 테일러가 또 다른 학생을 때리는 것에 대해 걱정하지 않아도 된다. 교사는 더 이상 테일러를 교실 밖으로 내보내지 않았으며, 테일러는 과제를 끝까지 해야만 했다. 이전에 교사는 테일러가 타임아웃 장소에 머무는 동안 하지 못한 과제에 대해서는 F를 주었다. 테일러는 성적에 별로 신경을 쓰지 않았기 때문에 이러한 조치는 테일러에게 전혀 영향력이 없었다.

테일러와 비슷한 다른 사례를 살펴보자. 다니엘(Daniel)은 역사시간에 불만이 가득한 얼굴로 거의 눕다시피 하여 앉아 있다. 다니엘은 수업 과제를 제출하지만 대충 작성하며, 간신히 낙제를 면할 정도만 유지한다. 어느 날 교사는 심각한 실수를 저질렀다. 교사는 "여러분, 만약 다니엘이 미국 연방「헌법」

의 수정 조항이 몇 개인지 답한다면 남은 수업시간을 자유 시간으로 줄게요. 다니엘이 맞히면 우리 모두가 체육관에 가서 농구를 할 수 있어요." 교사가 잘못 계산한 부분은 자신의 행동에 대한 후속결과였다. 다니엘은 벌떡 일어나 교실 문으로 다가간 후 모두를 향해 말했다. "「헌법」 수정 조항 제1조는 종교, 언론, 출판, 집회, 청원의 자유. 제2조는 총기소유에 대한 권리." 다니엘은 27개 수정 조항을 다 읊고 나서 "우리 체육관에 가서 농구 해요."라고 말했다. 교사는 그날 저녁 다니엘의 어머니에게 전화를 걸어 세상에서 가장 불손한 아들을 두셨다는 말과 함께 아들이 얼마나 무례하게 교사 흉내를 냈는지 전했다. 다니엘은 일주일 동안 방과 후 학교에 남는 벌을 받았다. 교사는 자신의 행동으로 교실 내 반란이 일어난 것에 당황했던 것이다. 교사에게는 체육관 전체를 다 쓰거나, 모든 학생에게 수업 대신 자유 시간을 줄 권한이 없었다. 교사의 행동은 이 청소년이 넘지 말아야 할 선을 넘게 만들었는데, 사실 이 학생은 지능지수 155의 역사광으로 매일 순서대로 교과서를 읽고 정해진 문제를 푸는 것보다 학생이 참여하는 재미있는 역사수업을 기대하고 있었다. 때때로 우리는 고통을 자초한다.

교사로서 우리는 탐정의 역할을 해야 한다. 학생들이 교실에서 특정 행동을 할 때 우리는 행동 이면에 숨겨진 이유를 살피고, 부적절한 행동 대신 올바른 행동을 보상해야 한다.

인생에서나 교실에서나 우리는 구하는 만큼 얻게 되는 경향이 있다. Shores, Gunter와 Jack(1993)은 어떤 사람의 올바른 행동을 묘사해 주는 것만으로도 행동을 80% 정도 개선할 수 있다고 하였다. 그러나 우리는 학생들을 국가 수준의 목표까지 끌어올려야 하는 현실과 싸우느라 너무 바빠서 이러한 기술을 사용하는 데 우리의 시간 중 2%도 할애하지 않는다.

학부모 교육을 할 때 나와 동료들은 가정에서 올바른 행동을 명명하고 묘사해 주는 것이 얼마나 중요한지 강조한다. 그러나 많은 학부모는 이 방법이 자신의 자녀에게는 효과가 없을 거라고 생각하면서 학부모 교육 회기를 마친다. 우리는 부모들에게 2~3주 동안 이 방법을 시도해 보고 결과를 메일로 보내라고 요청했다. 다음은 한 어머니로부터 받은 메일 내용이다.

> 학부모 교육을 마치고 나올 때는 당신들이 하는 말이 다 허풍이라고 생각했습니다. 우리 집 애들에게 "와, 정말 훌륭해. 서로 존중하면서 노는 모습을 보니 엄마는 정말 기쁘구나." 하는 식의 말이 효과가 있을 리 없다고 생각했거든요. 학부모 교육을 받은 지 이틀 후, 두 아이를 데리고 갈 생각만 하면 걱정스럽기 그지없었던 병원 예약이 있었습니다. 5세인 제 딸은 비장애 아동이고, 8세인 아들은 자폐성장애를 가지고 있는데, 이 둘은 늘 원수지간처럼 싸우지요. 진료 대기실에서 기다리는 동안 저는 이 둘의 올바른 행동을 명명하고 묘사해 주기 시작했습니다. "두 발을 바닥에 얌전히 두고 참 잘 앉아 있구나." "놀이공간에서 오빠랑 의젓하게 레고 놀이를 하고 있구나. 엄마가 걱정할 필요가 없네." "다른 분들에게 방해가 되지 않게 작은 소리로 말하다니 정말 훌륭한 걸." 마침내 제가 진료실로 들어갈 차례가 되었습니다. 저는 두 아이를 대기실에 두고 들어가면서 머지않아 옷을 추스르고 나와 둘의 싸움을 말리게 될 거라고 생각했습니다. 그런데 대기실에서 아무 소리도 나지 않았습니다. 진료비를 계산하면서 접수원은 저희 아이들이 사이좋게 잘 놀고 있었다며 칭찬해 주었습니다. 저는 빠르게 대기실 쪽을 둘러보며 누가 우리 아이들을 납치해 가고 다른 아이들을 데려다 놓은 건 아닌지 의심했습니다. 차까지 걸어가는 동안 8세 아들은 늘 하던 것처럼 제 손을 잡고 제 옆에 붙어서 걸었습니다. 5세 둘째는 뒤처져서 걸어왔는데 평소 같았으면, "빨리 와서 엄마 옆에 붙어서 걸어. 안 그러면 차에 치인다."라고 했을 거예요. 하지만 이 긍정적 묘사하기인지 뭔지가 효과가 있어 보이니 한 번 더 시도해 보자 싶었죠. 그래서 아들에게 "엄마 손을 잡고 의젓하게 걸으니 차에 치일까 봐 걱정할 필요가 없구나."라고 했습니다. 그러자 딸이 달려와 제 손을 잡더니 "엄마, 걱정하게

해서 미안해요."라고 말하는 거예요.

그날 저녁 남편이 퇴근하고 집에 돌아왔어요. 아이들은 거실에 있었고, 저는 부엌에서 저녁식사를 준비하고 있었습니다. 남편은 먼저 아이들에게 인사한 후 저에게 와서 "당신 아이들에게 약 먹인 거 아니지?"라고 묻더군요. 아이들의 올바른 행동을 긍정적으로 명명하고 묘사하는 방법의 허니문 효과는 저녁 내내 지속되었습니다. 우리는 최고의 저녁시간을 보냈고 저는 아이들과 아이들의 행동을 다루는 방식을 변화시키는 이 방법의 열렬한 신봉자가 되었습니다. 정말 효과가 있더라고요.

우리 모두는 뜨거운 난로를 만졌다가 깜짝 놀라서 손을 뗀 2세 때부터 이미 후속결과 수정에 대해 배웠다. 뜨거운 것을 만진 행동의 후속결과는 손에 화상을 입는 것이다. 어릴 때는 이런 걸 잘 배운다(역자 주: 부정적인 후속결과를 경험하면 그 행동을 다시 하지 않는다는 의미). 그러나 어떤 이유에서인지 나이가 들어 가면 이러한 것을 학습하는 뇌세포가 죽고, 고통을 자초하고 있음을 깜빡 잊는다.

이상에서 특정 행동을 유지시키는 두 가지 간단한 후속결과, 즉 성인의 관심과 과제 회피를 살펴보았다. 다음은 그 외의 후속결과들이다.

또래의 관심

중학생 시기부터는 많은 문제행동이 또래나 이성으로부터 받는 관심과 관련이 있다. 복장에 대한 학교 규칙을 어기는 것은 주로 또래의 관심을 끌기 위함이다. 한 교장선생님은 학생에게 '복장 규칙 위반자'라는 빨간 글씨를 등 부분에 새긴 흰 실험 가운을 입게 하는 것이 매우 기발한 생각이라고 여겼다. 학생들은 이 흰 실험 가운 차림으로 복도를 자랑스럽게 돌아다녔는데, 금지

된 복장인 버드와이저 맥주가 그려진 셔츠를 입은 것보다 이 가운 차림이 친구들의 관심을 더 많이 끌었기 때문이다. 가운이 50벌 정도 더 필요하다는 사실을 깨닫자 이 아이디어에 대한 교장의 흡족함은 순식간에 사라졌다. 이 문제는 적절한 복장일 때 또래의 관심을 받게 하는 간단한 방법으로 해결 가능했다. 즉, 학생이 적절한 복장을 하고 등교할 경우 오전에 복도에서 돌아다닐 수 있는 시간을 10분 늘려 주어 친구들과 이야기할 시간을 더 갖게 해 주는 것이다. 늘어지거나 질질 끌리는 옷, 노출이 심하거나 광고로 가득한 옷을 입은 학생들은 적절한 방법으로 복장을 교정(예: 부적절한 상의 위에 회색 티셔츠 입기, 허리끈을 묶어 엉덩이 아래로 흘러내린 바지를 치켜 올리기)할 때까지 학교 규칙 담당자와 함께 학교 건물 밖에 머물러야 했다. 학생들에게 친구들과 있을 시간을 10분 더 얻는 것은 규칙을 위반하여 훈육실에서 서류를 작성하고 있는 것보다 훨씬 나은 일이었다. 방과 후에 학교에 남는 벌은 학생의 부적절한 복장을 변화시키지 못했지만, 친구들과 함께할 시간을 추가로 받을 수 있는지의 여부는 복장에 영향을 미쳤다.

선호하는 물건이나 활동에의 접근

이 기능은 두 살짜리 아동이 보이는 텐트럼이나 좋아하는 활동을 멈추고 싫어하는 활동을 하라는 말을 들은 아이들이 보이는 텐트럼과 관련이 있다. 우리 팀은 이 두 살짜리 아동을 위해 의사소통 체계를 개발하여 말이 아동의 생각을 따라잡도록 하였다. 텐트럼의 대부분은 부엌에서 시작되는데 어린아이들은 원하는 것을 얻으려고 수납장에 손을 뻗는다. 부모는 동작 빠른 머슴이 되어 부엌 안을 여기저기 뛰어다니며 아이의 "어, 어, 어"가 무엇을 의미하는지 알아내지 못해 답답해한다. 우리가 발견한 최상의 방법이자 많은 두 살배기 아이들의 텐트럼을 소거시킨 방법은 아이가 원할 만한 모든 것, 즉 크래

커, 곰 인형, 주스, 안아 주기, 들어 올려 주기, 사과 퓌레 등의 사진을 찍어 코팅하고 그 뒷면에 자석을 붙이는 것이다. 그리고 냉장고를 대형 의사소통판으로 활용하면 된다. 아이는 자기가 원하는 것을 의미하는 사진을 고르는 방법을 배우고, 부모는 해당 물건을 아이에게 건네주며 사진이 상징하는 물건의 이름을 반복하여 들려준다. 이런 방식으로 아이는 언어를 배우고 부모는 아이의 텐트럼을 감소시킨다. 집 밖에 있을 때를 대비하여 같은 사진으로 작은 의사소통 책을 만들 수도 있다. 사진을 현상할 때 작은 사진앨범을 구입해 두면 이 앨범은 외출 시 매우 유용한 의사소통 책이 된다.

좋아하는 활동만 하려 하고 싫어하는 활동은 피하려고 텐트럼을 보이는 아이들에게는 토큰경제와 함께 '먼저-그다음 일과표(now-then schedule)'를 활용하는 것이 효과가 있다. 성인은 네모난 종이판을 만들어 왼편에 '먼저', 오른편에 '그다음'이라고 쓴다. 종이판을 코팅한 후 각 단어 아래 벨크로 테이프를 붙인다. 성인은 여러 가지 과제 활동 및 쉬는 시간 활동(좋아하거나 싫어하는 활동)의 사진을 찍고 코팅하여 이 뒷면에 벨크로 테이프를 붙인다. 학생이 좋아하지 않는 활동을 '먼저'라는 단어 아래 붙이고, 좋아하는 활동을 '그다음'이라는 단어 아래 붙여서 학생에게 보여 준다. 처음에 성인은 타이머로 각 활동을 15분으로 설정한다. 우리는 아동의 재미를 위해 약간의 경쟁 분위기를 조성하였다. 우리는 저렴한 다이얼식 부엌 타이머를 구매했는데, 이 타이머는 설정해 둔 시간이 되면 알람이 울린 후에도 몇 초간 째깍째깍거리는 유형이었다. 우리는 학생들에게 타이머의 째깍째깍 소리가 끝나기 전에 과제나 활동을 마치면 토큰 1개를 주겠다고 말했다. 토큰은 편의에 따라 선택하면 되는데, 팔찌, 포커 칩, 종이 쿠폰 등 어떤 것도 가능하다. 초기에 우리는 과제 활동(즉, '먼저'에 해당하는 활동)과 쉬는 활동(즉, '그다음'에 해당하는 활동)에 동일한 시간을 부여했다가 점차 쉬는 활동 시간을 줄여 15분의 과제 활동을 한 후 5분의 쉬는 활동을 하도록 조정했다.

우리는 뇌성마비와 지적장애를 가진 16세 학생을 지도한 적이 있다. 중재를 적용하기 전 이 남학생은 과제를 거의 수행하지 않았고 하루 중 상당시간 동안 소리를 질렀다. 우리는 이 학생의 과제 활동과 쉬는 활동을 15분, 5분으로 하였고 타이머의 째깍째깍 소리가 끝나기 전에 쉬는 활동을 마치면 토큰을 부여하였다. 그 과정에서 우리는 이 남학생의 행동에 큰 영향을 미치는 요인이 예쁜 여학생들임을 알게 되었다. 그래서 하교 전 40분 동안 응원 연습을 하는 치어리더들의 사진을 찍어 놓았다. 이 남학생이 15개 이상의 토큰을 모으면 치어리더들의 연습 시간 중 후반 20분을 볼 수 있게 해 주었다. 그 이후로 이 남학생은 쉬는 활동이 끝나고 다시 과제를 시작하는 것에 대해 전혀 불평하지 않았고, 거의 매일 치어리더들의 응원 연습을 보러 갔다.

감각 자극

미국 질병통제예방센터(Centers for Disease Control and Prevention, 2010)에 따르면, 아동 10명 중 1명은 주의력결핍 과잉행동장애(ADHD)를 가지고 있다. 그렇다면 한 학급당 최소한 1명의 ADHD 학생이 있는 셈이다. 이 아이들은 고유수용 자극을 추구하거나 몸을 좌우로 움직여야 하는 감각적 특성을 가지고 있기 때문에 의자에 앉아 몸을 꼼지락대거나 끊임없이 자리를 이탈하여 돌아다닐 구실을 찾는다. 1장에서 설명했듯이 학교의 딱딱한 나무 의자나 플라스틱 의자가 이 아이들의 특정 행동과 관련될 수 있다. 학생이 몸을 꼼지락댈 때 "의자에 바르게 앉는 법을 모르니, 선생님이 의자를 뺏어 가야겠다."라고 말하는 교사를 종종 보았을 것이다. 그 학생은 다음 날 학교에 와서 열심히 몸을 움직여 다시 교사에게 의자를 뺏기려고 할 것이다. 이렇게 꼼지락대고 움직이는 행동이 결국 이 학생이 원하는 바로 그것, 즉 마음껏 움직일 자유를 주기 때문이다.

공기를 주입한 쿠션, 메모리폼 쿠션, 또는 움직임에 대한 자극을 주는 의자에 앉아 끝까지 과제를 하게 하는 것이 의자를 뺏는 후속결과보다 훨씬 더 좋은 후속결과 수정이다. 교수의 주요 목적은 아동의 성공적인 학습을 돕는 것이지, 1920년대에 만들어진 학교 기준에 순응하게 만드는 것이 아니다. 아이슬란드에서 목격한 흥미로운 예시를 소개하겠다. 모든 학생이 높은 책상과 높은 의자를 사용하는데, 의자에서 엉덩이와 등이 닿는 부분에는 푹신한 패딩이 붙어 있었다. 의자는 360도 회전이 가능하며, 앞뒤로 움직이는 발받침이 있다. 모든 아이가 과제에 집중하여 자기주도 학습을 하고 있었고, 몸을 꼼지락거리거나 과제를 하지 않으려고 돌아다니는 학생은 보이지 않았다.

사람들 회피

학생들이 특정인에게서 벗어나려고 하는 이유는 주로 그 사람이 과제를 주거나 지루하게 만들기 때문이다. 때로는 괴롭힘을 당하지 않으려고 특정인을 회피하기도 한다. 학생이 어떤 상황을 피하려 할 때 우리는 그 이유가 무엇인지에 대해 주의를 기울여야 한다. 학교버스 운전기사들은 버스 정류장 근처에서 학생들을 괴롭히는 사람이 있는지를 알려 줄 수 있는 좋은 자원이다. 폭력이나 괴롭힘을 예방하는 것은 모든 학교가 고려해야 할 매우 중요한 과제다. www.pbis.org에서는 이와 관련된 좋은 자료를 무료로 제공하고 있다.

과다 자극 회피

어느 날 차를 운전하다가 이유는 잘 모르겠지만 자꾸 짜증이 난다고 느낀 적이 있는가? 그러다가 당신은 전날 차를 잠시 빌려 쓴 자녀가 당신이 즐겨 듣는 추억의 가요 라디오 채널을 록음악이 나오는 채널로 바꾸어 놓았음을 깨닫는다. 채널을 원래대로 돌려놓자 기분이 훨씬 나아진다. 또 다른 예로, 너무 덥거나 또는 너무 춥거나, 이상한 냄새가 나거나, 뒷사람이 큰 소리로 껌을 씹거나 볼펜을 계속 누르는 장소에서 연수를 받아 본 적이 있을 것이다. 이는 모두 과다 자극의 예시다. 대부분의 성인은 이러한 짜증 나는 자극을 무시하거나 차단할 방법을 터득하지만 어린 학생들은 그렇지 않다. 그러므로 이 학생들은 우리의 도움이 필요하다.

우리 팀은 21명의 학생으로 구성된 초등학교 3학년 학급을 지원해 달라는 요청을 받은 적이 있다. 21명의 학생 중 3명은 중도장애를 가지고 있었는데, 자폐성장애 학생이 2명, 다운증후군 학생이 1명이었다. 우리에게 도움을 요청한 이유는 자폐성장애 학생 중 1명이 보조교사를 하루에도 5~6회씩 물었기 때문이다. 이 여학생의 이름은 베일리(Bailey)였는데, 교직원들은 베일리의 무는 행동을 바꾸고 싶어 했다. 관찰을 위해 교실에 들어갔을 때 우리는 3명의 장애 학생이 다른 아이들로부터 멀리 떨어져 교실 구석에 모여 앉아 있는 것을 발견했다. 우리는 이런 현상을 '교실 안의 외딴섬'이라 부른다. 장애 학생들을 교실 구석에 몰아 놓고 별도의 과제를 주는 것은 완전 통합이 아니다. 우리는 베일리의 무는 행동을 다룬 후 이 문제도 다루기로 하였다. 교내지원팀에게 베일리의 행동 자료를 수집해 달라고 요청하기 전에 우리는 하루 정도 직접 베일리의 행동을 관찰하고 싶었다. 관찰하는 동안 베일리는 자리를 박차고 나가 보조교사의 팔을 물었고, 이 사건 직후 보조교사는 베일리를 복도로 데리고 나갔다. 상황을 좀 더 가까이에서 보기 위해 우리는 다운증후군을 가진 남학생 옆에 앉아 지금 하고 있는 과제에 대해 이야기를 나누기도 하고 그 학생이 수학문제 푸는 것을 보는 척하기도 했다. 다운증후군 남학생 옆에는 자폐성장애 남학생이 앉아 있었는데, 이 자폐성장애 남학생은 관찰이 시작되고 약 30분이 지나자 특정 소리를 내는 자기자극(self-stimulating) 행동을 하기 시작했다. 이 소리는 매우 미세해서 우리가 바로 옆에 앉지 않았더라

면 자기자극을 위한 이 고음을 알아채지 못했을 정도였다. 베일리는 다시 자리로 돌아와 30분 정도 앉아 있었는데, 이 남학생의 자기자극적 소리내기가 노래로 이어지자 신체적인 불안 증상을 보였다. 의자에 앉아 있기는 했으나 숨을 가쁘게 쉬고 얼굴이 상기되었으며 몸을 더 많이 움직였다. 약 3분이 지나자 베일리는 다시 자리를 박차고 일어나 보조교사를 찾아서 팔을 깨물었다. 그러자 보조교사는 베일리를 복도로 데리고 나갔다. 우리 중 1명은 화장실에 가는 척하며 베일리를 따라 나가 복도에서 어떤 일이 벌어지는지를 보았다. 비록 베일리에게 물렸지만 보조교사는 베일리와 함께 복도를 걸으며 부드러운 목소리로 이야기를 했다. 보조교사는 다시 교실로 돌아와 베일리를 자리에 앉히고 베일리가 과제를 다시 시작하도록 촉진했다. 이때쯤엔 자폐성장애 남학생도 자기자극 행동을 끝냈고 모두 순조롭게 수업을 마쳤다. 우리는 보조교사에게 베일리를 복도로 데리고 나간 이유를 물었다. 보조교사는 "베일리가 다른 학생을 또 물면 일반학급에서 쫓겨나 다시 특수학급으로 보내질까 걱정돼요. 그래서 교실로 들어가도 될 만큼 차분해질 때까지 복도에 함께 있는 거예요."라고 대답했다.

우리는 선행사건이 돌고래 노래 같은 자폐성장애 남학생의 소리이며, 변화의 목표가 될 문제행동은 보조교사를 무는 행동이고, 이 행동을 유지시키는 후속결과는 고음의 자기자극 소리를 회피하는 것이라고 확신했다. 베일리도 자폐성장애가 있어서 주변 환경에서 발생하는 소리에 예민한 청력을 가지고 있을 가능성이 높은데, 우리에게 돌고래 노래로 들릴 정도라면 베일리에겐 거대한 고래의 괴성으로 들렸을 수 있다. 이후 이야기를 요약하자면, 우리는 그날 오전에만 ABC(선행사건–행동–후속결과)가 차례대로 펼쳐지는 장면을 세 번이나 더 목격했다.

우리는 이 문제행동에 대해 몇 가지의 후속결과 수정을 실행했다. 우리는 교사의 양해를 구한 후 점심시간에 나가서 교실의 모든 학생이 사용할 수 있는 헤드폰을 구매했다. 모든 물건을 1달러에 파는 저가 마트에서는 잔디 깎는 기계의 소음을 막아 주는 쓸 만한 헤드폰을 팔고 있었다. 우리는 교실 내에 헤드폰 보관 장소를 정한 후, 조용한 과제를 할 때 교실 내의 다른 소음을 차단하고 싶다면 헤드폰을 사용해도 된다고 학급의 모든 학생에게 알렸다. 우리는 헤드폰을 벗어야 할 때 사용할 신호도 만들었다. 교사가 교실의 전등 스위치를 두 번 연속 껐다 켜서 전등이 두 번 깜빡이게 하면 모든 학생이 헤드폰을 벗어야 한다. 우리는 학생들의 자리 배치를 다시 하여 베일리를 자기자극 행동을 하는 남학생으로부터 멀리 떨어뜨리고, 조용한 학생들 가까이에 앉혔다. 또한 자기자극 행동을 하는 남학생은 주변 자극을 잘 무시할 수 있는 학생 옆에 앉혔다. 우리는 그 오후에 조용한 과제를 할 때 헤드폰을 사용하는 절차를 베일리에게 가르쳤고, 베일리는 하교 때까지 더 이상 보조교사를 물지 않았다. 매주 한 번씩 3주간 전화로 확인한 결과, 보조교사가 물리는 일은 더 이상 발생하지 않았다. 베일리의 사례는 약간의 탐정 수사만으로 특정 행동을 유지시키는 후속결과를 추론할 수 있는 경우다.

고통 회피

어떤 아동은 정서적 고통에서 벗어나기 위해, 또 말로 의사소통을 하지 못하는 아동은 신체적 고통에서 벗어나기 위해 특정 행동을 하기도 한다. 과제를 회피하기 위해 특정 행동을 하여 훈육실에 가는 학생의 예시를 이 책 전반에 걸쳐 여러 번 언급하였다. 이 학생들은 단순히 과제를 하기 싫어서 회피 기능의 문제행동을 보일 수도 있지만, 때로는 자신이 과제를 잘 못한다는 사실을 모두에게 들키는 고통을 회피하려고 특정 행동을 계속 한다. 많은 학생은 자신이 글을 잘 읽지 못하는 모습, 수학 개념을 이해하지 못하는 모습을 학급 친구들에게 들키느니 차라리 남을 괴롭히는 행동이나 우스꽝스러운 행동을 한 후 부적절한 행동을 이유로 훈육실에 불려 가는 것을 택한다.

말로 의사소통하기 어려운 학생들은 신체적 고통이 있을 때 특정 행동을 한다. 8장에서 우리는 축농증으로 인해 특정 행동을 하는 남학생의 사례를 살펴보았다. 다음 장에서 이 학생에 대해 좀 더 자세히 다룰 것이다. 이 학생은 신체적인 고통, 즉 두통에서 벗어나기 위해 스스로를 무는 자해행동을 하였다.

13장

기능에 기반을 둔 중재의 예시

주요 내용

- 이 책에 등장했던 학생들을 위한 중재
- 교실에서 나타날 수 있는 여러 가지 행동에 대한 기타 중재

갑자기 위아래로 뛰는 조시

1장에서 나는 ① 소리 지르기, 자해행동, 물건 부수기를 포함하여 4시간 동안 위아래로 뛰는 텐트럼을 보이고, ② 사람을 물며, ③ 엄마가 고속도로에서 승합차를 운전하는 동안 발로 차문을 차서 헐거워지게 만들고, ④ 어머니가 공공장소에 갈 수 없을 정도의 파괴적 행동을 보여 우리 팀에 의뢰된 아동에 대해 이야기했다. 학교는 4시간의 텐트럼과 교사를 무는 행동 때문에 엄마에게 아이를 집으로 데려가라는 연락을 너무 자주 하였고 결국 엄마는 직장을 잃게 되었다.

이 아동의 이름은 조시(Josh)다. 우리는 조시를 우리가 운영하는 주간 치료 클리닉에 오게 하였고, 기능평가(functional assessment)가 아닌 기능분석(functional analysis)을 실시하였다. 우리는 조시가 가진 여러 요구가 충족되지 못하고 있으며, 그중 하나가 의사소통에 대한 요구라고 판단했다. 조시는 11세이고, 보완대체 의사소통 도구를 사용하지 않았다. 따라서 조시는 자기가 무엇을 원하고 무엇이 필요한지를 다른 사람에게 말할 수단이 없었다. 조시는 그동안 텐트럼의 형태로 의사소통을 해 온 셈인데 이 행동은 이제 중단되어야 한다. 조시의 행동 변화를 이끌어 내기 위한 첫 번째 단계는 성질을 부리거나 다른 사람을 무는 행동을 하면 집에 돌아갈 수 없음을 가르치는 것이다.

조시를 위한 준비

우리는 다음과 같은 물품을 구매했다.

- 똑같이 생긴 빈백(beanbag)의자 4개
- 가슴 보호대, 정강이 보호대, 팔 보호대 여러 개
- 수술용 가운
- 의사소통 책으로 사용할 검은색 노트 4권
- 벨크로 테이프
- 그림교환 의사소통 체계를 만들기 위한 보드메이커 컴퓨터 프로그램
- 조시가 재미있어 할 만한 활동(퍼즐, 게임, 자기자극용 물건, 레고 등)

우리는 학교가 그간 조시에게 텐트럼을 하도록 조건화해 왔음을 알고 있었기 때문에 이제부터는 조시가 텐트럼을 하지 않도록 조건화해야 했다. 우리도 조시에게 물릴 가능성이 컸기 때문에 우리는 코르셋 형태의 전신복을 입고 그 위에 패딩을 걸친 후 수술용 가운을 입었다. 우리는 무술할 때 쓰는 가슴 보호대와 팔 보호대, 축구할 때 쓰는 정강이 보호대도 착용했다. 우리의 주요 신체 부위를 보호하기 위한 이 모든 장치는 겉옷으로 가렸다.

우리는 똑같이 생긴 빈백의자 4개를 구매했다. 우리는 조시가 화가 날 때 빈백의자에 앉아 마음을 가라앉힌 후, 의사소통 책을 이용하여 자신이 원하거나 필요한 것이 무엇인지를 주변 사람에게 알리도록 가르치고 싶었다. 우리는 빈백의자를 집, 방과 후 돌봄센터, 학교에 하나씩 두었다. 나머지 1개는 다른 3개의 빈백의자에 문제가 생기거나 조시의 올바른 행동을 다른 장소로 확장시켜야 할 경우를 대비한 것이다. 우리는 방과 후 돌봄센터 직원과 어머니에게 우리가 사용하려는 절차를 훈련시켰다. 누구도 더 이상 조시를 거칠게 다루지 못하도록 했다. 성인들은 침착한 목소리로 조시에게 빈백의자로

가서 앉으라고 말해야 하며, 만일 조시가 스스로 가지 않는다면 빈백의자를 조시에게 가져다 놓는다. 우리가 조시를 신체적으로 거칠게 다루지 않았기 때문에 조시가 우리에게 신체적 공격행동을 한 적은 없었지만, 조시가 과거에 배운 행동을 다시 하는 상황에 대비하여 이 중재에 참여한 사람들에게 보호 장비를 착용하게 했다.

우리는 적절한 행동에 대한 파워포인트 관계 이야기를 만들었다. 관계 이야기의 내용은 조시가 화가 났을 때 취해야 할 행동에 대한 것으로, 조시가 자부심을 가질 만한 문장들을 넣고 조시가 차분할 때 찍어 둔 사진을 삽입하여 만들었다. 파워포인트 관계 이야기의 슬라이드 구성은 다음과 같다.

- 조시의 빈백 이야기
- 나는 조시예요.
- 나는 빈백의자가 있어요.
- 화가 나면 나는 빈백의자에 가서 앉아요.
- 내가 빈백의자로 가서 앉으면 모두가 나를 자랑스러워해요.
- 빈백의자에서는 몸을 흔들어도 돼요.
- 빈백의자에서는 잠을 자도 돼요.
- 빈백의자에서는 주스를 마셔도 돼요.
- 빈백의자에 앉으면 기분이 좋아요.
- 마음이 차분해지면, 내가 원하는 것을 다른 사람들에게 알려 줄 거예요.
- 의사소통 책에서 내가 원하는 것의 그림을 찾아 손가락으로 짚을 거예요.
- 내가 원하는 것의 그림을 손가락으로 짚으면 모두가 나를 자랑스러워할 거예요.
- 나는 오늘 하루를 멋지게 보낼 거예요.

어머니는 조시가 등교하기 전에 이 파워포인트 관계 이야기를 조시에게 보여 주었다. 조시는 등교 직후 이것을 한 번 더 보았다. 파워포인트에는 음성 해설을 넣었고, 슬라이드쇼 기능을 이용하여 자동 재생이 되게 하였다. 조시는 점심을 먹기 전과 방과 후 돌봄센터로 가기 전에 다시 한 번 파워포인트를 보았다. 조시는 또한 돌봄센터에 도착한 직후, 어머니가 퇴근길에 돌봄센터에 들러 조시를 데리고 귀가하기 직전, 집으로 돌아온 후에 다시 한 번 파워포인트를 보았다.

조시가 화를 낼 기미가 보이면 주변 사람들은 조시에게 빈백의자로 가는 사진을 보여 주며 조시가 해야 할 일을 상기시켰다. 조시는 초기 20일 동안 하루 4시간에서 7시간에 걸쳐 동요하고 흥분했다. 아무리 떼를 써도 이전 같은 결과를 얻을 수 없음을 배워 가는 중이었기 때문에 며칠간은 행동이 폭발적으로 증가하기도 했다. 어느 날 조시는 등교 후 자신의 의자에 앉아 깊은 한숨을 쉬었다. 그 모습은 마치 "이제 알아들었어요. 어떻게 해도 집에 못 간다는 거잖아요. 그럼 이제 무엇을 하면 되나요?"라고 말하는 것 같았다. 이 지점에 도달하자 조시는 매우 빠르게 배우기 시작했다. 5개의 그림으로 시작된 의사소통 책은 곧 50개의 그림을 포함하게 되었다. 조시는 자신이 원하는 기본적인 것들은 말로 표현하기 시작했고 다른 내용은 손짓으로 표현하기 시작했다. 조시는 결국 집에서 가까운 일반학교로 돌아올 수 있었고, 중등도 장애 학생을 위한 특수학급에서 모든 과제를 잘 해내게 되었다.

텐트럼을 보이는 타티아나

타티아나는 유치원생이다. 타티아나의 학급은 늘 시끌벅적하다. 나는 4장에서 타티아나의 이야기를 다뤘는데, 이 사례에서 타티아나는 대집단 활동 시간과 과제를 하는 시간에 텐트럼을 보였다. 교사는 타티아나가 분노 폭발행동을 하지 못하게 하려고 대집단으로 모여 달력활동을 할 때 타티아나에게

요술봉을 주고 그것으로 달력을 짚는 역할을 주었다. 타티아나가 앉아서 하는 활동 중에 텐트럼을 보이면 교사는 타니아나에게 다가가 일대일로 도움을 주며 활동을 시작하게 하였다. 타티아나의 행동은 전적으로 교사의 관심을 얻기 위한 기능으로 보였다. 타티아나는 매우 어리기 때문에 교사는 토큰 경제와 더불어 올바른 행동 묘사하기와 비디오 모델링 교수를 활용하기로 했다.

먼저, 교사는 하루 종일 타티아나의 모습을 녹화하였다. 그 후 윈도우 무비 메이커(무료 컴퓨터 프로그램)로 녹화된 영상 중 부적절한 행동은 편집하고 적절하게 놀이를 하거나 과제에 참여하는 모습만으로 구성된 10분짜리 비디오를 만들었다. 다음으로, 교사는 타티아나가 적절한 행동을 할 때 이를 묘사하고 칭찬하는 목소리를 영상에 삽입하였는데 몇 가지 예를 들면 다음과 같다. ① "친구랑 놀 때 친절한 목소리로 말하다니 정말 훌륭해요." ② "의자에 앉을 때 두 발을 가지런히 바닥에 놓았네요. 참 잘했어요." ③ "손과 발을 얌전하게 두었어요. 정말 의젓해요." 타티아나는 하루에 여러 번 이 영상을 보았다. 자신이 영상에 등장하고 자신의 행동에 대한 칭찬이 나오기 때문에 타티아나는 이 영상을 보는 것을 좋아했다. 이 영상은 교실 내 컴퓨터에 설치되었고 컴퓨터에는 헤드폰이 연결되어 있기 때문에 타티아나가 이 영상을 볼 때 다른 아이들에게는 단지 컴퓨터를 사용하는 것처럼 보였다.

교사는 이후 타티아나가 미리 정해 둔 올바른 행동을 할 때마다 팔찌를 1개씩 줄 거라고 말했다. 팔찌 5개를 모으면 타티아나는 교사 도우미가 될 수 있다. 교사 도우미가 된다는 것은 대집단 활동 시간에 요술봉을 잡을 수 있고, 빔 프로젝터 사용 시 교실 전등을 껐다 켜며, 특별활동을 하러 갈 때 맨 앞에서서 학급을 인솔하는 등의 역할을 할 수 있다는 의미다. 교사는 팔찌 하나를 줄 때마다 "손과 발을 얌전하게 두어 안전하게 행동했기 때문에 선생님이 팔찌를 하나 줄 거예요."라고 말하며 팔찌를 받게 된 타티아나의 올바른 행동이 무엇인지 명확하게 묘사해 주었다.

타티아나가 텐트럼을 시작하면 교사는 "이런, 이렇게 행동하면 팔찌를 받을 수 없어요. 화가 가라앉으면 선생님한테 알려 주세요."라고 말했다. 교사가 하던 활동을 계속 진행하며 다른 아이들에게 관심을 쏟으면 타티아나는 왜 자신이 교사의 관심을 받지 못하는지 생각할 시간을 가질 것이다. 타티아나가 적절한 행동을 하면 교사는 즉시 다가가 팔찌 하나를 주고 타티아나의 적절한 행동을 묘사하고 칭찬해 준다. 초기 며칠 동안에는 텐트럼이 갑자기 증가하는 현상도 나타났지만, 타티아나는 부적절한 행동이 아닌 적절한 행동을 해야 팔찌와 교사의 관심을 얻을 수 있음을 빠르게 습득했다. 몇 주 이내에 교사는 토큰경제의 난이도를 수정하여 팔찌 10개를 모아야 교사 도우미가 될 수 있게 하였다. 결국 타티아나는 팔찌가 전혀 필요하지 않게 되었다. 올바른 행동이 습관으로 자리 잡았기 때문이다.

마구 돌아다니는 레지널드

레지널드는 마구 돌아다니는 아이로, 4장에 등장하였다. 기초선 분석 결과, 레지널드는 앉아 있어야 하는 시간의 70% 동안 자리를 떠나 있었다. 레지널드는 주의력결핍 과잉행동장애(ADHD)를 가진 초등학교 3학년 학생이다. 교사는 작업치료사를 만나 레지널드가 수업시간에 자리에 앉아 있게 하는 방안에 대한 조언을 들었다. 작업치료사는 레지널드가 고유수용 자극이 필요하다고 제안했다. 다음은 작업치료사가 제안한 방법 중 교사가 레지널드를 위해 실행하기로 한 것들이다.

- 레지널드의 의자에 푹신한 방석을 놓아 자리에 앉은 채 꼼지락거릴 수 있게 하기
- 교실에 레지널드를 위한 책상을 2개 마련하여 한 책상에서 다른 책상으

로 옮겨 갈 수 있도록 허용하기(단, 자리를 옮겨도 되는 시간은 미리 정해 둠)

- 책상 가장자리에 벨크로 테이프를 붙여 레지널드가 심심할 때 자기자극을 하게 하기
- 물리치료용 탄력 밴드를 레지널드의 의자 앞다리 2개에 걸어 레지널드가 거기에 발을 올려 탄성을 즐기게 하기
- 물리치료용 탄력 밴드를 의자 우측 앞다리와 좌측 뒷다리에 걸어 대각선 줄을 만들고 레지널드가 거기에 발을 올려 탄성을 즐기게 하기
- 수분 섭취가 뇌의 집중에 도움이 되므로, 책상에 물병을 두어 레지널드가 충분히 수분을 섭취하게 하기
- 토큰경제를 통해 레지널드가 적정 수의 티켓을 모으면 교사 의자(푹신하고 회전이 가능함)를 빌려 쓸 권한, 교사의 의자와 책상을 빌려 쓸 권한 또는 커다란 과학실 책상을 빌릴 권한을 얻게 하기
- 레지널드의 체크인 체크아웃 담당자(레지널드의 경우 체육교사)가 하루 중 일부 시간을 레지널드와 함께 보내게 하기
  - 체육교사는 아침에 레지널드와 운동장 한 바퀴를 걸으며 체크인을 함
  - 레지널드는 교실을 잠시 떠날 수 있는 통행권을 매일 2장씩 받는데, 체육교사는 레지널드가 그 통행권을 가지고 오면 레지널드의 체육시간이 아닌 다른 체육시간이더라도 체육관에 들어오게 해 주고 한 바퀴를 뛸 수 있게 함
- 레지널드에게 하루 종일 교사의 심부름을 많이 시키기: 메뉴별로 집계한 급식 희망자 수를 담당자에게 알리기, 쉬는 시간에 교사를 도와 연필 깎기, 교사가 빌린 책을 도서관에 반납하기 등
  - 교사는 레지널드를 주시하고 있다가 앉아 있기 힘들어하는 기미가 보이면 그 순간에 이와 같은 심부름 하나를 부탁함
  - 레지널드가 문제행동을 시작하면 마치 다이어트 콜라에 멘토스를 넣은 것처럼(역자 주: 멘토스라는 사탕을 다이어트 콜라에 넣으면 화학 반응으로 인해 콜라가 폭발하듯이 솟구침) 폭발력이 크기 때문에 반 전체가 25분간

수업을 못하게 되는데, 이보다는 레지널드가 수업시간 몇 분을 놓치더라도 가짜 심부름을 하게 하는 것이 훨씬 나음

교사는 이 모든 중재를 실행하였다. 또한 레지널드만 특별대우를 받는 것으로 보이지 않도록 자녀를 위해 다음 물건을 학교에 보내도 좋다는 내용의 안내문을 전체 학부모에게 발송하였다.

- 교실 의자에 깔 푹신한 방석
- 물리치료용 밴드처럼 책상이나 의자에 발 받침대를 만들 수 있는 헌 고탄력 스타킹
- 물병

교사는 모든 학생에게 이들 물건을 사용할 때 지켜야 할 규칙을 가르쳤다. 예를 들어, 학생이 발 받침밴드 튕기는 소리를 내면 교사는 탄력밴드를 제거할 것이고, 책상에 둔 물로 장난을 치면 그 학생은 더 이상 책상에 물병을 두고 마실 수 없게 된다. 학급 전체에 이 방법을 적용함으로써 레지널드가 너무 튀어 보이지 않게 되었으며, 과제이탈 행동으로 어려움을 보이는 꽤 많은 다른 학생도 도움을 받았다.

꾸물거리는 폴리

우리는 폴리를 4장에서 만났다. 폴리는 교과서에 있는 질문을 읽고 다른 종이에 답을 적어야 하는 읽기이해 문제를 풀 때 과제를 시작하지 않고 시간을 끌었다. PBIS 개별 지원팀은 폴리에게 도움이 될 만한 몇 가지 방법을 논의했다. 폴리는 고등학생이어서 연령에 맞는 중재를 적용하는 것이 중요했

다. PBIS 개별 지원팀은 천장에서 비치는 형광등 빛이 교과서 종이에 반사되어 발생하는 눈부심 때문에 책을 보려고 하지 않는 행동이 발생한다는 가설을 세우고, 책 위에 놓으면 빛을 차단할 수 있는 푸른빛의 투명덮개를 주고 효과가 있는지 알아보고자 했다. 그러나 폴리만 이러한 중재를 받으면 학급에서 두드러져 보일 수 있으므로 고민이 되었다. PBIS 개별 지원팀이 생각한 또 다른 가설은 폴리가 교과서에 있는 질문과 별도의 답지를 번갈아 가며 보는 데 어려움이 있다는 것이었다. 그렇다면 이는 아직 발견되지 않은 학습장애로 인한 문제일 수 있다. 팀은 가장 시도하기 쉬운 가설부터 검증하기로 하고, 교과서에 있는 문제를 종이에 따로 인쇄하고 그 종이에 폴리가 바로 답을 쓰게 하였다. 교사는 폴리가 반에서 튀어 보이지 않도록 문제지에 바로 답을 쓰게 한 종이를 학급의 모든 학생에게 주고 폴리가 평소보다 문제를 빨리 푸는지 살펴보았다.

팀의 가설은 옳은 것으로 나타났다. 교과서 문제와 답안지를 번갈아 보지 않아도 되게 해 주었더니 폴리는 바로 과제를 시작하였다. 이를 계기로 팀은 폴리가 학습장애를 가지고 있는지를 알아보기 위해 특수교육 적격성 검사를 의뢰할 필요가 있다고 판단했다. 폴리는 검사를 받게 되었고, 그렇게 오랫동안 학교생활을 하면서도 발견되지 않았던 학습장애를 가진 것으로 판명되었다. 다른 학생들은 한곳에서 다른 곳으로 시선을 옮겨 가며 글을 읽는 데 별 어려움이 없다는 사실을 폴리는 알지 못했다. 폴리는 모두가 그것을 어려워하는 줄 알았다. 폴리는 하루 1시간 동안 특수학급에서 도움을 받았으며, 읽기와 쓰기를 좀 더 쉽게 할 수 있는 전략을 배웠다. PBIS 개별 지원팀의 도움이 없었다면 폴리는 학교를 졸업할 때까지 계속 읽기 · 쓰기에 어려움을 보여 이로 인해 학업을 포기했을지도 모른다.

특수학급에는 천장의 형광등 빛을 가려 주는 휴라이트 형광등 덮개가 갖춰져 있었다. 폴리는 특수학급에서 책을 읽을 때와 다른 교실에서 책을 읽을 때의 차이를 발견하고 놀랐다. 다른 교실에서 책을 읽을 때는 글자들이 책에서

튀어나와 종이 위를 뛰어다니는 느낌이었는데 특수학급에서는 글자들이 종이 위에 얌전히 있었다. 모두에게 글자가 그렇게 보이는 줄 알았는데 이러한 현상이 일반적인 일이 아님을 폴리는 이제야 알게 되었다. 이러한 현상은 시각처리과정의 장애에 해당한다. 폴리는 이제 푸른빛의 투명덮개를 노트 사이에 끼워 두었다가 교실에서 책을 읽을 때 발생하는 반사광을 차단할 때 사용하는 방법을 익혔다. 이 덮개는 폴리가 시각적 정보를 잘 처리할 수 있도록 돕는다. 그동안 자신의 학습을 방해했던 현상에 이름이 있었고, 자신이 이와 관련하여 도움을 받을 수 있음을 알게 된 것만으로도 폴리의 전반적인 태도가 변했다. 상담교사는 폴리와 함께 학습장애 학생들을 잘 지원하는 대학을 찾기 시작했다.

괴음을 내는 롤리

여러분 대부분은 롤리 같은 유형의 학생을 만날 일이 없겠지만 롤리의 이야기는 매우 흥미로울 것이다. 이 이야기를 듣고 나면 여러분의 교실에 롤리처럼 자기자극을 목적으로 선사시대 동물 소리를 내며 교실을 돌아다니는 학생이 없어서 정말 다행이라는 생각이 들 것이다. 롤리의 이야기는 4장에서 소개했다. 롤리는 자폐성장애를 가진 13세의 남학생이다. 10일간의 자료 수집 끝에 우리 팀은 금요일과 혼잡한 이동시간 직후에 맹수가 내는 것 같은 소리내기의 빈도가 훨씬 높다는 것을 알아차렸다. 8시부터 8시 30분까지는 등교 바로 직후로 다른 학생들과 식당에 대기하고 있다가 교실로 들어가야 하며, 10시부터 10시 30분까지는 특수체육이 끝난 직후의 시간이다. 오전뿐 아니라 오후의 자료도 소란스러운 전이 시간이 괴음을 내는 행동의 선행사건임을 보여 주었다.

PBIS 개별 지원팀은 롤리가 내는 괴음의 선행사건이 움직임이 많은 영역이나 전이 시간에 나는 소음이라고 판단하였다. 그러나 팀은 롤리가 점심시간에 식당에 가거나 친구와 복도를 돌아다니거나 체육시간에 참여하는 것을 막고 싶지는 않았다. 팀은 앞서 언급한 장소나 상황에서 롤리에게 과잉자극이 되는 소음을 차단할 조치가 필요하다고 판단했다. 팀은 다양한 소리차단 도구에 대한 의견을 모았다. 저가 마트에서 잔디 깎는 기계의 소음을 막아 주는 그런대로 괜찮은 헤드폰을 팔지만, 너무 밝은 주황색이라 중학생에게 적합하지 않았다. 롤리는 귀에 무엇인가를 착용하는 것을 그리 싫어하지 않아서 지원팀은 MP3 플레이어를 들을 때 쓰는 이어폰처럼 생긴 귀마개와 귀 속에 부드럽게 들어가는 소음차단용 무선 귀마개 중 하나를 써 보기로 했다.

개별 지원팀원 중 1명이 요즘 학생들은 등교할 때 MP3 플레이어를 몰래 가지고 오며 플레이어로 음악을 듣기 위해 코트 소매 안과 목깃 아래에 능숙하게 이어폰 줄을 숨기고 있음을 알려 주었다. 학교는 롤리뿐 아니라 모든 학생에게 중재를 적용해 보기로 결정했다. 학교는 학생들에게 쉬는 시간과 점심시간에 MP3 플레이어로 음악을 들어도 된다고 공지했다. 성인들이 어떤 일을 해도 된다고 허락하면 학생들에게 그 일은 더 이상 재미가 없기 때문에 많은 학생이 더 이상 학교에 MP3 플레이어를 가져오지 않게 되었다. 학생들에게는 쉬는 시간과 점심시간에는 음악을 들어도 되지만, 수업시간에 음악을 듣다가 들키면 하교 때까지 MP3 플레이어를 압수할 것이라고 공지하였다. 이제 롤리는 이어폰을 끼고 좋아하는 Yanni의 음악을 들으며 복도를 걸어 다니게 되었다. 좋아하는 음악을 듣고 있기 때문에 복도 소음에 대한 롤리의 과민함은 줄어들었다. 롤리는 점심시간과 체육시간에 음악을 들어도 좋다는 허락을 받았는데, 이러한 조치를 통해 이 두 장소에서 발생하는 소음에 대한 롤리의 과민함도 감소하였다. 개별 지원팀은 Yanni의 음악을 듣는 시간이 증가할수록 롤리가 괴음을 내는 시간도 감소함을 확인하였다. 또한 학교 전체로는 MP3 플레이어를 압수하는 일이 현저히 감소하였다.

독불장군 레아

나는 8장에서 레아 이야기를 다뤘다. 레아는 교사에게 자주 욕을 하는 9학년 학생이다. 교사는 선행사건과 행동의 관계도를 그려서 촉발요인을 분석하였고 다음을 알게 되었다.

- 언어적 폭발행동: 교사나 또래를 향해 욕하기
- 언어적 공격행동: "흠씬 두들겨 패 주겠어."와 같이 위협적으로 말하기
- 신체적 공격행동: 레아 몸의 다양한 부위로 다른 사람을 세게 치기

이 자료를 보다 자세히 검토한 후 행동지원팀은 다음을 확인할 수 있었다.

1. 새로운 과제를 주면 욕하는 행동이 많이 나타난다.
2. 전이를 할 때 언어적 공격행동이 많이 나타난다.
3. 또래가 가까이 있을 때 신체적 공격행동이 나타난다.

그 밖에도 레아와 관련하여 다루어야 할 두 가지 사안이 있었는데 첫째가 학업문제였고 둘째가 사회성 문제였다. 교사는 PBIS 개별 지원팀의 도움을 받아 4P 전략을 실행하기로 했다(부록의 [그림 5] 참조). 4P란 자존감 증진을 위한 다음의 네 가지 지원 영역을 말한다.

- **학업 유창성**(proficiency): 레아에게 부족한 학업기술을 파악하고 이에 대한 중재를 실행하여 레아가 학업을 따라가게 하기
- **이미지 개선**(public relations): 레아가 또래 앞에서 매력적이게 보일 역할을 주거나 교실에서 리더십을 발휘하는 데 필요한 기술을 지도하기

- **통제력**(power): 레아가 자신의 감정을 통제하기 위해 배워야 할 기술을 결정하기. 타인을 향해 화가 날 때 이를 극복할 방법을 레아에게 알려 주기. "우리를 화나게 하는 것은 다른 사람들이 아니라 다른 사람 때문에 화가 난 상태를 그대로 둔 우리 자신이다."
- **봉사활동**(philanthropy): 어린 아동에게 이야기책 읽어 주기, 무료급식소에 보낼 음식 모으기 등 레아가 자신보다 어려운 사람을 도울 방법 찾기. 누군가를 도우면서 자신을 나쁜 사람이라고 여기기는 어렵다.

PBIS 개별 지원팀은 교사가 4P, 즉 네 가지 영역을 지원하기 위한 실행방법을 구상하도록 도와주었다.

1. **학업 유창성**: 팀은 특수교사에게 레아를 평가하여 부족한 학업기술을 파악해 달라고 요청하였고, 이를 바탕으로 레아가 학업을 따라갈 수 있도록 지원하였다. 레아는 학습에 대한 도움을 요청하러 올 때마다 보상을 받았다. 레아는 영화 보기를 좋아했다. 학교의 지역사회 협력 파트너인 지역 영화관은 매주 2장의 영화 티켓을 학교에 기증했다. 교사들은 쉬는 시간과 방과 후에 레아가 보충수업을 받으러 올 때마다 점수를 부여하였고 레아는 이 점수를 모아 영화 티켓을 구매했다.

2. **이미지 개선**: 팀은 친구들 앞에서 레아가 매력적으로 보일 수 있는 방법을 고안하였다. 어떤 날에는 레아가 교장선생님과 함께 전교생에게 오전 공지사항을 전달하게 하였다. 또 다른 날에는 레아가 교실 컴퓨터를 담당하게 하여 스크린에 사진을 띄우게 하고 교사는 그 사진을 보며 주요 개념을 설명하였다. 레아를 가르치는 모든 교사가 자신의 수업 중에 레아가 리더십을 발휘할 수 있는 역할을 부여함으로써 학급에서 레아가 멋있어 보이게 하였다.

3. **통제력**: 상담교사는 레아를 만나 분노의 극복에 대해 이야기를 나누었다. 상담교사는 화가 나도 타인을 때리지 않고 그 시간을 잘 넘기는 방법을 알려 주었다. 상담교사는 요가 호흡법을 알려 주었는데, 이러한 호흡법은 남들의 눈에 잘 띄지 않으면서도 마음속에서 끓어오르는 분노를 진정시키는 데 매우 효과적이었다. 이 호흡법에 대해서는 6장에서 설명하였다.

4. **봉사활동**: 레아의 학교 바로 옆에는 초등학교가 있었다. 팀은 그 초등학교에 협조를 구하여 레아가 주 1회 그곳을 방문하여 적응을 어려워하는 초등학교 1학년 학생들에게 책을 읽어 주게 하였다. 레아는 자기 학교에서 점심을 먹고 옆 초등학교로 걸어가서 20분간 책을 읽어 주었다. 이 활동으로 레아는 점심 후 미술시간 몇 분을 놓치게 되었지만 미술을 잘하기 때문에 수업을 따라가는 데는 문제가 없었다. 또한 학교는 그 지역의 무료급식소에 기부할 음식을 수합하는 책임자로 레아를 지명하였다.

4P 지원을 실행한 지 몇 달 안에 레아는 완전히 다른 학생이 되었다. 레아는 교실에서 할 말이 있을 때 손을 들었으며, 문제행동 발생률은 중재 기간에 90%, 유지 기간에 100% 감소하였다. 레아는 더 이상 독불장군이 아니라 리더였다. PBIS 개별 지원팀은 성공적인 지원 결과에 매우 기뻤다.

남을 때리는 헨리

우리는 8장에서 헨리를 만났다. 헨리는 화요일과 목요일에 공격행동을 보였다. 지원팀은 가장 먼저 행동 발생 요일을 찾아냈고, 자료를 더 자세히 검토하여 화요일과 목요일에도 10시 20분까지는 행동에 별 문제가 없다는 사실을 발견했다. 헨리는 체육시간이 되면 다른 학생들을 때리고 교사를 밀치는 행동을 시작했다. 그리고 이런 행동은 체육시간 이후에도 몇 시간 동안 지속되었다. 헨리가 자폐성장애를 가지고 있으며 소리에 민감하다는 사실과, 체육관 천장이 높아 25명의 학생이 체육관 타일 위에서 볼을 튀기거나 뛰어다닐 때 발생하는 소리를 고려하여 PBIS 개별 지원팀은 다음과 같은 가설을 세웠다. "헨리는 체육관의 과다 자극을 회피하려고 문제행동을 보인다."

활동량이 높은 영역에서 교실로 전이하는 데 어려움을 보이는 학생들 몇 명과 헨리에게 지원팀이 적용하기로 한 중재는 학생들이 돌아올 교실을 조용하고 차분하게 만드는 것이었다. 교실의 불은 끄고 교사의 책상에 있는 60와트 전등만 켜 두었다. 교실의 CD 플레이어로는 60bpm(beats per minute)의 음악을 틀어 놓았는데, 60bpm은 일반적으로 쉬고 있는 사람의 심장박동 수 정도다. 교사는 학생들이 활동량이 높은 영역에서 교실에 돌아온 직후에 갖게 되는 3분의 쉬는 시간에 풀 수수께끼를 칠판에 적어 놓았다. 교사는 칠판에 적어 둔 수수께끼나 퀴즈에 대해 이야기하면서 천천히 교실 전등의 절반을 켰고, 학생들이 앉아서 과제를 시작하면 남은 전등을 모두 켰다. 이러한 방법을 통해 본격적으로 수업이 시작되기 전 학생들은 마음의 평정과 차분함을 회복하게 된다. 이러한 1단계 중재방법이 적용되는 동안 팀은 그 효과에 대한 자료를 수집했다. 전이가 차분하게 이루어지도록 중재한 결과, 헨리의 공격행동은 60% 감소했다. 팀은 이 행동이 더욱 감소되기를 원했기 때문에 헨리에게 2단계 중재를 적용했다.

팀은 헨리의 행동을 담은 비디오를 제작했다. 비디오 모델링 문헌에 설명된 방법을 참고하여 팀은 이 중재의 실행을 지원했다. 헨리는 차분한 분위기의 교실에 돌아온 후 자신의 모습이 담긴 비디오를 7분간 시청하고 나서 과제를 시작하게 된다. 이와 같이 헨리에게 약간 늦게 과제를 시작하게 한 것은 두 가지 면에서 유익하였다. 첫째, 자신의 올바른 행동을 긍정적으로 지지해 주는 말 덕분에 헨리의 마음도 긍정적으로 바뀌었다. 둘째, 헨리가 비디오 시청을 마치고 헤드폰을 벗을 즈음에는 학생들이 이미 과제를 하느라 바빴고, 교과서와 학습 자료를 꺼내는 과정에서 발생하는 소음과 북적거림이 이미 끝난 상태였다. 이 중재의 유지 단계 자료를 살펴보니 헨리의 공격행동은 98% 감소한 것으로 나타났다. 타인을 밀치는 행동은 거의 나타나지 않았고 타인을 때리는 행동은 완전히 사라졌다.

수업시간에 엉뚱한 말을 하는 바비

바비는 4장에서 만난 학생이다. 바비는 수업 도중 엉뚱한 말을 불쑥불쑥 내뱉는 고등학생이다. 3일간의 자료 수집 후 바비가 2개의 수업에서는 수업 중 엉뚱한 말을 하여 또래의 관심을 얻었고, 수학시간에는 이를 몇 번이나 시도했는데도 또래의 관심을 얻지 못했다는 패턴이 발견되었다. 이를 파악한 후 행동지원팀은 바비가 듣는 각 수업의 출석부를 확인하였고 결국 공통분모를 찾아냈다. 바비의 단짝인 채드(Chad)가 앞의 두 수업은 함께 듣지만, 수학수업은 함께 듣지 않았던 것이다. 이를 알게 된 교사들은 바비가 단짝 채드 곁에 앉지 못하도록 좌석 배치도를 바꿨다. 채드는 바비가 보이는 문제행동의 촉발요인이었지만 그 행동에 동참하지는 않았다. 교사들은 매일 수업 전에 교실 입구에서 바비와 주먹을 맞대는 인사를 하면서 미리 성인의 관심을 주기로 하였다. 교사들은 또한 교실에서 바비가 담당할 임무를 주어 친구들의 관심을 받을 수 있게 하였다. 매일 교사들은 학생들이 풀어야 하는 문제를 칠판에 적어 두는데, 평소보다 5개의 문제를 더 적어 놓고 그중 학급 학생들이 풀지 않고 건너뛰어도 되는 5개의 문제를 알려 주는 임무를 바비에게 맡겼다. 바비가 고른 5개의 문제는 교사가 수업 중에 풀어 주었다. 영어시간을 예로 들어 보자면, 교사가 15개의 문장을 하나씩 읽을 때마다 학생들은 15초

내에 그 문장에서 틀린 부분을 찾아내야 하는데, 바비가 그중 5개 문장을 고르면 이 문장에서 틀린 부분은 교사가 직접 답을 알려 준다. 이 임무덕분에 바비는 또래의 긍정적인 관심을 충분히 받을 수 있었다. 교사는 바비 학급의 모든 학생에게 5개의 문제를 고를 학생 1명은 매 시간 새롭게 선정하겠다고 공지했다. 교사는 또래의 관심을 추구하는 학생들이 있는 다른 반에서도 이 방법을 활용하였다. 이 모든 방법은 수업시간에 엉뚱한 말을 하는 바비의 행동 변화를 위한 1단계 방어선이다. 이 방법이 효과가 없으면 팀은 바비에게 토큰경제를 시도하기로 했다. 그러나 실제로는 긍정적 관심을 주는 것 이외에 바비에게 또 다른 중재를 적용할 필요가 없었다. 바비는 엉뚱한 말을 하는 학생에서 교사의 말을 매우 잘 듣는 학생이 되었다.

수업시간에 엉뚱한 말을 자주 하는 학생이 있을 경우, 교사가 수업을 진행하는 동시에 행동의 발생 횟수를 세기가 쉽지 않다. 한 가지 효과적인 방법은 간격 시간표집법(interval time sample)을 이용하여 측정하는 것인데, 표집된 시간 동안 운동경기용 계수기를 주머니에 넣고 주머니 속에서 행동이 발생할 때마다 계수기를 클릭하는 것이다. 이렇게 3, 4일 정도만 자료를 수집하면 행동의 패턴을 파악할 수 있다. 교사는 또한 일화 기록을 살펴보면서 수업 중 갑자기 엉뚱한 말을 하는 행동의 선행사건과 후속결과를 알아낼 수 있다. 측정을 통해 얻은 점수들은 평균을 낸다. 학생이 어떤 날에는 30분에 57회의 엉뚱한 말을 하고 다음 날에는 30분에 22회의 엉뚱한 말을 했다면 3일 연속 자료가 안정적으로 나타날 때까지 측정을 계속하는 것이 좋다. 그렇게 얻은 자료는 행동지원팀이 기초선을 바르게 예측할 수 있게 해 줄 것이다. 이후 중재와 유지 기간의 자료를 이 기초선 자료와 비교하여 중재의 성공 여부를 알아볼 것이다.

투정 부리는 그레이스

그레이스는 마트의 장난감 코너에서 투정을 부리는 2세 여자아이이다. 그레이스는 2세 때 투정 부리고 불평하면 다양한 긍정적인 보상이 따라온다는 것을 학습했다. 5세가 되어 유치원에 들어간 그레이스는 집에서 통했던 행동이 유치원에서도 통할 거라고 생각했다. 아동의 행동을 개선하려 할 때 가장 힘든 점은 이미 아동이 확고하게 학습해 버린 보상체계를 잊게 만드는 것이다. 교사가 "자유선택활동 영역의 장난감을 정리할 시간이에요. 어서 정리하고 자기 자리에 앉으세요."라고 말했다고 하자. 그레이스는 지난 5년간 집에서 성인이 했던 반응이 나오기를 기대하면서 투정을 부리고 돌아다닐 것이다. 교사가 그에 굴복하여 그레이스가 왜 장난감을 정리해야 하는지 또는 자기 자리에 잘 앉아야 하는지를 그레이스와 길게 이야기 나누느라 장난감 정리하기라는 과제를 회피하게 해 준다면, 그레이스는 자신의 행동이 가정뿐 아니라 학교에서도 주효함을 배우게 될 것이다. 나는 투정 부리는 아동에게 노래 부르기가 매우 효과적임을 발견했다. 우리 팀은 아이들에게 〈우리는 이렇게 옷을 빨아요(This Is the Way We Wash Our Clothes)〉라는 동요의 음에 맞춰 다음 가사로 노래를 부르도록 가르쳤다.

우리는 이렇게 교실을 치워요. 교실을 치워요. 교실을 치워요.
(This is the way we clean the room, clean the room, clean the room.)
우리는 이렇게 교실을 치워요. 이른 아침부터.
(This is the way we clean the room, so early in the morning.)

(역자 주: 〈This Is the Way We Wash Our Clothes〉라는 동요의 가사는 'This is the way we wash our clothes, Wash our clothes, wash our clothes. This is the way we wash our clothes, So early Monday morning'인데 이를 개사한 것임)

한 아이가 투정을 부리기 시작하면 우리는 마치 게임을 하는 것처럼 그 아이의 손을 잡고 이 노래를 부른다. 얼마 지나지 않아 그 아이는 노래를 따라 부르며 교실을 치우기 시작한다. 만약 자신의 이름을 쓰기 싫어하는 아동이 있다면 우리는 노래를 이렇게 바꿔 부를 것이다. “우리는 이렇게 이름을 써요. 이름을 써요. 이름을 써요. 우리는 이렇게 이름을 써요. 이른 아침부터.” 이를 통해 아동은 우리가 투정 부리는 행동에 결코 굴복하지 않을 것이며 우리의 노래를 멈추게 하려면 시키는 대로 하는 것이 낫다는 사실을 신속하게 깨닫는다.

그레이스가 2세가 아니라 14세라면 상황이 어떠할까? 나이가 든 학생들은 과제를 회피할 좀 더 다양한 방법을 터득한다. 8장의 내용 중 필기구를 가져오지 않은 학생을 훈육실로 보냈던 교사를 떠올려 보라. 만약 그레이스가 이 교사의 학생이었다면 연필을 가져오지 않아서 대부분의 시간을 훈육실에서 보냈을 것이므로 그레이스로서는 굳이 투정을 부릴 필요가 없었을 것이다. 십 대 청소년에게는 유머가 최선의 방책이다. 십 대 청소년이 투정을 부리거나 이와 비슷한 행동을 하면 우리는 가볍게 웃어 준다. 성인의 웃음은 학생들을 긴장시킨다. 웃어 준 다음에는 이렇게 말하곤 한다. “그렇게 쥐어짜듯이 목을 쓰면 성대가 상한단다. 노력은 가상하지만 우리 교실에선 안 통해. 하지만 도움이 필요하면 언제든지 말하렴.” 교사가 웃으며 “나는 네 마음을 다 알아.” 하는 식으로 말하면 학생은 당황하게 되며, 투정을 부리는 행동으로는 교사에게서 원하는 것을 얻지 못한다는 것을 금방 깨닫게 된다. 그러나 이 방식은 욕하기 같은 더 큰 문제행동을 야기할 수도 있다. 욕하는 행동이 학년 초 처음 발생했을 때 교사가 그 행동에 대해 어떻게 대처하느냐에 따라 남은 한 해가 순조로울지 혹은 험난할지가 결정된다. 욕하는 학생들을 위한 몇 가지 해결책은 다음 사례[욕하는 클레어(Claire)]에서 확인할 수 있다.

만약 투정 부리는 행동이 하루에 2~3회만 나타난다면, 선행사건, 행동, 후속결과 차트(ABC chart)를 사용하여 기초선 자료를 수집한다. 만약 행동이

2~3회보다 더 많이 나타난다면 빈도 기록법이나 지속시간 기록법을 활용하고, 일화 기록을 통해 행동의 선행사건과 후속결과를 찾아내는 것이 좋다. 이렇게 수집된 빈도 또는 지속시간 수치를 기초선으로 삼고 이후 중재나 유지 기간 자료와 비교할 수 있다. 행동지원팀은 빈도와 지속시간 중 한 가지만 사용할지 또는 두 가지 모두 사용할지를 문제행동의 강도를 기준으로 판단한다.

욕하는 클레어

아이들은 ① 습관, ② 성인의 관심 얻기, ③ 또래의 관심 얻기, ④ 회피 등의 다양한 이유로 욕을 한다. 교실에서 욕을 한 학생에게 어떤 후속결과가 주어졌는지에 따라 성인이나 또래의 관심 얻기 또는 회피를 목적으로 한 욕하기 행동 발생 정도가 달라진다. 요즘 사회는 욕이 넘쳐난다. 예전에는 방송 불가였던 단어나 표현이 요즘에는 가족이 함께 시청하는 방송 시간에도 허용된다. 대중음악에는 다양한 욕이 포함된 가사가 넘쳐 난다.

이제 우리는 이 사회 문제에 대해 끼리끼리 둘러앉아 탄식만 할지, 이 문제를 해결하기 위해 작은 노력이라도 시작할 것인지 선택해야 한다. 아이에게 욕하지 말라고 타이르기만 해서는 아이의 행동이 변하지 않는다. 이것은 내가 내 아이를 키우며 어렵게 터득한 사실이다. 막내아들이 3세일 무렵 우리 가족은 제일 가까운 쇼핑몰에 가는 데 3시간이 걸릴 만큼 한적한 곳에 살고 있었다. 나는 아버지의 생신 선물로 보트 슈즈를 사고 싶었는데 그런 신발은 작은 백화점조차 없는 우리 동네에서는 구하기가 어려웠다. 난 우리 집 세 아이를 바라보았다. 이번에는 막내아들이 '엄마와 단둘이 보내는 시간'을 가질 차례였다. 나는 위의 두 아이를 다른 사람에게 맡기고, 3세인 막내를 차에 태우고 3시간 걸리는 쇼핑몰을 향해 달렸다. 막내는 가는 길 내내 곤히 잠을 잤다. 우리는 여러 가게를 돌며 구두창이 특별한 보트 슈즈를 찾아다녔는데 아버지의 발 사이즈에 맞는 것이 없었다. 막내아들은 쇼핑하는 동안에도 말을 잘 들었는데 그런 생각을 하자마자 문제가 터지기 시작했다.

우리는 여덟 번째 가게로 들어갔다. 나는 점원에게 10.5 사이즈의 보트 슈즈가 있는지 물었다. 그는 잠시 어디론가 가더니 신발상자 2개를 들고 나타났다. 나는 매우 신이 났다. 신발을 찾았을 뿐 아니라 색깔도 둘 중에 고를 수 있나 보다 하는 생각이 들었기 때문이다. 그러나 내게 다가온 점원이 이렇게 말했다. "손님, 죄송합니다. 10과 11 사이즈밖에 없네요. 이 둘 중에서 고르시면 안 될까요?" 내가 그 두 사이즈는 안 된다고 고개를 젓고 있는데 내 사랑스러운 세 살짜리 아들이 그 남자를 올려다보며 "제기랄." 하고 말했다. 나는 신발가게 의자 밑으로 숨고 싶었다.

이렇게 어린 애가 욕을 하다니 나는 너무 당황스러웠다. 나는 점원에게 사과한 후 가게를 나왔다. 그리고 마음을 진정시킨 후 아들에게 물었다. "너 오늘 새로운 말을 하더라. 왜 그 말을 했어?" 아들은 "그거 신발을 못 찾을 때 하는 말 아니에요?"라고 대답했다. 나는 기억을 더듬으며 '내가 그런 말을 썼나? 내가 애들 앞에서 그런 말을 한 적이 있나? 그런 말은 쓴 적이 없는 것 같은데…….' 하고 속으로 생각했다. 나는 아들에게 "왜 그 말이 신발을 못 찾을 때 하는 말이라고 생각했어?" 하고 물었다. 아들은 "베키(Becky) 이모가 신발을 못 찾을 때 그렇게 말했어요."라고 대답했다. 우리 집 베이비시터인 베키와 이 문제에 대해 이야기를 좀 나누어야 했다.

우리 아들은 말을 잘못된 의미로 배웠다. 그 아이의 생각에 '제기랄'은 '맞는 신발을 찾을 수가 없네.'라는 의미였다. 그 아이는 새로운 말을 배웠고 그 말을 쓰고 싶었던 것이다. 나는 막내아들에게 엄마와 아빠는 그 말을 좋아하지 않으니 쓰지 않았으면 좋겠다고 말했다. 원하는 것을 찾지 못할 때 쓸 수 있는 다른 말은 없을지 아이에게 물었다. 아이는 손가락으로 관자놀이를 두드리며 곰곰이 생각하더니 마침내 "다른 애들이 '맙소사'라는 말을 쓰던데요.

신발을 찾을 수 없을 때 '맙소사'라고 하는 것은 괜찮아요?" 하고 물었다. '맙소사'라는 단어가 욕은 아니니 이 말은 허용하기로 했다.

집에 오는 내내 나는 리어뷰 미러로 뒷좌석 카시트에 앉아 있는 아들을 보며 몇 가지 비슷한 상황을 제시하면서 문제를 냈다. (엄마) "자, 인형이 안 보이면 누나는 뭐라고 해야 할까?" (아들) "맙소사, 내 귀염둥이 인형이 어디 있지?" (엄마) "좋아, 그럼 누나한테도 그거 알려 주자. 서류가방을 찾을 수 없을 때 아빠는 뭐라고 말해야 할까?" (아들) "맙소사, 내 중요한 서류가 어디 있지?" (엄마) "잘했어. 우리 아빠한테도 그 말을 알려 주자." 다양한 상황극을 시도하며 우리는 돌아오는 3시간 내내 새 단어를 연습했다. 집에 도착한 직후 우리는 아빠, 형, 누나에게 이 표현을 가르쳤고, 우리 모두 무엇인가를 찾지 못할 때 '맙소사'를 사용했다.

이와 같이 새로운 행동을 가르칠 때는 TIPP 전략(Teach, Imprint, Practice, Praise)을 활용하여 행동을 가르치고, 기억하게 하고, 연습시키고, 칭찬해 주어야 한다. 학생이 욕을 할 때 교사는 다음과 같은 조치를 취할 수 있다.

- 욕하는 행동을 무시한다. F 단어나 D 단어를 말하면 수업을 중단시킬 수 있음을 모든 학생이 알게 하는 것보다는 이를 무시하는 게 낫다.
- 욕을 한 학생에게만 다가가 이렇게 속삭인다. "그 단어는 선생님의 학창 시절에도 있었던 말이니 너처럼 똑똑한 아이는 좀 더 창의적인 새로운 단어를 만들어 보면 좋을 것 같아."
- 학생과 단둘이서 그 욕을 대체할 단어를 생각해 본다. 그 욕이 습관이 된 것에 안타까움을 표현하고, 습관이 된 행동을 바꾸는 것이 쉽지 않음을 이해해 준다.

욕하는 행동의 기초선 자료를 수집할 때는 주로 빈도를 측정하지만, 이와 동시에 욕하는 행동의 선행사건과 후속결과도 염두에 두어야 한다. 빈도 자료는 행동지원팀이 해당 학생의 시간당 행동 발생률을 산출하여 기초선을 결정하는 데 유용한 정보를 제공한다. 중재 기간에는 1시간을 표집하여 발생 빈도를 측정하는 간격 시간표집법으로 문제행동이 감소하고 있는지 살펴본다. 행동의 감소가 나타나면 팀은 유지 자료를 측정하고 이를 기초선 자료와 비교한다.

잠자는 샐리

많은 학생은 수업을 회피하고 싶을 때 잠을 잔다. 특정 활동, 정서적 고통, 신체적 고통, 과다 감각 자극 또는 특정인을 회피하는 것일 수도 있고, 정말 잠이 모자랐을 수도 있다. 우선적으로 해야 할 일은 수업시간에 잠자는 행동의 기능을 알아내는 것이다. 학부모와 협력하거나 학생과 직접 이야기하는 것만으로도 문제를 상당히 해결할 수 있다. 만약 잠자는 행동의 기능이 수업 활동을 회피하기 위한 것이라면 제일 먼저 이 학생에게 학업 유창성이 부족한 게 아닌지 확인해야 한다. 아마도 그 학생은 작년에 훈육실에서 너무 많은 시간을 보내다 보니 학업이 많이 뒤처졌는데 도대체 이 상황을 어떻게 벗어나야 할지 알지 못한 채, 수업을 따라가지 못하는 좌절감을 피하려고 수업시간마다 잠을 자기로 했을 수 있다. 이때는 튜터링을 실시하는 것이 매우 좋은 방법이다. 우리 팀이 지원했던 오클라호마주의 한 고등학교에서는 다음에 소개할 현실적인 해결책을 통해 이 문제를 다루었다. 이 학교의 전교생은 매일 1시간의 점심시간을 갖는데, 성적이 C 이상인 학생은 점심시간 후반부 30분간 할 활동에 대한 선택권이 주어진다. 학생이 선택할 수 있는 활동은 다음과 같다.

- 컴퓨터 하기

- 학생 휴게실에서 친구들과 어울리기
- 조용한 장소에서 숙제하기
- 재미있는 특강 듣기[예: 심리학 교사가 〈크리미널 마인드(Criminal Minds)〉와 같은 TV 프로그램을 보여 주고 범죄자들의 심리적 요인에 대해 다 함께 토론]
- 3학년 학생이라면 1시간 전체를 자유로 쓸 수 있는데, 집에 가서 점심을 먹거나 인근 초등학교에 가서 어린아이들을 가르치기

특정 과목의 성적이 C 미만인 학생은 해당 과목을 도와줄 튜터가 1주간 배정되는데, 튜터는 매일 점심시간 후반 30분 동안 이 학생을 지원한다. 이 학교의 방침은 '학생들이 실패하게 놓아두지 않는다.'라는 것으로, 작년에 117개 수업에서 64명의 학생이 낙제했던 이 학교는 올해 단 1명도 낙제하지 않았다. 어떤 학생도 수업에서 배제되지 않았으며, 교직원들은 학생들이 수업을 따라가게 하려고 최선을 다했다. 이러한 태도는 우리 팀과 함께 일했던 다른 교육구의 태도보다 훨씬 낫다. 그 교육구의 한 교직원이 우리에게 "낙제를 거듭해서 3년 내내 고등학교 1학년만 되풀이하는 학생들은 어째야 합니까?"라고 묻기에 우리는 "먼저 진단검사를 실시해서 그 학생들에게 부족한 학업기술을 알아봐야겠지요."라고 답했다. 그러자 그 교직원은 이렇게 말했다. "그럴 필요 없어요. 그 아이들은 그냥 게으른 거예요."

아침에 일어나서 "흠, 고등학교 1학년 학급에 3년 동안 머물러야겠어. 그게 내 자존감에 크게 도움이 될 테니까." 하고 생각하는 학생은 없다. 3년 내내 낙제를 했다면 분명 학업 유창성에 문제가 있다.

학업 유창성을 높이는 방법 중 하나는 잉글랜드 하버샴의 John Morris가 내게 직접 알려 준 '별 셋 소망 하나(three stars and wish system) 시스템'을 활용하는 것이다(부록 참조). 별 셋 소망 하나를 실행하는 방법은 다음과 같다. 교사는 학생의 과제물에 87점이라고 적는 대신, 첫 장에 학생이 이 과제에서 잘한 세 가지를 쓰고 별로 표시한다(예: ① "띄어쓰기를 잘해서 선생님이 읽기 쉬

웠어요." ② "의인화한 표현 덕분에 선생님이 그 장면을 생생하게 떠올릴 수 있었어요." ③ "이야기의 클라이맥스 부분이 글의 마무리를 강렬하게 만들어 주었네요."). 다음으로 이 3개의 별에서 시작되는 선을 그려서 과제물 중 그 칭찬에 해당하는 부분까지 연결한다. 마지막으로, 교사가 그 과제와 관련하여 학생에게 바라는 바, 즉 소망 하나를 별 셋 다음에 적는다. 소망 하나에 해당하는 문장의 예시는 다음과 같다. "등장인물들을 조금 더 자세히 묘사하면 좋을 것 같아요. 아주 잘했어요. 어서 수정된 글을 읽어 보고 싶군요." 필요한 경우 과제물 맨 뒷장에 점수를 적어도 되지만, 이 시스템의 핵심은 별 셋 소망 하나다. 이 방법은 학생들이 잘 해낸 부분을 인정해 줌으로써 성공 경험을 통해 배움을 갖게 하려는 것으로, 적절한 행동을 묘사하고 인정해 주는 일은 행동을 변화시킨다. 교사는 '별 셋'에 해당하는 문장을 쓴 후 학생이 개선해야 할 한 가지 사항을 '소망 하나'의 형태로 짚어 주는데 이를 통해 학생은 새로운 지식을 배우고 활용할 수 있다. John Morris가 근무하는 중학교에서는 이 중재 하나만으로 남학생들의 읽기와 쓰기 점수를 여학생들과 같은 수준으로 끌어올렸다.

학생들이 수업시간에 자는 또 다른 이유는 수면 부족이다. 많은 부모가 학생이 몇 시간을 자야 하는지 잘 모른다. WebMD(Gelfand, 2009)에서 제시한 연령별 적정 수면시간은 다음과 같다.

- 만 1~3세 아동은 하루 13~14시간의 수면이 필요하다.
- 만 3~6세 아동은 하루 10.5~12시간의 수면이 필요하다.
- 만 7~12세 아동은 하루 10~11시간의 수면이 필요하다.
- 만 13~18세 아동은 하루 8.25~9.5시간의 수면이 필요하다.

이 정보를 부모에게 알리고 적정 수면시간을 확보하기 위해 자녀들을 제시간에 재울 방법을 의논하기 바란다. 수면 부족은 건강에 매우 해롭다는 연구

결과가 있다. kidshealth.org(Sheets, 2008)에 따르면, 1~3%의 유치원생은 수면 무호흡증을 가지고 있다. 또한 대부분의 연구에서 ADHD 학생의 약 50%가 폐쇄 수면 무호흡증을 가진 것으로 나타났다. 이는 학생의 건강뿐 아니라 학교 학업수행 능력에도 큰 문제가 된다. 학생이 수업시간에 잠을 잔다면, 부모와 만나 그 이유를 의논하는 것이 현명할 것이다.

학생이 학교에서 자는 또 다른 이유로 신체적 고통을 들 수 있다. 보건교사에게 도움을 요청하여 학생이 실제로 몸이 아픈지, 아니면 정서적 문제로 인한 가상의 고통을 겪고 있는지 알아내야 한다. 중 · 고등학생의 경우, 이성 친구와의 다툼이 정서적인 스트레스를 야기할 수 있는데, 이러한 정서적 괴로움에서 벗어나기 위해 자는 것일 수도 있다. 이런 경우에는 상담교사에게 상담을 받게 해야 할 것이다. 또한 학생이 혹시 집단 괴롭힘을 당하고 있는 것은 아닌지 살펴보아야 한다. 집단 괴롭힘을 당하는 학생은 괴롭힘 자체로 인해 또는 괴롭힘을 당한 데서 비롯된 정서적 소진으로 마음이 괴로워 잠을 이루지 못할 수 있는데, 이 학생이 수업 중에 잠을 잔다면 이는 회피기제이거나 정서적 각성 상태로 밤을 지새운 결과일 수 있다. 만약 집단 괴롭힘이 원인이라면 www.pbis.org에서 내려받을 수 있는 좋은 자료가 있는데 바로 『집단 괴롭힘 없는 PBIS 학교 만들기(Bully Proofing Your PBIS School)』 시리즈다. 한 권은 초등학생용, 다른 한 권은 중 · 고등학생용이다.

어떤 학생이 수업시간에 계속 잔다면 교실 안을 움직여 다니면서 해야 하는 역할을 부여해 보기 바란다. 이런 활동은 고유수용 에너지의 흐름을 원활하게 하여 잠을 깨우는 효과가 있다. 이 학생에게 수업 도우미로서 스마트보드나 컴퓨터, 프로젝터를 조작하게 할 수도 있고, 수업 시작 시 문 앞에서 결석생 수를 세게 하거나, 옆 교실에 책을 갖다 주게 할 수도 있다. 혈액을 온몸에 순환시키는 모든 활동이 도움이 된다.

내가 관찰했던 한 학생은 형광등이 켜져 있으면 책상 아래로 기어 들어가 잠을 자고, 교사가 형광등을 끄고 프로젝터를 켜면 책상 밑에서 나와 수업에 잘 참여했다. 며칠간의 관찰 결과, 이 학생은 형광등에서 나오는 빛이나 소음을 싫어하는 것이 명백했다. 교사는 먼저 이 행동이 형광등 소음 때문일 것이라고 가설을 세웠다. 교사는 교실의 형광등을 모두 끄고, 바닥에 세우는 형태의 긴 등과 거기에 끼울 60와트 전구를 여러 개 구매했다. 60와트 등과 창문으로 들어오는 자연광만으로도 교실은 충분히 밝았고, 형광등 소음에 대해서는 더 이상 걱정하지 않아도 되었다. 만약 이 방법이 효과가 없다면, 교사는 휴라이트 회사(www.huelight.net)에서 기부를 받아 휴라이트 형광등 덮개를 10개쯤 구매할 생각이었다. 푸른빛을 띤 휴라이트 덮개는 형광등 빛으로 인한 눈부심을 감소시킨다. 그러나 이 예시의 학생은 잠을 자는 이유가 형광등 소음 때문인 것으로 밝혀졌다. 형광등을 끄자 이 학생은 더 이상 교실에서 자지 않았다. 많은 교사와 교장이 휴라이트 덮개를 교실에 설치했을 때 여러 표적 행동이 감소했음을 보고하였다.

수업시간에 자는 행동을 측정할 때는 지속시간 기록법(duration recording)이 가장 적합하다. 기초선, 중재, 유지의 세 단계 동안 이 기록법을 사용하여 측정한다. 적용하기로 한 중재가 실시되는 동안 계속 자료를 수집하고 이를 기초선 자료와 비교하여 적용된 조치가 수업시간에 자는 행동을 감소시키는지 판단한다. 중재가 효과적이었다고 판단되면 지원팀은 그 효과가 지속되는지 확인하기 위해 적어도 3회의 유지 자료를 측정할 것이다.

사람을 무는 빌리

우리는 10장에서 유치원생 빌리를 만났다. 빌리는 자유선택활동 시간에 다른 아이들을 물었는데 그 이유는 친구들이 쥐고 있는 장난감을 뺏기 위해서인 것으로 나타났다. 우리 팀은 간단한 계획 하나를 실행했다. 우리는 물지 않기를 가르칠 파워포인트 관계 이야기를 만들었는데 빌리가 그 이야기의 주인공이 되게 하였다. 우리는 빌리가 핫도그, 치즈, 감자 칩, 과일, 야채 등 물어도 되는 것을 물고 있는 사진을 많이 찍었다. 또한 빌리가 컴퓨터 앞이나 사람 앞에서 손을 들고 있는 사진을 찍었는데 이는 마치 '멈춰!'라는 동작을 하고 있는 것같이 보였다. 우리는 이 사진을 이용하여 이야기를 만들었는데 각 슬라이드의 내용은 다음과 같다.

1. 빌리의 '물면 안 돼요.' 이야기
2. 나는 유치원에 다녀요.
3. 나는 자유선택활동 시간이 좋아요.
4. 나는 과일을 좋아해요. 과일은 물어도 돼요.
5. 나는 야채를 좋아해요. 야채는 물어도 돼요.
6. 나는 핫도그를 좋아해요. 핫도그는 물어도 돼요.
7. 나는 감자 칩을 좋아해요. 감자 칩은 물어도 돼요.
8. 나는 컴퓨터를 좋아해요. 컴퓨터는 물면 안 돼요.
9. 나는 사람들을 좋아해요. 사람은 물면 안 돼요.
10. 때로 화가 날 때 나는 다른 사람을 물어요.
11. 이제부터는 화가 나도 다른 사람을 물지 않고, 선생님에게 내가 원하는 것을 말할 거예요.
12. 다른 사람을 물지 않고 선생님에게 가서 말하면, 선생님은 나를 정말 자랑스러워하실 거예요.
13. 선생님에게 내가 원하는 것을 말할 때마다 팔찌를 1개씩 받아요.
14. 팔찌 5개를 모으면 자유선택활동을 제일 먼저 고를 수 있어요.
15. 팔찌 5개를 모으면 모두가 나를 멋진 아이라고 할 거예요.

우리는 사진으로 구성된 파워포인트 관계 이야기의 해당 슬라이드마다 이 대사를 음성으로 삽입하였다. 그리고 슬라이드쇼 기능을 사용하여 관계 이야기가 자동으로 재생되게 설정해 두었다. 우리는 빌리가 자유선택활동을 하러 가기 전마다 관계 이야기를 보게 하여 물기에 대한 규칙을 계속 상기시켰다. 비디오를 보고 팔찌를 모으기 시작한 지 2주 만에 빌리의 물기 문제는 없어졌다. 우리는 물기 행동을 교사에게 와서 말하기 행동으로 대체시켰고, 교사는 빌리가 다른 친구들과 함께 놀기 위해 필요한 사회성 기술을 습득하도록 도왔다.

우리는 문제행동의 감소가 제대로 되고 있는지 확인하기 위해 기초선 자료와 중재 기간의 자료를 비교하였다. 문제행동이 순조롭게 감소되어 중재를 종료한 후에는 중재의 효과가 지속되고 있는지 확인하기 위해 월 1회씩 3회에 걸쳐 유지 자료를 측정하였다.

또래의 관심을 원하는 학생을 위한 다양한 중재

또래의 관심을 끌기 위해 문제행동을 보이는 학생을 교실에서 적절하게 중재하기란 녹록지 않다. 여러분 중 대부분은 초임교사 시절, 학급의 모든 학생에게 다른 학생이 무엇을 하든 신경 쓰지 말라고 이야기한 적이 있을 것이다. 지금 생각하면 참 말도 안 되는 것을 가르친 셈이지만, 대부분의 교사가 평생에 한 번 정도는 이 방법을 써 보았을 것이다. 우리는 다른 사람의 행동을 통제할 수 없다. 오직 우리 자신의 행동만 통제할 수 있다. 이것은 정말 배우기 어려운 교훈이다.

이 책 전반에 걸쳐 나는 또래의 관심을 끌기 위해 문제행동을 보이는 여러 학생을 소개했다. 이런 행동을 공략하는 최선의 방법은 대상학생이 적절한 행동을 하여 또래의 관심을 받게 하는 것이다. 세계 각국의 PBIS 개별 지원팀이 보내온 몇 가지 사례를 살펴보자.

또래의 관심을 끌기 위해 수업을 방해하는 학생

또래의 관심을 끌기 위해 수업을 방해하는 학생은 수업 도우미로 활용한다. 그러면 이 학생들은 사회적으로 적절한 방법으로 또래의 관심을 받을 수 있게 된다. 3장에 등장했던 테리를 기억하는가? 팀은 테리가 수업시간에 친구들에게 수학을 가르치게 하고 이를 토큰경제와 연계하였는데, 이 방법은 테리에게 효과적이었다. 또 다른 학생들에게는 의존적 집단강화를 적용해 볼 수 있다. 예를 들면, 대상학생이 적절한 행동을 할 때마다 점수를 주고, 이 점수가 미리 정해 둔 기준에 도달하면 학급의 모든 학생에게 숙제 면제권을 주는 것이다. 이 방법은 주의해서 사용해야 한다. 학급 전체에 주어지는 보상이 특정 학생의 행동에 달려 있다는 것이 알려지면 대상학생이 학급 전체의 미움을 살 수도 있기 때문이다. 그래서 우리 팀은 이 중재를 다음과 같은 방식으로 적용하고 있다. 우리는 먼저 대상학생을 따로 만나 학생의 행동을 통해 학급 전체가 보상받을 수 있음을 알려 준다. 또한 우리가 학생의 올바른 행동을 목격할 때마다 왼쪽 주머니에 넣어 둔 클립을 오른쪽 주머니로 옮길 것이라는 것도 알려 준다. 해당 수업시간이 끝났을 때 또는 하루 일과가 끝났을 때 교사의 오른쪽 주머니에 5개의 클립이 들어 있다면, 대상학생은 그날 숙제 중 풀지 않아도 되는 5문제를 고를 수 있다. 이 5문제에 대해서는 교사가 학급 전체 학생에게 정답을 알려 준다. 교사는 대상학생에게 "학급 전체에게는 무작위로 학생을 선정하여 5문제를 고르게 할 거라고 공지하겠지만 실제로는 너를 지명할 거야."라고 미리 말해 둔다. 그다음 날이 되면 이렇게 말한다. "조니(Johnny)가 어제 문제 고르는 임무를 훌륭하게 해냈으니 오늘도 시켜 볼게요."라고 말한다. 다른 학생들은 조니가 또 한 번 문제 고르는 임무를 맡은 것을 개의치 않을 것이다. 학생들에게는 숙제로 풀어야 할 문제 5개가 또 한 번 줄어든다는 사실이 중요할 뿐이다. 이 방법 덕분에 조니는 친구들 앞에서 멋있어 보일 기회를 갖게 된다. 교사가 애초에 학생들에게 내려던 숙제에 문제 5개를 추가해 놓았다는 사실은 아무도 알 필요가 없다.

또래들 앞에서 학생을 멋있어 보이게 할 또 다른 방법은 수업을 하는 동안 그 학생에게 스마트보드나 프로젝터 조작을 맡기는 것이다. 이렇게 하면 대상학생은 부적절한 행동이 아닌 사회적으로 적절한 행동으로 또래의 관심을 받는다. 교사를 보조하는 수준은 학생에 따라 다르게 할 수 있다. 수학에 어려움을 겪는 학생에게 칠판에 나와서 학급 전체를 위해 문제를 풀라고 할 수는 없다. 그러려면 학생이 칠판에 쓸 내용을 교사가 불러 주어야 한다. 학습에 어려움을 겪는 학생의 경우 수업 도우미의 역할을 주어 교사를 대신하여 칠판에 수업 내용을 적는 임무를 줄 수 있다. 교사는 팔이 아프다든지, 책을 찾아봐야 한다든지 하는 식으로 이러한 임무를 맡기게 된 근거를 얼마든지 만들어 낼 수 있으며, 이렇게 학생의 체면을 세워 줄 구실이 있는 것은 매우 중요하다. 대상학생에게 칠판에 써야 하는 내용을 불러 주고 다 쓰고 나면 그 학생이 훌륭한 도우미임을 칭찬하라. 그러면 그 학생은 긍정적인 방식으로 또래의 관심을 받게 된다.

학급회의를 여는 방법도 도움이 된다. 학급 학생 전체를 둥글게 모여 앉게 하고 작은 공 하나를 가져온다. 학급 회의의 첫 단계는 서로에게 칭찬을 하는 것이다. 각 학생은 공을 들고 있을 때만 말할 수 있으며, 단 한 번의 칭찬을 할 수 있다. 월요일은 모두가 긍정적인 마음으로 새롭게 한 주를 시작하는 날이어서 학급회의를 열기 적당한 요일이다. 이 방법은 모든 학생이 친구들 앞에서 긍정적으로 주목받을 기회를 갖게 해 준다. 교사는 한 학생을 선정하여 바르게 칭찬하는 시범을 보이면서 학급회의를 시작한다. 그런 다음 공을 칭찬의 대상이 된 학생에게 넘겨주면, 그 학생은 교사에게 칭찬에 대한 고마움을 표현한 후 교실의 다른 학생을 칭찬한다. 이때 진짜 칭찬과 가짜 칭찬이 무엇인지를 가르치는 것이 중요하다. 신발이 예쁘다고 하는 것은 진짜 칭찬이 아니다. 반면, 시를 잘 낭독하더라, 네가 쓴 글이 좋더라, 네가 한 행동이 좋더라 하는 것은 진짜 칭찬이다. 이 활동은 다음 두 가지 효과가 있다. 첫째, 학생들은 언제 공이 자기에게로 올지, 공이 오면 누구를 칭찬해야 할지 미리 알 수 없기 때문에 서로에게 관심을 가지게 된다. 둘째, 서로의 단점이 아닌 장점에 초점을 두기 때문에 서로에게 더 친절해진다. 이 활동을 하고 나면 모두가 같은 마음으로 서로의 장점에 관심을 가지게 되고, 학급 친구를 날카로운 눈초리로 쏘아보는 일이 줄어들기 때문에 수업시간을 할애할 가치가 충분하다. 우리는 이 활동을 하면서 "무슨 칭찬을 해야 할지 모르겠어요."라고 말하는 학생을 보지 못했다. 학생들은 늘 서로에게 칭찬할 적절한 내용을 잘 찾아냈다.

어린 학생들에게는 줄 서서 이동할 때 조장 역할을 맡기거나, 일과표에 들어가는 일과카드를 뒤집는 역할을 주는 것과 같이 간단한 방식으로 이들이 원하는 관심을 얻게 할 수 있다. 수업시간에 15초마다 알파벳 소리로 트림을 하거나 갑자기 엉뚱한 말을 하지 않고도 친구들의 관심을 끌 수 있는 방법은 많다. 나와 동료들이 교사들에게 강력하게 추천하고 싶은 것은 학생들에게 교실에서 상으로 받고 싶은 것이 무엇인지 물어보라는 것이다. 학생들에게 "너에게 가장 소중한 게 무엇인지 말해 줄래? 선생님이 많은 돈을 들일 수는 없지만 네가 무엇인가를 잘했을 때 선생님이 너무너무 기쁘다는 것을 네게 알리기 위해 뭔가를 주고 싶은데 그게 뭘까?" 하고 질문한 후 그 응답을 기록해 두기 바란다. 학생들이 여러 가지 답을 주면 그 내용을 또래의 관심, 성인의 관심, 감각 자극, 원하는 물건 얻기, 과제 회피, 감각 자극 회피, 스스로에게 자부심을 주는 활동 등으로 분류해 둔다.

또래의 관심을 끌기 위해 특이한 복장을 하는 학생

어떤 학생들은 또래의 관심을 끌기 위해 특이하게 옷을 입는다. 나는 12장에서 학생들이 적절한 복장을 하면 친구들과 어울릴 시간을 부여하는 중재 방법을 소개했다. 몇몇 학교에서는 적절한 복장으로 또래의 관심을 끌게 하려고 '성공을 향한 복장' 티켓 제도를 실시하였다. 한 주가 끝날 때마다 정해진 개수만큼 티켓을 모은 학생은 주간 상품 하나를 받는데 그 상이 무엇일지는 받기 전까지 비밀에 부쳤다. 어떤 학교는 학생이 일정 수의 티켓을 모으면, 학교 무도회에 1시간 더 머물 수 있게 하였다. 학교 무도회에서 다른 학생들은 밤 11시면 집으로 가야 하지만, 티켓을 모은 학생들은 자정까지 남아 또래의 관심을 충분히 받을 수 있다. 교장은 자정까지 남은 모든 학생의 사진을 찍어 그다음 주 교내 공지사항 영상에 게시하였다. 매주 일정 개수의 티켓을 모은 학생은 상을 받았고, 그 학생들의 사진도 교내 공지사항 영상에 게시되었다. PBIS 개별 지원팀은 매주 상을 받는 학생 수를 지속적으로 검토함으로써 교직원들이 복도에서 적절한 복장을 한 학생들을 잘 포착하여 티켓을 주고 있는지 점검하였다. 이 티켓 제도는 효과가 좋아서 남학생들은 넥타이와 셔츠를 입기 시작했고 여학생들은 최고 수준의 직장에 면접을 보러 가는 게 아닌가 싶을 정도의 옷을 입었다. 교장은 이제 학생들이 교직원들보다 잘 차려 입어 걱정이라고 털어놓았다. 적절한 복장을 넘어 '차려 입을' 정도까지 학생들이 변화한 데는 한 여학생이 남학생에게 셔츠를 입고 넥타이를 매니 잘생겨 보인다고 한 것이 계기가 되었다. 다른 남학생들도 이런 얘기를 듣게 되었고 옷을 차려 입기 시작했다. 이 예시의 팀은 학생들이 또래의 관심을 얻고 싶어 하는 점을 적극 활용했다. 부적절한 복장을 했던 학생들의 대부분은 개별 중재 대상이 아니었지만, 이 중재는 보편적 중재, 표적집단 중재, 개별 중재의 대상학생 모두에게 영향을 미쳤다.

특정 장애와 관련된 개별 중재

다음은 교육현장에서 자주 만날 수 있는 특정 장애 학생들의 행동을 지도하는 예시다.

ADHD

ADHD를 가진 학생들이 교실에서 성공적으로 지내기 위해서는 사회성 중재 훈련이 필요하다. 다음은 Sheridan(1995)이 소개한 자기통제 전략이다. 교사는 ADHD 아동에게 다음을 가르친다.

1. 일단 멈추고, 심호흡하고, 다섯을 센다.
2. 문제가 무엇인지 파악하고 내 기분을 점검한다.
3. 여러 가지 해결방안과 그 후속결과를 생각해 본다.
    a. 지금 벌어지고 있는 상황을 무시한다.
    b. 스스로에게 "괜찮아."라고 말한다.
    c. 스스로에게 진정하라고 말한다.
    d. 차분하게 말로 한다.
    e. 양보한다.
    f. '나-메시지'를 사용하여 내 기분을 말한다.
    g. 내가 할 수 있는 최선의 행동을 선택한다.
    h. 선택한 행동을 실행한다.

미국 TV쇼 〈Saturday Night Live〉에 등장하는 캐릭터 Stuart Smalley의 자기확신 문장처럼 이미 널리 알려진 구호를 이용하는 것도 ADHD 학생의 지도에 유용한 방법이다(역자 주: Stuart Smalley는 〈Saturday Night Live〉에서 코미디언 Al Franken이 연기한 인물의 이름으로, 이따금씩 "나는 충분히 좋은 사람이야. 나는 충분히 똑똑해. 사람들은 나를 좋아해."라고 스스로에게 말하는데 이 말이 큰 인기를 얻음). Parker(2002)는 자기확신 문장(self-affirming statement)의 사용법을 제시하면서, 머릿속으로 이 문장을 스스로에게 말하는 방법을 학생들에게 가르치면 충동적 행동을 극복하는 데 매우 도움이 된다고 하였다. 다음은 자기확신 문장의 예다.

- 나는 이 상황에 잘 대처할 수 있어.
- 나는 이 상황을 해결할 수 있어.
- 나는 이 상황에 굴복하지 않을 거야.
- 나는 이 문제를 헤쳐 나갈 만큼 충분히 강해.
- 화를 내는 건 아무런 도움이 되지 않아.

ADHD 학생들에게는 다양한 후속결과 수정을 통해 학습에 도움이 되는 환경을 조성하는 것이 필요하다. Rief(2005)는 ADHD 학생들에게 PBIS 보편적 중재의 지침을 적용하고, 교실 내 기대행동은 학생이 이해하기 쉬운 수준으로 몇 개만 설정해야 한다고 말했다. 긍정문으로 서술된 기대행동을 공지하는 동시에 이러한 기대행동을 설정한 근거를 설명해 주어야 하며, 학교의 모든 장소에서 이 기대행동을 지키는 것이 무엇을 뜻하는지 매우 구체적이고 명확하게 정의해 주어야 한다. 또한 사진이나 동영상을 활용하여 이 기대행동을 지키는 자신의 모습을 연상할 수 있도록 한다. Rief(2005)는 또한 부적절한 행동이 한 치의 기회도 얻지 못하도록 교사들이 기대행동을 지속적으로 상기시켜야 한다고 말했다. 이는 학교차원의 PBIS 보편적 중재를 충실하게 실행하는 학교가 ADHD 학생에게 최적의 교육환경이 될 수 있음을 뜻한다.

ADHD 학생의 경우, 부적절한 행동에 대한 후속결과로 쉬는 시간에 교실에 남아 있게 하거나 스포츠 활동을 못하게 하면 절대 안 된다. 여가활동은 이 학생들이 넘치는 에너지를 소모할 수 있는 출구가 되어 주며, 학습과 기억을 돕는 두뇌 속 효소를 증가시킨다(DuPaul & Weyandt, 2005). 부적 강화를 적용해야 한다면 다른 방법을 찾아야 한다. 어떤 교사는 부적절한 행동에 대한 부적 강화로 쉬는 시간에 할 수 있는 활동의 종류를 제한하는 방법을 사용했다. 학생은 운동장에서 하고 싶은 활동을 선택하는 대신, 교사가 지정해 준 신체

활동을 해야 한다. 예를 들어, 교사는 그네 타기를 좋아하는 학생에게 다른 학생들과 농구를 하도록 지정할 수 있다. 이 학생은 선택의 권리는 갖지 못했지만 여전히 신체활동을 한 셈이다. 이러한 후속결과로 학생 행동이 완전히 바뀌기는 힘들겠지만 일부 학생에게는 효과가 있을 수 있다.

전이는 ADHD 학생들이 어려워하는 시간이다. 타이머가 ADHD 학생들에게 도움을 줄 수 있다. 좋은 기능의 타이머들이 많이 나오는데, 무음이면서 화면에 빨간 영역을 보여 주고 시간이 지남에 따라 빨간 표시 영역이 줄어드는 타이머가 있다. 또 다른 방법은 분당 60비트 정도 빠르기의 음악에 일정 간격으로 알림음을 삽입하여 녹음한 후, ADHD 학생에게 알림음이 나면 전이 시간까지 5분이 남았다는 뜻임을 미리 알려 주는 것이다. 이 알림음은 다른 학생들에게는 의미 없는 소리지만 ADHD 학생에게는 전이 시간이 다가옴을 알리는 중요한 힌트가 된다. 집단강화(group contingency)와 전이를 연결시키는 것도 유용한 방법인데, 다른 학생들이 집단강화를 받기 위해 ADHD 학생의 전이를 돕기 때문이다. 집단강화는 학급 전체 학생들이 하나의 상을 받기 위해 함께 노력하는 것이다. 교사는 학생들에게 수업 시작종이 울릴 때까지 전이를 마치고 책을 꺼내 다음 시간 수업 준비를 마친다면 자유 그림 그리기 시간 5분을 주거나 숙제로 내 준 문제 중 5개의 답을 알려 주겠다고 하면서, 전이를 할 때 서로를 도와야 함을 강조한다. 때로는 또래의 촉진이 교사의 촉진보다 더 효과적이다(DuPaul & Weyandt, 2005).

교사와 학생 간 비밀 신호를 사용하는 것도 매우 효과적이다. 신호는 수화, 귀 잡아당기기, Groucho Marx의 퀴즈쇼에서 사용하는 '오늘의 단어'(역자 주: 퀴즈쇼 참가자가 입장하기 전에 사회자가 관객들에게 '오늘의 단어'를 공개하는데, 퀴즈쇼 참가자가 말을 하다가 우연하게라도 오늘의 단어가 나오면 추가 상금을 받음) 등 아주 간단하게 정할 수 있다. 나는 ADHD 학생에게 지금 해야 할 일을 알려 주기 위한 비밀 신호로 '찾았다(I spy)'라는 말을 사용해 본 적이 있다. 이 비밀 신호를 ADHD를 가진 션(Sean)에게 적용한 예시를 살펴보자. 션은 수업시간에 의자에서 몸을 꿈틀거리더니 의자가 마치 미끄럼틀이나 되는 것처럼 의자에서 미끄러져 내리기 시작했다. 이러한 션의 행동은 옆에 앉은 친구들의 주의를 분산시켰다. 션을 쳐다보며 "똑바로 앉아."라고 말하여 창피를 주는 대신, 교사는 교실의 다른 편을 바라보며 "찾았다! 여기 바르게 앉아서 수업을 잘 듣고 있는 학생이 있네. 이 학생 덕분에 우리 학급이 방금 1점을 땄어요." 교사가 바라본 쪽에 앉은 8명의 학생은 교사가 자신을 두고 한 말이라고 생각할 것이다. Shores, Gunter와 Jack(1993)은 이러한 교사의 말이 학급 학생 80%의 행동을 향상시킨다고 하였다. 그러나 교사가 전달하고자 한 메시지는 사실 션을 향한 것이었고, "선생님은 션이 바르게 앉아서 수업에 집중했으면 좋겠다."라는 의미였다. 션을 향한 비밀 메시지는 션이 체면을 잃지 않게 했다. 15분 후 션이 바르게 앉아 수업에 집중하면, 교사는 션을 바라보고 "찾았다! 여기 바르게 앉아서 수업을 잘 듣고 있는 학생이 보이네. 이 학생 덕분에 우리 학급이 방금 1점을 땄어요." 하고 말할 것이다. 이는 션이 비밀 메시지를 잘 알아듣고 반응하였음을 교사가 칭찬한 것이다. 많은 교사는 또한 교사가 목소리를 높이기보다 낮출 때 ADHD 학생들이 더 잘 집중한다는 것을 발견했다.

많은 학생이 ADHD로 오진되고 있다(Webb, 2000). 영재나 학습장애, 강박장애, 적대적 반항장애 학생들이 ADHD로 오인될 가능성이 높다는 점을 유념해야 한다. 영재 학생들의 경우, 각 학생의 특성에 맞는 차별화된 교육이 제공되지 못하면 이러한 학교생활이 주는 괴로움 때문에 학교를 지루해 하는 것으로 보일 수 있다.

학습장애

학습장애는 다른 많은 장애와 공존한다. 미국의 경우 250만 명 이상의 학생이 학습장애를 가지고 있다(Data Accountability Center, 2008). 학습장애 학생의 지원에는 전략이 매우 중요하다. 첫 단계는 진단이다. 나는 이 장 앞부분에서 일부 교사가 고등학교 1학년 과정을 낙제하여 3년 연속 반복하는 학생을 학습장애로 진단하지 않고 단순히 "게으르다."라고 판단했던 사례를 소개하였다. 우리는 학생이 공부에 환멸을 느끼기 전에 학습장애를 조기에 판별해 내야 한다. Whitaker(2010)는 미 교육부 자료를 검토한 결과, 매일 7,000명 정도의 학생들이 고등학교를 중퇴하고 있다고 보고하였다. 교사들이 고정관념을 탈피하여 사고하기 위해 참고할 수 있는 최고의 자료 중 하나는 『필요하다면 무엇이든지: 전문학습공동체가 학습을 어려워하는 학생을 지원하는 방안(Whatever It Takes: How Professional Learning Communities Respond When Students Don't Learn)』(DuFour, Eaker, Karhanek, & DuFour, 2004)이라는 책이다. 이 책에서 저자는 초·중·고등학교들이 모든 학생의 학습을 돕기 위해 어떻게 노력해야 하는지를 보여 준다.

학습장애 학생이 보이는 여러 증상은 무관심이나 게으름이라는 오해를 받곤 한다. Rief(2005)가 제시한 여러 가지 학습장애 위험 증상을 나열해 보면 다음과 같다. 읽기나 쓰기를 회피함, 내용을 요약하는 데 어려움을 보임, 개방형 질문에 답을 잘 못함, 수업 중 과제를 하거나 시험 상황에서 작업 속도가 느림, 비평을 받아들이지 못함, 타인의 관점을 이해하는 데 어려움을 보임. 이러한 증상을 보이는 학생들을 일대일로 만나서 이야기를 나누면 이 학생들의 고등학교 졸업 가능성을 높일 수 있다. Bhaerman과 Kopp(1988)은 학생의 이름을 알고, 긍정적인 방식으로 그 학생의 이름을 불러 주는 교사가 1명이라도 있으면 그 학생이 학교를 중퇴할 가능성은 낮아진다고 말한다.

많은 문제행동이 기술결함(skill deficit)에서 비롯된다. 다음 예시를 보자. 일반교사 양성과정에서는 예비교사들에게 학습장애 학생을 가르칠 때 과제를 줄여 주라고 가르친다. 나는 실제로 이런 상황을 목격한 적이 있다. 한 교사가 교실을 돌아다니며 A4용지 크기의 학습지를 나눠 주었는데 두 학생에게만 A4용지를 반으로 자른 크기의 학습지를 주었다. 이 교사는 학습지를 문자 그대로 반으로 자른 것이다. 예상할 수 있듯이, 반쪽짜리 크기의 학습지를 받은 학생 중 하나가 재빨리 일어나 욕을 했고 교사는 이 학생을 곧바로 훈육실로 보냈다. 이 행동은 학생이 자신의 체면을 살리기 위해 한 것으로, 이 난리 덕분에 아무도 이 학생이 반쪽짜리 크기의 학습지를 받았다는 것을 눈치채지 못했다. 이제 이보다 나은 해결책을 살펴보자. 과제를 줄여 주는 중재에서 가장 중요한 것은 학생이 과제 전체에 압도당하지 않고 우선적으로 해야 할 일을 찾을 수 있게 범위를 좁혀 주는 것이다. 교실의 모든 학생에게 종이를 끼울 수 있는 투명 낱장 폴더를 배부한다. 학습장애 학생에게 주는 폴더는 폴더 앞면을 3등분하는 지점에 칼집을 내어 앞 장이 3개의 창으로 나뉘게 한다(역자 주: 완전히 종이를 잘라 내지는 않지만 폴더 앞면을 3등분으로 잘라서 3개의 창을 열었다 덮을 수 있게 만든다는 의미). 학습장애 학생에게는 3등분된 앞면 중 상단의 첫 번째 창을 열었을 때 나타나는 문제만 풀게 한다. 학생들 사이를 돌아다니며 잘 푼 문제마다 동그라미 표시를 해 주어 학생이 잘하고 있음을 알려 준다. 문제를 다 푼 후에는 첫 번째 창을 덮고 중간 창을 열어 그 안에 나타나는 문제를 풀게 한다. 마지막으로 맨 아래창의 덮개를 열고 그 부분도 끝내도록 한다. 이 학생이 폴더 창을 여닫는 것을 다른 학생이 본다 하더라도 그저 폴더가 찢어졌나 보다고 생각하거나 '와, 그거 좋은 생각이네, 나도 그렇게 폴더를 잘라 봐야지.'라고 생각할 것이다.

14장

중재계획 실행과 성과의 유지

주요 내용

- 행동의 기능을 판별한 후 누가, 무엇을, 언제, 어디서, 왜 중재계획을 실시할 것인지 결정하는 방법
- 중재 단계에서 유지 단계로 넘어갈 시점을 결정하는 방법

중재 단계

자료를 어느 정도 수집한 후 “오케이. 이제 파악했어. 이 아이는 하루에 137회 다른 사람을 때리고 주어지는 지시의 65%를 따르지 않는구나.”라고 말만 하는 것은 충분치 않다. 자료를 수집한 후에는 중재계획을 세우고 이를 충실하고 일관성 있게 실행하며 그 성과를 측정해야 한다. 중재 단계(intervention phase)에서 문제행동이 기초선에 비해 충분히 감소된 다음에는 학생과 주변인들이 중재계획을 꾸준히 잘 실행하고 있는지 확인하기 위해 몇 번의 유지 검사를 할 것이다.

9장에서 소개한 경쟁행동 경로 도표를 나와 동료들이 애용하는 이유는 그것을 통해 모든 팀원이 문제행동을 유지시키는 요인을 쉽게 이해할 수 있기 때문이다. 팀원 중 1명이 성인의 관심으로 인해 학생의 행동이 지속되고 있음을 모른다면 그 사람은 계속 학생에게 관심을 표현하여 행동을 유지시킬 것이고, 결국 중재효과가 나타나는 데 시간이 더 걸릴 것이다. 나는 개별 지원팀 회의를 할 때, 경쟁행동 경로 도표를 프로젝터로 스크린에 띄워 놓고 선행사건, 행동, 후속결과 칸에 해당 내용을 기입하여 모든 팀원이 행동 발생의 흐름을 도표로 보게 하는 방법을 매우 좋아한다. 우리 팀이 개별 지원팀 회의를 할 때는 그 학생과 일하는 모든 교직원과 학부모가 참석한다. 가능한 경우에는 학생 본인이 그 회의 중 일부에 참석하는 것도 환영한다. 회의 중 일부라고 말한 것은 회의 중에 팀원들이 서류 작업을 하는 시간까지 학생들이 앉아 있을 필요는 없다고 보기 때문이다. 그런 시간까지 학생들이 참여한다면 학생들은 지루해할 것이고 팀은 서류 작업에 집중하기가 어려울 것이다.

중재 충실도(fidelity)는 중재계획을 실행할 때 매우 중요하다. 우리는 매우 효과적일 거라고 생각되는 훌륭한 계획을 세운 적이 많지만 시간이 흐르면서 엄청나게 정교한 계획보다는 지원팀이 실행할 수 있는 계획을 세우는 것이 훨씬 낫다는 것을 알게 되었다. 우리 팀이 경험한 예를 하나 들어 보겠다.

우리 팀은 페이지(Paige)라는 이름을 가진 6세 소녀의 행동지원을 의뢰받은 적이 있다. 다운증후군을 가진 페이지는 초등학교의 통합학급에 재학 중이었다. 페이지는 모든 과제를 거부하는 행동 때문에 우리 프로그램에 의뢰되었다. 불순응은 다운증후군 아동에게 흔한 일이기 때문에 페이지의 행동이 그리 놀라운 것은 아니었다. 우리는 관찰을 위해 페이지의 학교에 갔다가 너무나 충격적인 장면을 보게 되었다. 페이지가 "하기 싫어요."라는 말을 할 때마다 페이지의 수업을 보조하던 여성이 페이지를 들어 올려 바닥에 앉힌 후 신체적 구속을 하는 것이었다. 그 성인은 페이지의 뒤쪽에 앉아 자신의 다리를 아이의 다리 위에 올려 아이가 움직이지 못하게 하고, 아이의 팔을 엑스(×)자로 엇갈리게 한 후 뒤에서 그 팔을 잡고 있었다. 우리는 교내지원팀에게 이게 무슨 상황이냐고 물어보았다. 그들은 이전에 협업했던 행동전문가가 페이지의 불순응 행동이 나타날 때마다 이렇게 하라고 가르쳐 주었다고 하였다. 이러한 처치는 다음과 같은 두 가지 문제가 있다. 첫째, 과제를 거부하는 행동은 학생을 즉각적 위험에 빠뜨리는 행동이 아닌데 학교가 신체적 구속을 사용했다는 점이다. 둘째, 이 학생이 감각문제가 있다면 이렇게 신체적으로 꽉 잡히는 느낌을 좋아할 수도 있기 때문에 행동이 악화될 수도 있다. 감각 자극을 얻기 위해 페이지는 "하기 싫어요."를 더 자주 외칠지도 모른다. 좋은 중재계획이 떠올랐기 때문에 우리는 빨리 학교를 떠나 가게로 가서 다음의 물건들을 샀다.

- 벨이 울린 후 몇 초간 계속 소리를 내는 타이머
- 파티용품 코너에 있는 색색의 플라스틱 팔찌 한 봉지
- 페이지가 좋아하는 25조각 퍼즐 여러 개
- 아동의 무릎 위에 올려 둘 수 있는 크기의 직사각형 트레이

우리는 학교로 돌아와 교내지원팀에게 우리가 하는 것을 우선 한번 보라고 말했다. 우리는 페이지에게 지금부터 새로운 게임을 하나 하겠다고 말한 후, 페이지가 규칙을 지키고 우리가 지시한 일을 할 때마다 플라스틱 팔찌를 하나씩 줄 것인데 5개의 팔찌를 모으면 5분간 퍼즐을 하게 해 주겠다고 약속했다. 페이지는 이것이 재미있어 보였는지 새 게임을 해 보겠다고 했다. 아동에게 선호하는 활동(즉, 퍼즐)을 하게 해 주었다가 다시 선호하지 않는 활동으로 돌아오게 하는 일은 종종 부적절한 행동을 야기하므로 이에 대해서도 미리 대비를 해야 했다. 우리는 먼저 페이지에게 타이머 사용법을 가르쳤다. 우리는 페이지에게 5분간의 퍼즐놀이 시간을 가진 후 타이머가 울리면 그 소리가 멈추기 전까지 퍼즐이 놓인 트레이를 선반에 가져다 두어야 한다고 말했다. 이렇게 함으로써 페이지는 퍼즐을 박스에 도로 넣지 않아도 되고, 수업으로 돌아오는 시간을 지연시킬 어떤 일도 할 필요가 없어진다. 페이지는 늘 트레이 위에 퍼즐을 놓고 이를 맞추며 놀다가 그대로 선반에 돌려놓으면 되는 것이다. 타이머 소리가 멈추기 전에 트레이를 돌려놓으면 또 하나의 팔찌를 받기 때문에 다시 퍼즐놀이 시간을 갖게 해 줄 팔찌 5개 중 1개를 이미 확보한 셈이 된다.

우리는 하루 종일 그 학교에 머물면서 이 중재를 실행하는 시범을 보였고 페이지는 이전에 아무도 본 적이 없는 놀라운 과제참여 행동을 보였다. 페이지가 과제를 하리라는 기대를 거의 하지 않았던 교사들이 과제를 충분히 준비해 두지 않았기 때문에 교사들은 하루 종일 페이지가 할 과제를 준비하느라 바쁘게 뛰어다녀야 했다. 페이지는 하루 내내 열심히 과제를 하고 잘 웃고

지시를 따르며 우리가 요청한 모든 것을 완수했다. 교내지원팀은 우리와 함께 이 상황을 기쁘게 바라보았고, 페이지가 이전에 한 적이 없는 모든 일, 예를 들면 스스로 화장실 가기, 쉬는 시간이 끝남을 알리는 호루라기 소리가 들릴 때 바로 제자리로 돌아오기 같은 일을 하게 해 보라고 우리에게 부탁했다. 그날 하루 동안 페이지는 약 15분마다 5개의 팔찌를 받았다. 우리는 이날이 중재 첫날이므로 학생의 행동에 대해 높은 비율로 보상을 제공하는 것이 매우 중요함을 알고 있었다.

하루가 끝난 후 우리는 이 모든 정보를 교내지원팀과 페이지의 어머니에게 전달했다. 우리는 페이지의 어머니에게 팔찌 한 묶음과 타이머를 주었다. 어머니는 아침에 일어나 옷 입기, 장난감 정리하기, 식사하기, 제시간에 잠자리에 들기 등 가정에서 페이지가 해야 할 일을 완수하도록 지도할 때 이 방법을 쓰기로 했다. 학교에서도 수업활동을 위해 팔찌 시스템을 활용하기로 했다. 가정에서는 팔찌 5개를 모으면 텔레비전을 시청할 수 있게 해 주었다.

우리는 이 중재에 대해 보람을 느끼며 학교를 떠났다. 우리는 교내지원팀 모두가 그날 방과 후에 있었던 PBIS 개별 지원팀 회의에서 우리가 작성해 준 계획을 잘 지킬 거라고 믿었다. 2주 후 우리는 그 학교를 다시 방문했는데 놀랍게도 처음과 똑같은 자세로 신체적 구속을 받고 있는 페이지를 보았다. 페이지는 심지어 비명을 지르고 있었다. 이게 무슨 일인지 교내지원팀에게 묻자 그들은 이렇게 말했다. "페이지에게 계속 팔찌를 주기는 곤란하다고 생각했어요. 페이지는 교사가 주는 과제를 당연히 해야 하고, 당연히 할 일을 한 것에 대해 꼭 팔찌를 줄 필요는 없다고 봅니다. 우리는 이런 형태의 신체적 구속이 더 나은 방법이라고 믿습니다." 가정에서는 어떻게 되고 있는지 궁금했던 우리는 어머니에게 전화를 했는데 어머니는 이 팔찌 시스템을 즐겁게 활용하고 있었다. 어머니는 이 방법이 믿을 수 없을 정도로 효과적이라고 하면서 집에서는 텐트럼이 한 번도 일어나지 않았고 어머니가 요구한 과제도 전혀 거부하지 않는다고 하였다. 반면, 학교는 이 중재계획을 충실하게 실행할 역량이 없었기 때문에 계획이 무산되고 만 것이다.

George Sugai(역자 주: 미국 코네티컷 대학교에 재직 중인 교수로, PBIS의 권위자)와 개인적으로 교신하며 이 상황에 대해 논의한 적이 있는데 그 논의를 통해 매우 중요한 것을 배웠다. 그는 자신의 경험을 통해 깨닫게 된 사실을 알려 주었는데, 외부지원팀의 도움을 받아 교내지원팀이 중재를 실행할 경우 실행점검을 2주나 지나서 하는 것은 곤란하며 그렇게 긴 시간이 지날 경우 이전의 방식으로 돌아갈 가능성이 크다는 것이었다. 그는 말했다. "나는 바로 다음 날 교내지원팀에 전화를 해서 중재계획이 잘 실행되고 있는지 그리고 추가의 질문이 있는지 물어봐야 한다고 생각해요. 그다음에는 3일 후, 그다음에는 5일 후에 전화를 하는 거지요." Sugai 박사는 이렇게 하면 교내지원팀이 중재계획을 실행하지 않은 것에 대해 변명을 할 수가 없다고 하였다. 2주간 자기들끼리 알아서 하게 두면 좀 더 쉬워 보이는 이전 중재방식으로 회귀할 가능성이 커진다는 것이다.

중재 단계에서도 자료 수집은 중요하다. 기초선에서 했던 만큼 대대적인 자료 수집을 할 필요는 없다. 우리는 기초선 자료 수집의 일부로 퍼센트를 계산하거나 그래프를 그렸다. 기초선 자료에서 하루의 57%에 해당하는 시간만큼 문제행동을 보였던 아동이 있다고 가정해 보자. 중재 단계에서 해야 할 일은 이 행동이 기초선보다 덜 나타나는지를 알기 위해 적절한 주기로 자료를 수집하여 퍼센트를 계산하는 것이다. 만약 이 중재가 4주간 지속되는 거라면 주 1회씩 총 4회 자료를 수집하면 된다. 4주간의 발생률이 42%, 36%, 24%, 21%라면 4주간의 평균은 31%가 될 것이다. 즉, 기초선 단계의 평균 발생률이 57%였고 중재 단계의 평균 발생률이 31%이므로 기초선보다 행동이 감소되었음을 알 수 있다. 이를 공식으로 표현하면 다음과 같다.

$$\frac{I-B}{B} = D$$

여기서 I는 중재 단계의 수치, B는 기초선 단계의 수치이고 D는 감소된 정도를 말한다. 앞의 예시에 나온 수치를 대입해 보자.

$$\frac{31-57}{57} = -0.4561$$

퍼센트 환산을 위해 D에 100을 곱하면 46%가 된다. 따라서 기초선 단계에 비해 중재 단계에서 46%의 행동 감소가 일어난 것이다. 우리가 원하는 방향으로 행동이 감소되고 있는 것은 맞지만, 이 정도의 감소로는 아직 충분하다고 할 수 없다.

그래서 좀 더 강력한 다음 단계의 중재계획을 실행한 후 몇 주 더 자료를 수집했다고 가정하자. 그다음 4주간의 발생률은 22%, 20%, 15%, 7%로, 평균 16%이다.

$$\frac{16-57}{57} = -0.7193$$

즉, 기초선에 비해 72%의 행동 감소가 일어났다. 이 수치는 우리가 바라는 정도의 개선에 좀 더 가깝다고 할 수 있다. 기초선에 비해 100%의 행동 감소가 일어나는 것이 이상적이겠지만, 어떤 학생들은 오랜 시간에 걸쳐 일관성 있게 실행되는 중재를 필요로 한다. 우리가 예방적 중재를 많이 하면 할수록 부적절한 행동이 감소될 가능성이 크다.

교사가 PBIS 개별 지원팀과 만나 자료를 공유하면 이 팀은 교사가 성공적인 행동지원을 위해 취해야 할 다음 단계가 무엇인지 결정하도록 도와줄 것이다. 우리 팀은 요즘 한 대안학교의 개별 지원팀과 월 1회 미팅을 하고 있다. 매달 교사들과 지원인력들이 개별 중재 대상학생의 자료를 가져오면 우리는 중재의 성과를 분석하고 자료의 추이에 근거하여 중재를 수정한다. 우리는 학교단위 정보 시스템(SWIS) 자료를 검토하고 이를 각 교사가 작성한 일화 기록과 비교하면서 매월 중재를 계획하고 수정하는 시간을 갖는다.

7명 이상의 교사가 재직하는 일반적인 학교라면, 매주 시간을 내어 개별 중재를 필요로 하는 교사들과 만날 수 있는 PBIS 개별 지원팀이 필요한데, 이 팀은 고정적인 핵심 팀원으로 구성되어야 한다. 다음은 핵심 팀원으로 고려할 수 있는 인력의 예다.

- 학교 관리자
- 행동전문가
- 상담가
- 학교 사회복지사
- 특수교육 전문가

일반적으로 이들 인력은 학급을 담당하는 교사들과 달리 대리교사를 구하지 않고도 회의에 올 수 있다. 학생별 지원은 각 학생의 필요에 따라 매우 다양하지만, 다음에 나열된 인력 중 일부는 학생별 필요에 따라 개별 지원팀에 포함될 것이다.

- 일반학급 교사
- 특수학급 교사
- 교과교사 및 특별교사(사서교사, 체육교사, 음악교사, 미술교사)
- 지원인력(보조교사, 행정실무사, 통역사)
- 미화원
- 학교버스 운전사
- 급식 담당 인력
- 운동장 안전담당자
- 돌봄교실 교사

- 부모/후견인
- 적절한 경우 학생 본인
- 지역사회 지원인력
  - 사회복지사
  - 상담사
  - 의사
  - 보호관찰관

많은 학교가 월 단위로 개별 지원팀 회의가 가능한 시간을 여러 개 정해 놓고 교사들이 그중 가능한 시간에 신청을 하게 하는 방법과 교사들에게 개별 중재 대상학생의 우선순위를 평정하게 하는 방법을 유용하게 활용하고 있다. 자신이나 타인에게 심각한 상해를 입히는 학생은 5점, 자신과 타인의 학습을 심각하게 방해하는 학생은 4점, 교과학습에서 낙제를 하는 학생은 3점, 심각한 정도는 아니지만 다소 우려되는 행동이나 학업문제를 가진 학생은 2점, 현재로서는 학습을 방해하는 문제행동이 없지만 문제를 일으킬 소지가 있어 교사가 주시하고 있는 학생은 1점으로 평정한다.

개별 지원팀은 또한 매주 모여서 지원방안을 논의할 대상학생의 우선순위를 결정할 때, 2장에서 설명한 보편적 선별 도구를 활용할 수도 있다. 낮은 점수를 받은 학생일수록 우선적인 지원대상이 되며, 높은 점수를 받은 학생은 후순위로 지원을 받게 될 것이다. 이것은 개별 중재 대상학생들이 더 이상 지원이 필요하지 않아 표적집단 중재의 대상이 되고, 다시 보편적 중재의 대상이 되는 과정에서 성과를 추적하는 방법으로도 사용될 수 있다.

행동중재계획은 특수교육 대상학생만을 위한 것은 아니다. 행동계약, 토큰경제, 교사와 학생만 아는 신호 활용 등도 모두 행동중재계획이다. 공식적인 행동중재계획은 특수교육 대상학생을 위해 수립되지만, 다른 모든 학생에게도 행동중재계획은 유익하다. 개별 중재 대상이 정해지면 지원팀은 기초선 자료를 분석하고 최선의 지원방향, 즉 중재를 결정해야 한다. 팀은 중재 단계 동안 중재의 성공을 확인하기 위해 매주 1회 자료를 수집할 것이다. 행동이 개선되고 있다면 중재를 계획대로 지속하겠지만, 적절한 개선이 나타나지 않을 경우 팀은 계획의 수정 또는 보완 여부를 결정할 것이다. 중재가 소기의 성과를 거두면서 잘 진행된 경우 지원팀은 다음 단계로 넘어가게 되는데 이 단계를 유지 단계라고 부른다.

유지 단계

유지 단계(follow-up phase)를 석 달 정도로 잡고 월 1회 점검하는 방식을 권하고 싶다. 이렇게 함으로써 지원팀은 행동의 개선이 유지되고 있는지를 판단할 수 있다. 행동이 좋아지면 상황이 많이 호전되기 때문에 교사가 중재 실행을 잊어버리는 경우가 있다. 또한 행동중재를 좀 더 간헐적인 수준으로 줄여 나가는 과정에서 학생이 이전의 행동으로 돌아갈 때가 있다. 석 달 동안 월 1회 점검을 함으로써 팀은 대상학생과의 관계를 유지할 수 있고 진보의 측정을 지속할 수 있다. 석 달이 지나도 개선된 행동이 성공적으로 유지되었다면 아마도 이 상태는 지속될 것이다. 문제행동이 다시 나타날 경우 교사가 해야 할 일은 해당 학생을 개별 중재의 우선순위 대상으로 다시 신청하여 개별 지원팀과의 논의를 통해 처음 세운 중재를 수정하는 것이다.

[그림 14-1]은 기초선, 중재, 유지 단계를 그래프로 표현한 예다.

기초선에 비해 행동이 감소했다면 이는 중재의 성공을 뜻하며, 그렇지 않다면 중재를 수정할 필요가 있다는 의미다. [그림 14-1]에서 보듯이 질리언(Jillian)의 사례에서는 중재가 효과적이었음을 알 수 있으며 시간이 지남에 따라 다음과 같은 감소가 나타나고 있다.

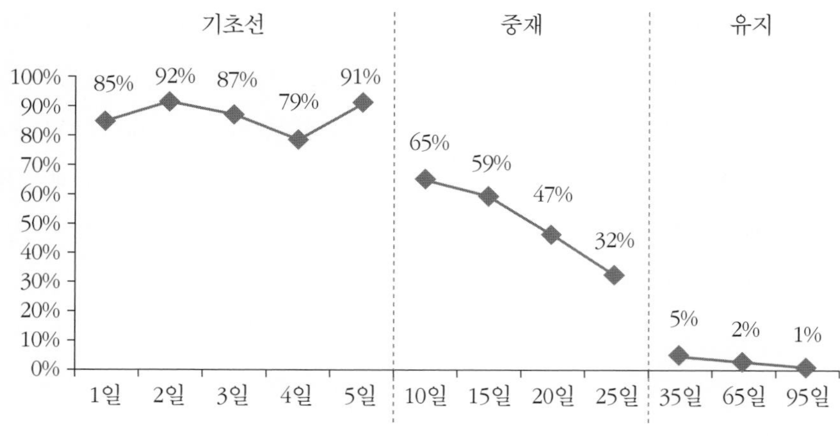

[그림 14-1] 질리언의 과제이탈 행동

- 기초선: 과제이탈 행동의 평균 발생률 87%
- 중재: 과제이탈 행동의 평균 발생률 51%
- 유지: 과제이탈 행동의 평균 발생률 3%

유지 단계에서는 기초선 단계에 비해 97%의 행동 감소가 일어났다. 과제이탈 행동의 경우, 97%는 명백한 개선이라고 볼 수 있으며 학생의 시험점수와 학업 성취가 향상될 가능성이 매우 높을 것이다. 유지 단계에서 개별 지원팀은 시험점수나 학업 성취 기록도 살펴보고 싶을 것이다.

성공을 축하하기

마지막으로 가장 중요한 것은 성공을 축하하는 것이다. 학교 환경에서 우리가 서로에게 줄 수 있는 가장 큰 선물은 함께 성공의 기쁨을 나누는 것이다. 나는 교사 회의에서 성공을 함께 축하하는 것이 중요하다고 믿는다. 또 교직원들끼리 행동지원 성공 스토리를 나누고 이러한 성공을 거두기 위해 적용한 중재방법에 대해 몇 분 만이라도 발표할 시간을 주어야 한다고 생각한다. 많은 교사가 이러한 정보가 자신에게도 매우 유용하다고 느끼며, 비록 스토리에 나오는 개별 중재 대상학생과는 다른 연령의 학생을 담당하고 있더라도 그 중재방법을 자신에게 맞게 응용하여 사용하곤 한다. 성공을 축하하는 것은 모든 사람을 기분 좋게 만든다. 교육 현장에 있는 우리에게는 더 많은 확신이 필요한데, 성공을 축하하는 경험은 우리 스스로에게 지속적으로 확신을 심을 수 있는 방법 중 하나다.

부록

부록에 제시된 자료는 여러분의 학급이나 보편적 지원팀에서 마음껏 사용해도 좋다. 부록의 자료는 얼마든지 복사해도 되지만, 부록 외의 모든 부분은 저작권의 보호를 받는다.

학생-교사 평정 기록지

학생-교사 평정 기록지는 많은 교사에게 효과적으로 사용되어 왔다. 학생들에게 "다른 사람을 존중하세요."라고 말만 해서는 충분치 않다. 남을 존중한다는 것이 어떤 것인지 아주 구체적으로 가르쳐야 한다.

교사가 학생의 과제물에 써 놓은 '87점'이라는 점수가 학생이 과제에서 잘한 점과 잘못한 점을 알려 주지 못하는 것과 마찬가지로, 교사가 학생에게 행동카드를 뒤집어 다른 색깔이 나오게 하라고 말한다고 해서 학생이 자신의 행동을 성인의 관점에서 볼 수 있게 되는 것은 아니다(역자 주: 행동카드란 행동중재 시 사용되는 카드로 학생의 목에 걸거나 자석으로 칠판에 붙여서 사용하며, 한 면은 빨간색, 다른 면은 초록색으로 되어 있다. 여기서는 학생이 바람직하지 않은 행동을 하여 교사가 초록 면이 앞에 있던 카드를 뒤집어 빨간 면이 나오게 하라고 지시한다는 의미다. 카드의 빨간 면이 앞으로 나와 있는 상태에서는 교실 내 권리가 제한되거나 교사의 관심을 받지 못한다).

자기관리 도구

다음 몇 쪽에 걸쳐 소개할 자기관리 도구(self-management tool)들은 일반적인 교실관리 기술로는 지도하기 어려운 학생들에게 적용할 수 있다.

교사는 긍정문으로 작성된 몇 개의 기대행동을 매 시간 3점 척도로 평정한다(3점은 매우 잘했음, 2점은 잘했으나 조금 더 노력이 필요함, 1점은 노력이 필요함을 의미한다). 우리는 0점이나 슬픈 얼굴을 사용하지 않는데 학생들이 이를 보고 '나는 0점이야. 나는 아무것도 아니야.'라고 생각할 수 있기 때문이다(학생들은 자신이 아무것도 아니라고 생각하는 순간 아무것도 아닌 사람처럼 행동하기 시작한다. 그리고 우리는 그 어떤 학생의 자아존중감도 그렇게 떨어지길 원하지 않는다).

학생도 자신의 행동을 교사와 같은 3−2−1점 척도로 평정한다. 학생은 [그림 1]과 같은 기록지를 쓸 수도 있고, 별도의 기록지를 쓸 수도 있다. 학생은 교사가 기록한 것을 보면 안 되고, 교사도 학생이 기록한 것을 보면 안 된다. 나중에 교사와 학생이 각자의 기록지를 비교했을 때 평정점수가 일치하면 일치한 평정점수만큼 학생은 점수를 얻는다. 3+3=3점, 2+2=2점, 1+1=1점. 만약 교사가 학생의 행동을 3점으로 평정하고, 학생은 2점으로 평정하였다면 학생은 점수를 얻지 못한다. 이렇게 하는 이유는 교사가 보는 방식으로 학생이 자신의 행동을 보도록 가르치기 위해서다.

대부분의 학생들은 경쟁적 요소가 있을 때 흥미를 보이기 때문에 이 방법에 잘 참여한다. 이 방법을 적용할 때 내가 가장 좋아하는 보상 방식은 정해진 수준만큼 점수가 모이면 학생 스스로 보상을 고르고, 가정에서 이 보상을 주는 것이다. 예를 들어, 어떤 학생이 하루에 6교시 수업을 하는데 한 수업에서 받을 수 있는 최대 점수가 9점이라면, 그 학생이 학교에 있는 동안 54점까지 모을 수 있다. 이 경우 보상 메뉴는 다음과 같이 정할 수 있다.

- 1~25점=집에서의 컴퓨터 게임 시간 5분 추가
- 26~35점=집에서의 컴퓨터 게임 시간 10분 추가
- 36~40점=가족의 저녁식사 메뉴 선택권
- 41~50점=저녁식사 준비를 돕는 보조요리사

• 51~54점=가족이 그날 저녁에 볼 영화 선택권

이 학생-교사 평정 기록지는 학생이 스스로의 행동을 성인이 보는 관점에서 보도록 돕는다.

어린 아동에게는 얼굴 표정 그림을 평정에 사용한다. 학생과 교사의 평정 점수가 같을 때, 활짝 웃는 얼굴은 3점, 웃는 얼굴은 2점, 무표정한 얼굴은 1점을 받는다.

좀 더 큰 아이들에게는 3-2-1점 평정 방식을 사용한다. 학생들은 교사가 평정한 만큼만 점수를 받을 수 있다. 학생-교사 평정을 비교한 결과로 총 1점밖에 받지 못한 학생은 교사가 1점으로 평정할 행동을 많이 했다고 생각되면 자신도 1점으로 평정해야 1점이라도 받을 수 있음을 빨리 깨달을 것이다. 학생들은 참 똑똑하다(이것은 내가 어렵게 배운 지혜다).

[그림 1]을 보면, 해당 학생은 하루에 최대 108점까지 얻을 수 있다. 이 학생은 4세 유치원생이다. 교사는 이 학생이 얻은 모든 점수를 더한 후 그 점수에 따른 보상을 메뉴에서 고르도록 하였다.

이 학생이 100점 이상을 얻으면, 가족의 그날 저녁식사 메뉴 선택권을 갖게 되고, 할머니가 요리를 하실 때 이것저것 도울 수 있다. 또 이 학생은 학교에서의 보상인 좋아하는 성인과 일대일로 농구하기도 고를 수 있다. 학생이 좋아할 만한 적절한 보상을 준비하는 것은 여러분의 역할이다.

이 학생이 80~100점을 얻으면 할머니가 요리하는 것을 도울 수 있지만 식사 메뉴를 선택할 수는 없으며, 학교에서는 컴퓨터 하는 시간 10분 더 받기와 같은 보상을 고를 수 있다.

메뉴는 학생의 관심을 참고하여 정해야 한다. [그림 2]는 학생-교사 평정 기록지를 작성한 예다. 이 학생은 최대 54점 중 28점을 얻었다. 학생의 보상 메뉴판에 의하면, 28점으로는 중간 수준의 보상을 받을 수 있다.

[그림 3]은 여러분이 사용할 수 있는 빈 양식이다.

______의 학생-교사 평정 기록지

날짜: ______

구분	아침식사	달력활동	읽기	수학	점심식사	특별활동	동아리활동	프로젝트 수업	과학/사회
S									
O									
A									
R									
총점									

나는 아주 잘했어.

나는 잘했어/잘한 편이야.

노력이 좀 더 필요해.

[그림 1]

출처: Riffel, L. A. (2011). *Positive behavior support at the tertiary level.* Thousand Oaks, CA: Corwin(www.corwin.com).

학생-교사 평정 기록지

날짜: ________

학생명: ______	1교시	2교시	3교시	4교시	5교시	6교시
다른 사람을 존중한다.	3 / 2	3 / 3	3 / 2	3 / 3	2 / 3	3 / 3
책임감 있게 행동한다.	3 / 3	2 / 3	3 / 2	2 / 2	3 / 3	3 / 2
실력을 기른다.	3 / 3	2 / 2	3 / 3	1 / 2	2 / 3	3 / 3
총점: **28**	6	5	3	5	3	6

[그림 2]

학생-교사 평정 기록지

날짜: ____________

학생명: ______	1교시	2교시	3교시	4교시	5교시	6교시
총점: ______						

[그림 3]

출처: Riffel, L. A. (2011). *Positive behavior support at the tertiary level.* Thousand Oaks, CA: Corwin(www.corwin.com).

자녀 이름이나 사진	R	O	C	K	S
	Respects	Others	Community	Knowledge	Self
요일: ________					
총점: ________					

[그림 4]

출처: Riffel, L. A. (2011). *Positive behavior support at the tertiary level.* Thousand Oaks, CA: Corwin(www.corwin.com).

[그림 4]는 가정에서 가족이 사용할 수 있는 양식이다. 가족 전체가 사용할 수 있는데 가장 많은 점수를 얻는 사람이 이긴다(274~285쪽에 제시된 '부모가 자녀에게 사용할 수 있는 무료 또는 저비용의 보상' 참조).

부모가 자녀에게 사용할 수 있는 무료 또는 저비용의 보상

유아 및 아동

1. 부모가 집안일을 할 때 아동이 도우미가 되어 함께 한다.
2. 친척에게 학교에서 칭찬받은 일을 자랑하는 메일을 쓰게 한다. 예를 들면, "린다 이모에게 메일을 보내서 받아쓰기 100점 받은 걸 알려 드리렴."
3. 저녁식사 때 사용할 개인용 종이 접시깔개를 아동이 장식하게 한다.
4. 저녁식사 메뉴로 정해져 있는 두 음식 중 하나를 아동이 선택하게 해 준다. 예를 들면, "타코(tacos)와 미트로프(meatloaf) 중 어느 것으로 할까?"
5. 부모의 저녁식사 준비를 돕게 한다. 예를 들면, 콩 껍질 까기, 감자 껍질 까기, 샐러드 야채로 작품 만들기, 나물로 곤충 모양 만들어 접시에 모양 내기 등
6. 저녁식사 자리에서 '별 셋 소망 하나(역자 주: 13장에 제시되었던 전략)'를 가장 먼저 발표하게 해 준다(299쪽 [그림 6] 참조).
7. 그날 저녁 가족들이 함께할 활동을 고른다. 예를 들면, 롤러스케이트 타기, 공원 산책하기, 거실 바닥에 앉아 소풍 기분 내며 저녁 먹기
8. 부모님과 집 뒷마당에서 캠핑한다.
9. 등하교 시 학교버스 대신 부모가 차를 태워 준다.
10. 부모님 사무실에 걸어 둘 사진을 액자에 끼우는 역할을 준다.
11. 저녁에 가족이 함께할 게임을 고르게 해 준다.

12. 가족과 함께 소리 내어 읽을 동화(모두가 아는 고전동화)를 고르게 해 준다.
13. 부모와 함께 양로원에서 자원봉사를 한다(양로원에 가면 엄청난 관심을 독차지하게 됨).
14. 안 쓰는 장난감을 모아 필요한 아이들에게 갖다 주는 임무를 맡긴다.
15. 장난감 대신 동물사료를 생일선물로 받고 싶다고 친구들에게 말하게 한다. 친구들에게 받은 사료를 다음날 동물 보호소에 기증하러 간다(아이는 엄청난 관심을 받게 됨).
16. 부모님이 모래 속에 숨긴 보물을 찾는다. 플라스틱 부활절 달걀 속에 단어 조각을 숨기면 아이가 달걀을 찾아내어 그 안에 든 단어를 조합하여 보상(예: 할머니와의 산책, 공원에서 자전거 타기 등)을 알아낸다.
17. 뒷마당에서 부모와 진흙놀이를 하며 누가 가장 훌륭한 진흙파이를 만들었는지 자랑한다.
18. 모래상자에서 모양을 파낸 후 집 주변에서 주운 물건들로 안쪽 빈 공간을 꾸민다. 저렴한 석고반죽을 그 안에 붓고 마를 때까지 기다린다. 마른 후에 꺼내면 벽에 걸 수 있는 부조 장식품이 된다(마르기 전에 잊지 말고 석고 맨 위 가장자리에 종이클립을 붙여야 벽에 걸 수 있음).
19. 엄마나 아빠와 단둘이 쇼핑을 하게 해 준다. 이때 아이에게 특정 물건을 찾도록 미션을 준다. 예를 들면, "이 사진에 있는 파란 블라우스가 엄마가 찾고 있는 옷이야. 엄마를 도와서 같이 찾아줘."
20. 주말에 자녀 중 1명만 빼고 모두를 할머니 댁에 보낸다. 1명만 집에 남아 주말 동안 부모를 독차지하게 해 준다. 할머니 댁에 간 자녀들은 할머니와 할아버지의 관심과 사랑을 듬뿍 받고, 외동이 된 자녀는 부모의 관심과 사랑을 듬뿍 받는다(할머니, 할아버지가 근처에 살지 않는다면, 이웃 가정과 번갈아 가며 서로의 아이를 맡아 주는 방법을 써도 됨).
21. 인터넷에서 재미있는 요리법을 찾아 가족들 몰래 아동과 함께 요리하

여 저녁식사 때 가족들을 놀라게 한다. 부엌에 '비밀의 특별요리 중'이라고 써 붙인다. 나머지 가족은 특별 통행권이 있어야 부엌에 들어올 수 있다.

22. 집에서 깜짝 보물찾기 대회를 연다. 만약 아이가 글을 읽을 줄 안다면, 다음 힌트가 있는 장소를 글자로 적어 숨긴다. 맨 마지막에 찾는 힌트에는 아이가 받게 될 큰 선물이 적혀 있다(아이가 글을 못 읽으면 그림 힌트를 사용).
23. 마이크로소프트사의 파워포인트 프로그램을 사용하여 슬라이드쇼로 볼 수 있는 이야기를 아동과 함께 만든다. 이때 아이가 이야기의 주인공이 되게 한다.
24. 뒷마당에서 디지털카메라로 아이가 이것저것 사진을 찍게 한다. 아이가 찍은 사진을 컴퓨터로 옮겨 이야기를 만든다. 사진 이야기가 완성되면 이를 출력하여 멀리 사는 친척에게 보내는 것을 도와준다.
25. 아이와 밖에 나가 나뭇잎이나 꽃을 주워 온다. 아이가 잎사귀와 꽃잎을 왁스 종이 두 장 사이에 끼우면, 부모가 다림질로 이 두 종이를 붙여서 식탁용 매트를 만든다. 저녁식사 시간에 모두의 그릇 아래 1개씩 놓는다.
26. 가족들이 돌아가며 한 부분씩 추가하여 완성하는 이야기 만들기 시간에 보상을 받을 아이가 이야기의 처음과 마지막을 만들 수 있게 해 준다.
27. 아이에게 밤에 5분 더 늦게 자거나, 아침에 5분 더 늦잠 잘 특권을 준다. 늦게 자는 쪽을 선택했다면 아이에게 책을 읽어 준다.
28. 아이의 비서가 되어 아이가 이야기를 만들면 그것을 받아쓴다. 아이를 아끼는 친척에게 이야기를 보낸다. 친척은 아이에게 전화해서 이야기가 너무 재미있다고 칭찬해 준다.
29. 아이나 아이가 좋아하는 인물이 등장하는 이야기를 만들어 준다.
30. 컴퓨터의 스크린세이버를 "우리 ○○가 최고야." 또는 자녀가 스스로

에 대해 자부심을 가질 만한 글귀로 저장한다. 직장 사무실 컴퓨터에 저장해 놓고 이 사진을 찍어 보여 주거나 주말에 아이와 함께 직장 사무실을 방문하여 아이가 보게 한다.

31. 아이에게 빨래 개는 일을 돕게 하고 저녁에 특별 디저트로 보상한다. "○○가 빨래 개는 걸 도와줘서 엄마가 집안일을 빨리 끝냈어. 일을 빨리 끝냈더니 이렇게 특별 디저트 만들 시간이 생기네."라고 말해 준다.
32. 아이가 물건을 정리할 때 재미있는 기억 전략을 알려 주어 스스로 정리 정돈하게 한다. 예를 들어, 무지개 색 순서인 '빨주노초파남보'를 알려 주고 옷을 이 순서대로 걸도록 한다. 이후 아이의 옷이 순서대로 잘 걸려 있는 모습을 보면 깜짝 '무지개 선물(바른 행동을 할 때 받는 선물)'을 아이 방문에 걸어 놓는다.
33. 아이들이 학교에 간 사이에 침실요정이 와서 가장 잘 정돈된 방을 고른 것처럼 꾸민다. 가장 잘 정돈된 방문에 요정을 달아 놓고 그 방의 주인에게는 밤에 아빠의 안락의자에 앉아 책을 볼 기회를 준다(또는 각 가정 상황에 적합한 상을 고른다).
34. 비밀의 복주머니를 활용한다. 베개 커버를 복주머니로 쓰면 편리하다. 이 페이지에 열거한 여러 보상을 쪽지에 하나씩 적어 복주머니 안에 넣는다. 아이가 올바른 행동을 했을 때 복주머니에서 보상을 뽑게 한다.
35. 아이를 차에 태워 집으로 돌아올 때 아이에게 지나가고 싶은 길을 정하게 해 준다. 즉, 아이가 부모에게 "여기서 왼쪽으로 꺾어요. 이번엔 오른쪽으로……." 하는 식으로 말하는 것이다. 아이가 인도한 방향에 아이스크림 가게가 있다면, 잠깐 차를 멈추고 가족이 함께 아이스크림을 먹는 것도 나쁘지 않다.
36. 당신이 가진 액세서리를 아이가 하루 동안 지니고 착용해 볼 기회를 준다(너무 비싼 귀중품 말고, 당신에게 소중한 것처럼 보이는 것이면 됨). 아이는 하루 종일 특별한 사람이 된 기분을 느낄 것이다.

37. 자녀를 1명씩 도서관에 데려가 책을 빌리거나 동화를 읽는 등 둘만의 특별한 시간을 보낸다.
38. 자녀를 연기수업에 등록해 준다(아이의 행동에 대한 보상으로 주어져야 함). 여러 대학에서는 주말에 아동을 위한 연기수업을 무료로 제공한다.
39. 자녀를 미술관에 데려간 후 가장 마음에 들었던 작품을 그리도록 한다. 이렇게 그린 작품을 모아 친척이 집에 왔을 때 작은 전시회를 꾸밀 수도 있다. 진짜 전시회와 비슷하게 치즈와 포도주스를 내온다.
40. 자녀를 지역 대학의 천문학 연구실에 데려간다(보통 무료다). 아이 방 천장에 아이가 가장 좋아하는 별자리로 별을 붙이는 것을 도와준다. 가능하다면 별에 야광물감을 칠하는 것도 좋다.
41. 아이와 자연을 거닐며 돌을 주워 온다. 돌 위에 동물 모양 그림 그리기 대회를 연다.
42. 아이에게 더 이상 가지고 놀지 않는 장난감을 모으도록 한다. 장난감을 깨끗이 닦은 후, 지역 병원의 소아병동에 기부하게 한다. 아이는 많은 관심을 얻고, 뿌듯함을 느낄 것이다.
43. 가까운 가전제품 매장에 가서 빈 냉장고 상자 하나를 얻어 온다. 자녀가 적절한 행동을 했을 때 상으로 이 상자를 주고, 아이가 원하는 상상의 공간으로 꾸미도록 도와준다.
44. 핼러윈 가면을 직접 만든다. 풍선 위에 종이반죽을 붙인 후 코, 뿔, 혀 등 원하는 것을 모두 만들어 붙인다. 그 위에 색칠을 하고 마를 때까지 기다리면 독특하면서도 돈이 들지 않는 핼러윈 가면이 생긴다. 이 가면을 만드는 과정에서 당신은 아이에게 많은 관심을 주게 될 것이다.
45. 구식 팝콘 기계를 구하여 거실 바닥에 낡은 천을 깔고 팝콘 기계를 놓은 후 안에 기름을 약간 넣는다. 아이들은 천 바깥에 앉게 하여 가까이 오지 않도록 한다. 팝콘 알맹이를 기계에 넣고 팝콘이 튀어 오르는 것을 보여 준다. 아이들은 팝콘이 튀겨지는 장면을 정말 좋아할 것이다.

특별 서비스로 완성된 팝콘에 시나몬 설탕을 뿌려 준다.

46. 물에 잘 뜨는 가벼운 나무 조각을 구하고 고무 밴드와 종이클립으로 만든 페달로 나아가는 작은 보트를 만든다. 멋있는 돛을 만들어 달고, 근처 개울이나 호수에 놀러 가서 아이가 보트를 띄우고 놀도록 한다. 보트가 강에 떠내려갈 때 건져 올릴 뜰채도 가져가도록 한다. 또는 미리 보트 앞쪽에 고리를 달고 낚싯줄을 묶어 보트가 떠내려갈 때 끌어당길 수 있게 한다.
47. 낚시 갈 때 아이를 데려간다. 깊은 대화를 나눌 수 있는 좋은 기회가 될 것이다.
48. 아이와 함께 드라이브를 하며 각 알파벳으로 시작하는 물건을 찾아본다. 찾은 물건 앞에서 아이의 사진을 찍고 이후 사진들을 모아서 ABC 책을 만든다. 예를 들어, "A: 애플비스(Applebee's) 음식점 앞에서 조니" "B: 블록버스터(Blockbuster) 비디오 대여점 앞에서 조니"처럼 라벨을 붙인다.
49. 지역 동물보호협회에 연락하여 18세 미만의 아동도 동물에게 음식과 물을 주는 자원봉사가 가능한지 확인한다(일부 보호소는 18세 이상의 성인에게만 자원봉사를 허가함). 아이의 올바른 행동에 대한 보상으로 동물보호소에서 동물에게 음식과 물을 줄 기회를 준다. 또는 작은 개를 산책시키거나 고양이를 쓰다듬게 해 준다.
50. 아이를 지역 소방서에 데려간다. 소방서 직원들이 바쁘지 않다면 기꺼이 아이에게 소방서 이곳저곳을 보여 주고 큰 관심을 줄 것이다. 많은 아이가 소방차를 본 적이 있겠지만 직접 소방서에 가서 본 아이들은 많지 않을 것이다.
51. 아이와 '문지기'게임을 한다. 이 게임에 대한 설명은 www.behaviordoctor.org에서 찾을 수 있다(『Stork Manual』 54쪽에 있음).
52. 아이에게 깜짝 공연을 보여 주겠다고 말한 후 튼튼한 탁자와 털모자를

준비한다. 고개를 젖혀 턱이 허공을 향하게 한 채로 탁자 위에 눕고, 입과 턱을 제외한 얼굴 전체를 털모자로 가린다. 턱에 눈 2개를 그린 후 재미있는 노래에 맞춰 립싱크를 한다. 이런 연극은 마치 작은 얼굴에 큰 입을 가진 사람이 노래 부르는 것 같아 매우 웃긴다. 이후 아이가 연극을 해 보게 한다.

53. 어둠 속에서 숨바꼭질을 한다. 집 안의 불을 다 끄고, 모두가 숨게 한다. 한 사람의 술래가 집 안 곳곳을 돌아다니며 숨어 있는 사람을 찾는다. 어둠 속 숨바꼭질은 어둠을 무서워하는 아이를 돕는 데 좋은 방법이다. 자녀가 어리다면 숨는 장소를 방 1~2개로 제한해도 좋다.

54. 아이들에게 하루 1달러(약 1,000원)씩 30일간 돈을 받고 싶은지, 첫날 1센트(약 10원)를 받고 이후부터 전날 받은 돈의 두 배를 30일간 받고 싶은지 퀴즈를 낸다. 다시 말해, 첫날은 1센트, 둘째 날은 2센트, 셋째 날은 4센트, 넷째 날은 8센트와 같은 식이다. 아이들이 선택을 마치면 어느 편이 더 나은 조건인지 계산하게 도와준다(1센트에서 시작하여 매일 전날의 두 배에 해당하는 금액을 받게 되면 30일 후 10,737,418.23달러를 받게 됨).

55. 마닐라지와 밀랍 크레용을 아이에게 주고 아이가 종이에 빈틈없이 다양한 색으로 칠하도록 한다. 줄무늬나 물결무늬 등 아이가 좋아하는 어떤 방식으로 칠해도 좋다. 이후 아이에게 색칠한 그림 전체를 검정 크레용으로 덮게 한다. 아이에게 한쪽 끝을 편 종이클립을 주고 원하는 대로 검정 크레용 위를 긁어내게 한다. 검정 크레용 아래 미리 칠해 둔 색들이 나타날 것이다. 작품을 전시하고 여러 그림을 보며 차와 쿠키를 먹는다.

56. 아이에게 미식축구공을 던지거나, 농구공을 바구니에 던지거나, 축구공을 골대 안으로 차거나, 야구공을 치거나, 골프공을 퍼팅하는 것을 가르친다. 이후 재미를 위해 반대 손이나 발로 이것들을 다시 해 본다.

57. 중고 크로케(운동) 장비를 구한다. 이베이(eBay)에서 찾을 수 있을 것이다. 장비를 마당에 설치하고 아이들끼리 크로케 경기를 하도록 한다. 우승자는 가족 저녁식사 메뉴를 고를 기회를 얻는다.
58. 식탁에 여러 개의 담요, 누비이불, 시트 등을 덮어 동굴을 만든다. 동굴 안에 들어가 손전등을 달고 석기시대 사람처럼 그림을 그려 동굴에 전시한다. 그림은 핀으로 동굴 벽에 안전하게 고정할 수 있다.
59. 가족 장기자랑 대회를 연다. 어떤 장기를 보여 줄지는 비밀로 한 후 모두의 앞에서 장기자랑을 한다.
60. 아이에게 양말 접는 법을 가르쳐 주고, 양말을 마법의 꼭두각시 인형으로 변신시킨다. 서로에게 인형극을 보여 준다.
61. 커튼봉으로 문틀에 오래된 커튼을 달아서 무대처럼 꾸민다. 아이가 무대에 입장하듯이 커튼을 통과해 들어와 장기자랑을 하게 한다.
62. 부엌 벽에 코르크 판자나 큰 액자틀을 붙이고, 아이가 만든 특별한 작품, 시, 훌륭한 과제를 게시하는 장소로 활용한다. 가족 모두가 이것을 보고 저녁에 한마디씩 칭찬하도록 한다.
63. 아이에게 감사카드, 생일카드, 명절카드를 디자인하여 장식하게 하고, 이것을 친구나 친척들에게 카드를 보낼 때 활용한다. 아이가 자신의 작품 아래 서명하도록 한다.
64. 아이에게 저렴한 디지털카메라를 사 주고 사진을 찍게 한다. 카메라를 TV에 연결시키거나, 사진 파일을 컴퓨터로 옮겨 컴퓨터를 TV에 연결시키고, 가족이 함께 모여서 팝콘을 먹으며 TV로 사진을 본다. 각자 제일 좋아하는 사진을 고르고 그 사진에 대해 이야기하는 시간을 갖는다.
65. 아이와 단둘이 데이트를 한다. 아이 1명과 단둘이 밖에서 저녁식사를 한 후 연극이나 영화를 본다.

청소년

1. 페인트 한 통은 그리 비싸지 않다. 아이에게 색을 고르게 하고 아이와 함께 그 색으로 아이의 방에 페인트칠을 한다. 다른 사람들이 잘 사 가지 않는 페인트를 사서 아이가 자기 방 벽에 벽화를 칠하게 할 수도 있다.
2. 청소년들은 학업 이외의 특별활동이 필요하다. 그러나 특별활동에는 돈이 많이 든다. 가라테 교사, 승마장 관리자, 미술교사, 운동 코치 등과 협상을 하여 차편 제공, 월 1회 청소, 도시락 등을 제공할 테니 자녀의 수업료를 할인해 달라고 부탁해 본다.
3. 청소년들은 감정 조절에 어려움을 겪는다. 인터넷에서 요가수업을 다운받아, 가족 전체가 요가 호흡법을 연습한다. 아이에게 학교에서 긴장을 느낄 때 이 호흡법을 사용하라고 이야기한다.
4. 청소년 자녀와 계약을 맺는다. 아이가 당신과 합의한 성적을 유지하고, 불필요한 학교 결석이 없고, 바르게 행동한다면, 하루 정도 정신 건강 휴일을 허락한다. 이는 당신이 집에 있는 날, 아이도 학교를 가지 않고 쉬는 것이다. 이날에는 아이쇼핑, 낚시, 경주용 자동차 타러 가기 또는 아이가 좋아할 어떤 활동을 해도 좋다. 내가 어렸을 때 어머니도 우리 형제들에게 이런 기회를 주었는데, 나는 지금도 그 시절을 그리워한다.
5. 저녁식사 시간에 청소년 자녀에게 좋아하는 음악을 틀게 하고, 왜 이 곡을 좋아하는지 말하게 한다.
6. 오래된 흑백영화를 함께 보고 영화가 얼마나 변화했는지 함께 이야기한다. 우리 아이들이 청소년이었을 때 Jimmy Stewart가 주연한 〈하비(Harvey)〉(역자 주: 1950년대 흑백 코미디 영화)를 매우 좋아했다.
7. 부모가 이야기나 시의 전반부를 쓰고, 나머지를 청소년 자녀가 이어서 쓰게 한다. 완성된 이야기들을 책자로 만들어 본다.
8. 청소년 자녀의 글이나 미술작품을 스캔하여 제본한다(www.lulu.com에

서 저렴한 가격에 제본해 줌). 특별한 저녁식사 자리에서 이 책을 아이에게 선물로 준다.

9. 아이와 친구들의 사진이나 각종 티켓 조각들로 스크랩북을 만들고, 깜짝 파티에서 스크랩북을 선물한다.
10. 1년간 거스름돈을 저금통에 모은다. 모은 돈으로 무엇을 할지 청소년 자녀에게 정하게 한다. 내가 아는 어떤 가족은 6인 가족 모두가 디즈니랜드에 갈 돈을 모았다.
11. 청소년에게 줄 수 있는 훌륭한 선물 중 하나는 '이웃 사랑'을 가르치는 것이다. 한 달에 한 번씩 무료급식소나 양로원 같은 곳에 자원봉사를 신청하여 아이와 함께 간다.
12. 동네에서 축구나 배구 대회를 열어 형님팀–아우팀 또는 남성팀–여성팀 대항 경기를 한다. 경기 후 바비큐 파티를 한다.
13. 특별한 경우 아이에게 좋은 차를 몰아 볼 기회를 준다.
14. 아이가 좋아하는 디저트를 깜짝 선물로 준다.
15. 자녀를 사랑하는 이유 20가지를 적어 준다. 웃기고 재미있는 사진도 곁들인다.
16. 매달 가족끼리 '이달의 인물'을 뽑아 그 가족 구성원의 포스터를 만든다. 뽑힌 사람이 한 달 동안 금요일 저녁 메뉴를 고르게 한다.
17. 아이에게 스푼스, 카나스타, 포커 등의 카드게임을 가르쳐 준다. 가족끼리 게임하는 날을 정해 함께 카드게임을 한다.
18. 집 안의 불을 모두 끄고, 어둠 속에서 숨바꼭질을 한다. 가장 오래 숨어 있는 사람에게 토요일 저녁에 가족이 함께 볼 영화를 고르게 한다.
19. 아이에게 인테리어를 맡기고, 집 안에 있는 물건만으로 집을 새롭게 꾸며 보도록 한다.
20. 서로의 공간을 새롭게 꾸며 준다. 부모는 청소년 자녀의 침실을, 자녀는 부모의 침실을 새롭게 꾸며 본다.

21. 종이 여러 장에 다양한 금액을 쓴 후 플라스틱 부활절 계란 안에 각각 넣는다. 각 플라스틱 계란에 유성펜으로 번호를 매긴다. 부모 중 1명이 뱅커의 역할을 하며 '딜 오어 노 딜(Deal or No Deal)' 게임을 아이들과 한다[역자 주: 미국 NBC 텔레비전 게임쇼로, 돈을 가지고 하는 심리게임이다. 도전자는 26가지의 다른 금액이 들어 있는 철가방 중 하나를 선택한 후, 매 라운드에 무대에 있는 다른 철가방을 열어 보면서 자신의 철가방 속에 있는 금액을 유추해 간다. 라운드가 끝날 때마다 뱅커는 협상금을 제시하는데 '딜(Deal)'을 선택하면 협상금을 받고 게임이 종료되며, '노 딜(No Deal)'을 선택하면 게임이 계속된다. 게임이 끝나면 자신이 처음에 선택한 철가방을 열어 금액을 확인한다. 만약 중간에 '딜'을 선택한 경우에는 자신의 철가방 속의 금액이 협상금보다 낮은지 혹은 높은지에 따라 '굿 딜(Good Deal)'의 여부가 결정된다. 끝까지 '노 딜'을 선택한 후에는 마지막으로 남은 2개 중 하나의 철가방을 선택할 수 있으며, 선택한 철가방 속의 금액을 획득하게 된다].
22. 〈Who Wants to be a Millionaire〉 퀴즈쇼의 화면으로 꾸민 파워포인트 서식을 다운받아 자녀의 시험 준비를 돕는다. 예상 문제의 답안을 파워포인트 서식 속 퀴즈쇼 보기 항목에 (오답과 함께) 적어 넣고, 게임쇼를 진행하여 아이의 공부를 돕는다.
23. 예상 문제를 녹음하여 아이가 자기 전에 듣게 한다.
24. 아이가 큰 시험에 대비할 때 중요 내용이 담긴 플래시 카드를 만들어 준다.
25. 청소년 자녀가 공책을 잘 정리하도록 도와준다. 과목별로 색깔을 다르게 한 폴더나 시험 대비용 플래시 카드를 담을 포켓 폴더를 사용하게 한다.
26. 청소년 자녀에게 보내는 긍정적 메시지를 아이 방 여기저기, 아이가 집에서 읽는 책 속(학교에서 사용하는 책에 넣어 두면 아이가 부끄러워할 수 있음), 화장실 거울 등에 숨기거나 적어 놓는다.

27. 가족과 〈Jeopardy〉 퀴즈쇼(역자 주: 역사, 문학, 예술, 대중문화, 과학, 스포츠, 지리, 세계사 등 다양한 주제를 다루는 미국의 텔레비전 퀴즈쇼)를 함께 본다. 메모지를 나누어 주고, 퀴즈의 답을 적게 하고 점수를 매긴다. 이긴 사람이 주말에 할 가족활동을 고를 수 있다.
28. 청소년 자녀를 위해 자료검색을 한다. 예를 들어, 자녀가 그리스 신화를 배우고 있다면, 도서관에서 그리스 신화와 관련된 책들을 빌려 오거나, 적절한 자료를 인터넷에서 다운받아 준다(인터넷 자료는 부정확할 수 있으니 주의할 것).
29. 박물관, 산책, 스포츠 경기 등 자녀가 좋아할 만한 곳에 데려간다. 중요한 것은 당신이 자녀와 함께 시간을 보내는 것이다. 아이와 함께 갈 수 있는 무료 행사들은 많이 있다.
30. 청소년 자녀가 좋아하는 음악을 모아 믹스 CD를 만들어 준다. 좋아하는 음악만 모아 하나의 CD로 엮어 주면 아이가 좋아하는 노래를 들으려고 CD를 여러 장 뒤적거릴 필요가 없다.
31. 낱개로 보면 용도를 알 수 없는 물건(예: 남성용 셔츠 고정 멜빵, 장난감 스프링 등)을 가져와 용도를 맞히는 게임을 한다.
32. 가족들에게 유명한 인용구를 하나씩 찾아오게 하고 그 인용구를 유행시킨 사람을 맞히는 게임을 한다.
33. 청소년 자녀가 학교에서 돌아왔을 때 할 수 있는 깜짝 보물찾기를 준비한다. 보물이 있는 장소에 대한 힌트는 어려워야 한다. 힌트를 계속 따라가다가 최종적으로 보물을 찾으면 야구 카드 같은 작은 상을 준다.
34. 청소년 자녀를 안내견 훈련에 참여시킨다. 이를 통해 자녀는 책임감을 배우고 자부심을 갖게 된다.
35. 청소년 자녀가 멘토가 필요한 어린 아동의 큰 형/누나가 될 수 있게 연결한다. 도움이 필요한 사람에게 봉사하는 것은 스스로에게 줄 수 있는 가장 훌륭한 선물이다.

초등학생을 위한 무료 또는 저비용의 보상 100가지

1. 학교 관리인(청소하는 분)을 돕는다.
2. 방송 조회를 돕는다.
3. 다른 교실에 가서 도우미로 활동한다.
4. 학교 칭찬 게시판에 자신의 사진이 게시되는 특권을 준다.
5. 전교생 조회에서 이름을 언급하여 칭찬해 준다.
6. 급식 줄의 맨 앞에 선다.
7. 학급 게임을 할 때 리더가 된다.
8. 팀의 리더가 된다.
9. 연락병 역할을 맡는다(예: 학급 친구들보다 먼저 가서 특강 강사에게 학생들이 오고 있음을 알림).
10. 하루 동안 교사의 도우미가 된다.
11. 하루 동안 교장선생님의 의자를 빌려서 사용한다.
12. 동의를 해 준 선생님의 스포츠머리에 디자인을 넣는다[역자 주: 버즈컷(buzz-cut) 머리에 특정 패턴이나 무늬가 나타나도록 그 부분의 머리를 더 짧게 자르는 것을 의미].
13. 교사가 학생들에게 읽어 줄 책을 고르게 해 준다.
14. 한 주 동안 학급에서 맡고 싶은 역할을 고른다.
15. 교실에서 틀 음악을 고른다.
16. 체육시간에 할 게임을 고른다.
17. 숙제 중 교사가 미리 정답을 알려 줄 문항을 고른다.
18. 교장선생님의 넥타이를 자른다. 학생의 사진에 잘린 넥타이 고리를 둘러 학교 게시판에 붙인다. 넥타이 조각은 기념품으로 간직한다.
19. 교실에서 제일 좋아하는 음악에 맞추어 춤을 춘다.

20. 교실/학교 게시판을 꾸민다.
21. 게시판을 설계하여 만든다.
22. 과제의 반만 해도 되는 특권을 갖는다.
23. 칠판에 그림을 그린다.
24. 책상에 있는 작은 화이트보드에 그림을 그린다.
25. 교사가 학급 친구들에게 이야기를 읽어 줄 동안 그 이야기에 대한 그림을 칠판에 그린다.
26. 점심시간이나 전체조회 시간에 강력 테이프를 이용하여 교장선생님을 벽에 붙인다(역자 주: 학생들이 다양한 색깔의 박스 테이프를 한 줄씩 사서 교장선생님의 팔, 어깨, 허리 등에 붙이는데 테이프의 양쪽 끝부분을 벽에 붙여서 교장선생님을 벽에 고정시키게 된다. 박스 테이프 한 줄은 1달러 이내로 싸게 팔지만 많은 학생이 참여하게 되므로 모금의 목적으로 종종 시행되며 교장선생님이 학생들과 친해지는 효과도 있다).
27. 학교 행사나 경기에 들어갈 수 있는 무료 입장권을 받는다.
28. 학교 매점이나 교내 도서전시회에서 사용할 수 있는 상품권을 받는다.
29. 동물원, 아쿠아리움, 박물관 표를 받는다.
30. 트로피, 기념판, 리본, 증명서를 받는다.
31. 원반, 훌라후프, 줄넘기, 패들볼, 야외용 분필 등 신체 활동을 촉진하는 물건을 받는다.
32. 컴퓨터 사용 시간을 추가로 받는다.
33. 추가 점수를 받는다.
34. 교사에게 무료 개별 지도를 받을 시간을 얻는다(예: 맞춤법, 수학, 글쓰기).
35. 교내 특권으로 쓸 수 있는 게임머니를 얻는다(역자 주: 게임머니를 내면 점심시간에 줄을 서지 않고 바로 입장하는 등의 특권을 가질 수 있음).
36. 바른 행동을 하여 특별한 보상(예: 특별한 사람의 서명을 받은 물건, 선생님과의 점심식사 등)을 살 수 있는 포인트를 얻는다.

37. 직장에 있는 부모님에게 오늘 학교에서 칭찬받은 일을 자랑하는 메일을 보낸다.
38. 학급 전체가 교정에서 점심을 먹는다.
39. 교사나 교장선생님과 점심을 먹는다.
40. 외부인(예: 할머니, 할아버지, 이모, 삼촌)을 초청하여 학교에서 점심을 같이 먹는다.
41. 학교 식당이 아닌 교실에서 친구나 선생님과 단둘이 점심을 먹는다.
42. 교장선생님이 학생을 칭찬하러 교실에 방문한다.
43. 야외 수업을 한다.
44. 특정 성적기준을 충족한 학생들을 위한 미술대회에 참가하여 기증 상품을 받는다.
45. 하교 전 자유선택활동 시간을 얻는다.
46. 하루 숙제 면제권을 받는다.
47. 시원한 물이 나오는 급수대에서 물을 마시고 온다(여러 급수대 중 학생들이 선호하는 급수대는 늘 있기 마련이다).
48. 컴퓨터로 출력한 플래시 카드를 받는다.
49. 비디오 가게나 영화관 쿠폰을 받는다.
50. 미술시간을 더 얻는다.
51. 반 전체가 학교 근처로 체험 학습 나들이를 간다(반 전체를 위한 특권을 얻는다).
52. 학교 도서관에 가서 읽을 책을 고른다.
53. 그림 그리기 수업을 받는다.
54. 우유 1개를 무료로 받는다.
55. 학생이 특별하게 여기는 책을 교사가 반 전체에 읽어 준다.
56. 쉬는 시간을 추가로 받는다.
57. 교사에게 특기(예: 노래하기)를 전수받는다.

58. 학교에서 잘한 일을 교사가 학생의 집에 전화하여 알린다.
59. 학년이 낮은 학급에서 도우미를 한다.
60. 좋아하는 동물인형을 책상에 놓을 수 있다.
61. 특별한 컴퓨터 기술(예: 그림 삽입, 소리 삽입 기능)을 배운다.
62. 어려워 보이지만 요령을 알면 쉬운 특정 그림 그리기 방법을 배운다.
63. 과제를 하면서 음악을 들을 수 있다.
64. 헤드폰을 끼고 오디오 북을 읽는다.
65. 교무실에 심부름을 간다.
66. 학교 공지사항을 내보내는 디지털 배너에 학생 이름과 메시지를 싣는다[예: "에밀리 존스(Emily Jones), 오늘도 많이 웃고 야채도 잘 먹기!"].
67. 파워포인트 활용 수업을 할 때 리모콘을 조작하는 역할을 한다.
68. 쉬는 시간에 교사를 포함한 반 전체가 함께하는 게임을 고른다.
69. 컴퓨터 게임을 한다.
70. 가장 좋아하는 게임이나 퍼즐을 한다.
71. 학급 친구들에게 책을 읽어 준다.
72. 아침 공지사항을 반 전체에 읽어 준다.
73. 교정에서 책을 읽을 수 있다.
74. 낮은 학년 학생들에게 책을 읽어 준다.
75. 비밀 선물(예쁘게 포장된 공책, 폴더, 퍼즐, 스포츠카드 등)을 받는다.
76. 수업 마지막 5분 또는 하교 전 마지막 5분 동안 교실 뒤편에서 쉬는 시간을 갖는다.
77. 교사나 교장으로부터 칭찬 쪽지를 받는다.
78. 모종, 씨앗, 화분을 받아 식물을 기른다.
79. 미술 재료, 색칠공부, 반짝이, 책갈피, 도장, 펜, 연필, 지우개, 기타 학용품을 받는다.
80. 구두로 하는 칭찬을 받는다.

81. 교사 자료실에 있는 책 중 한 권을 골라 집에 가서 읽을 수 있다.
82. 하루 동안 혹은 정해진 시간 동안 교사 책상에 앉는다.
83. 이야기 읽어 주는 시간에 교사 옆에 앉는다.
84. 점심시간이나 학생들이 모이는 시간에 좋아하는 친구 옆에 앉는다.
85. 숙제 면제 쿠폰을 받는다.
86. 교실 보물상자에서 보물을 1개 가져갈 수 있다(물병, 스티커, 열쇠고리, 일회용 타투스티커, 요요, 풍선껌, 거미반지, 예쁜 보석, 연필 끝에 끼우는 장식 등 음식을 제외한 물건들이 들어 있음).
87. 교실에서 기르는 동물을 보살피는 역할을 한다.
88. 교실에서 기르는 동물을 방학 동안 집에 데려가서 돌본다.
89. 교실에서 하는 게임을 집에 하룻밤 가져가서 할 수 있다.
90. 반 친구들에게 가장 좋아하는 게임을 알려 준다.
91. 수학시간에 수업 내용을 가르친다.
92. 색분필을 사용한다.
93. 교사의 의자를 가져다 앉는다.
94. 점심시간에 교사와 같이 걷는다.
95. 쉬는 시간에 동영상을 본다.
96. 20분 동안 교장선생님의 비서로 일한다.
97. 학교 식당에서 공부한다.
98. 하루 동안 마커로 글씨를 쓴다.
99. 하루 동안 특별 펜으로 글씨를 쓴다.
100. 하루 동안 특별 연필을 사용한다.

중 · 고등학생을 위한 무료 또는 저비용의 보상 60가지

1. 성인이 학생의 취업이나 아르바이트를 위한 추천서를 써 준다.
2. 주말을 이용하여 학교의 여러 장소에 다음과 같은 다양한 파티 영역을 만든다. 훈육실에 한 번도 가지 않은 학생만 참여하게 하고, 부모들에게 후원과 인솔을 부탁한다.
   a. 댄스 영역
   b. 농구 영역
   c. 보드게임 영역
   d. 수다 떨기 영역
   e. 낙서 영역(흰색 석고보드판과 색색의 매직펜을 비치)
   f. 노래방 영역
   g. 컴퓨터 애니메이션 영역
3. 운동부 코치를 보조한다.
4. 학부모-교사 연합회가 학생지도의 공이 큰 교사에게 상을 줄 방법을 고안하는 과정에 참여한다.
5. 초등학교에 가서 어린 학생들에게 자신의 관심 분야를 가르친다.
6. 좋아하는 과목의 수업시간에 파워포인트를 넘긴다.
7. 학급 학생들이 숙제로 할 과제를 고른다.
8. 댄스파티의 기획(예: 아이스크림 사교 파티, 게임의 밤) 역할을 맡는다.
9. 학교 대항 경기가 있을 때 학교 마스코트 복장을 한다.
10. 스포츠 경기에서 생수와 수건을 담당한다.
11. 학교 행사에서 연출자 역할(조명, 무대 설계, 소품 등)을 맡는다.
12. 경기를 할 때 점수판 관리를 보조한다.
13. 좋아하는 성인과 점심을 먹는다.

14. 댄스파티 무료입장권
15. 축구, 농구, 배구 등 여러 경기의 무료입장권
16. 관심 분야의 자료를 찾기 위한 도서관 자유이용권
17. 교사가 부모에게 학생의 장점을 적은 엽서를 우편으로 보낸다.
18. 학교와 협력관계에 있는 사업장이나 기관(예: 마트, 은행 등)에서 주말에 인턴으로 일한다.
19. 교장선생님(또는 학교 미화원)의 버즈컷 머리에 디자인을 넣는다.
20. 교장선생님의 넥타이를 자른다(학생의 사진에 넥타이 고리를 둘러 학교 게시판에 붙인다).
21. 강력 테이프를 이용하여 교장선생님을 벽에 붙인다.
22. 점심시간에 학교 식당에서 배식을 담당한다(사회적 상호작용의 기회를 주기 위함).
23. 교내 방송으로 전교생에게 보여 줄 학교 규칙 비디오를 제작한다.
24. 5분 일찍 수업에서 나갈 수 있는 통행권을 받아 식수대에서 시원한 물을 마신다.
25. 좋아하는 성인에게 어려움을 겪고 있는 과목의 튜터링을 받는다.
26. 숙제 없는 날
27. 관심 있는 컴퓨터 프로그램(애니메이션, CAD 등)을 배운다.
28. 체스를 배운다.
29. 스포츠를 배운다.
30. 학교 행사 때 필요한 조명이나 음향기기 작동법을 배운다.
31. 학교 공연을 홍보하는 게시판을 만들어 공연장 앞에 세울 수 있는 기회를 갖는다.
32. 아침방송을 한다.
33. 일정 시간 동안 교무실 도우미 역할을 한다.
34. 학교에서 성인들이 모여 아이디어 회의를 할 때 거기에 참여할 기회를

갖는다.

35. 야외에 마련된 특별 식탁에서 점심을 먹는다.
36. 특별 식탁에서 부모 또는 조부모와 점심을 먹는다.
37. 학교에서 경기가 열렸을 때 교내 방송으로 선수를 소개한다.
38. 기업 운영자를 하루 동안 따라다닐 기회를 갖는다(이 경험에 대해 보고서를 쓰면 점수 부여).
39. 1시간 또는 하루 동안 교장선생님과 함께 다닌다.
40. 과학시간에 실험실 동물을 돌본다.
41. 하루 동안 교복 대신 청바지를 입을 수 있다.
42. 교장선생님이 한 달 동안 지각하지 않은 학생들에게 핫도그를 구워 줄 때 교장선생님을 돕는다.
43. 교과서를 사물함에 넣지 않고 하루 동안 교실에 놓아둘 수 있는 특권을 갖는다.
44. 선생님이 부끄러워하는 사진(예: 선생님의 학창 시절 졸업 사진)을 혼자만 볼 수 있는 특권을 갖는다.
45. 교내 연극 공연 시 5명의 친구와 함께 앉을 수 있는 좌석표를 받는다.
46. 이번 한 주 동안 학생이 잘한 일을 적은 엽서를 집으로 보낸다.
47. 학교에 방문한 손님을 맞이하는 학생 대표 역할을 맡는다.
48. 지역 자치단체장의 일일 도우미를 한다.
49. 학부모의 밤에 모범학생 배지를 달고 안내하는 역할을 맡는다.
50. 점심시간에 노래방을 사용할 수 있다(단, 허용된 노래만 불러야 함).
51. 농구경기 시 스코어 테이블(score table)에 앉는다.
52. 축구경기 시 스코어 박스 안에 앉는다.
53. 정해진 시간 동안 교사의 의자에 앉는다.
54. 하루에 한해 원하는 곳에 주차할 수 있다.
55. 학교 행사에서 주목을 받을 기회(예: 댄스파티에서 게스트 DJ가 되어 노래

선곡하기)를 갖는다.

56. 원하는 친구들과 점심을 먹을 기회를 갖는다.
57. 학급 전체 학생에게 숙제로 주어진 문제 중 교사가 정답을 가르쳐 주어 풀지 않아도 되는 문제를 고른다.
58. 스피릿 위크(sprit week, 역자 주: 미국 학교에서 특정 주를 지정하여 매일 다른 드레스 코드를 정하고 그에 맞는 복장을 갖추어 등교하게 하는 것) 중 하루의 드레스 코드(예: 모자 쓰고 오기, 선글라스 끼고 오기 등)를 결정하게 해 준다.
59. 특수학급 도우미로 활동한다.
60. 장애 학생에게 게임을 가르치는 기회를 갖는다.

4P 지원

4P란 이미지 개선, 학업 유창성, 통제력, 봉사활동을 말한다. 이 각 영역에서 변화시키고 싶은 행동을 설명해 보라.

이미지 개선

교사로서 우리는 학생이 친구들 앞에서 멋있어 보이게 할 방법을 알고 있어야 한다.

- 예를 하나 들어 보자. 비밀 요원 게임을 교실 상황에 도입한다. 교사는 학생들에게 우리 반 학생 중 1명이 비밀 요원으로 선정되었다고 말한다. 교사는 비밀 요원을 하루 종일 주시하면서 비밀 요원이 자신과 다른 사람을 존중하고 기물을 조심스럽게 다루면(또는 교사가 중점을 두고 있는 행동규칙을 이 자리에 넣으면 됨) 오늘 숙제 중 선생님에게 정답을 받고 싶

이미지 개선		학업 유창성
이 학생이 다른 학생과 사회적으로 더 잘 지내려면 어떤 기술이 필요한가?		이 학생의 학업 증진을 위해 필요한 기술은 무엇인가?
	자존감이 낮은 학생	
통제력		봉사활동
학생이 어디서부터 상황이 잘못되었는지 이해할 수 있도록 상황 분석 기록지를 사용하라.		학생이 타인을 위해 무엇인가를 할 수 있도록 지원하라. 자기보다 어려운 사람을 돕는 경험은 학생의 자존감을 높일 수 있다.

[그림 5]

출처: Riffel, L. A. (2011). *Positive behavior support at the tertiary level*. Thousand Oaks, CA: Corwin(www.corwin.com).

은 5문제(또는 교사가 정한 상)를 고를 수 있게 해 준다. 대상학생이 행동규칙을 제대로 지키지 못한 날은 이렇게 말한다. "아쉽게도 오늘의 비밀요원은 성공하지 못했네요. 내일은 또 다른 학생을 비밀 요원으로 선택할게요." 대상학생이 행동규칙에 약간이라도 근접한 행동을 보였다면 이렇게 말한다. "여러분, 오늘의 비밀 요원은 테일러였답니다. 테일러는 오늘 하루 동안 자신과 타인을 존중하고 기물을 조심스럽게 다루는 행동을 정말 잘 보여 주었어요. 테일러, 이제 오늘 숙제 중 선생님이 정답을 알려 주기 바라는 문제 5개를 고르렴." 이런 방법은 친구들 앞에서 해당 학생이 멋있어 보이는 데 도움이 된다.

- 학생이 행동규칙을 잘 지킨 날 집에 전화를 걸어 부모에게 그것을 자랑하게 한다.
- 대상학생이 잘한 행동을 엽서에 적어 집으로 보낸다.
- 대상학생에게 또래 모델이나 저학년 아동을 위한 도우미, 자신이 잘하는 과목을 어려워하는 다른 학생 도우미 등을 하게 한다.

학업 유창성

행동지원팀 회의에 가서 특정 학업 과제를 하는 동안 발생하는 대상학생의 문제행동과 선행사건을 들을 때마다 나는 이렇게 묻곤 한다. "이 학생에게 이 수준의 과제를 할 수 있는 학업 유창성이 있나요?" 놀랍게도 많은 사람이 이렇게 답한다. "그럴 것 같은데요."

- 추가의 중재가 필요한 학업기술이 무엇인지 파악하기 위해 간단한 학업 진단을 실시한다.
- 학생이 어려워하는 수업의 도입부 활동을 수업 전에 미리 가르치면 그 이후에 나오는 문제도 잘 풀 수 있다는 자신감을 갖는 데 도움이 된다.
  - 도입부 활동이란 수업에 학생을 끌어들이기 위해 교사가 하는 활동을 말한다.
  - 예를 들어, 태양과 지구 사이의 거리를 주제로 과학수업을 할 거라면 이런 질문으로 학생들의 학습 욕구를 자극할 수 있다. "지구에서 태양 사이를 스니커즈로 연결하려면 스니커즈가 몇 개나 필요할까?" 이렇게 질문한 다음 모

든 학생에게 스니커즈를 나눠 주고 각자의 자를 이용하여 스니커즈의 길이를 재게 한다. 슬슬 학생들이 집중하기 시작할 것이다. 다음으로 프로젝터나 스마트보드에 컴퓨터에 있는 계산기를 띄워서 실제 계산하는 과정(태양과 지구 간 거리가 스니커즈 몇 개에 해당하는지 계산하는 과정)을 보여 준다.
- 여러분이 태양과 지구 간 거리가 9,300만 마일이고, 1마일은 5,280피트라는 이날의 요점을 미리 가르쳐 두었다면 학생은 이 도입부 과제를 잘할 수 있을 거라고 느낄 것이다.

통제력

- 학생에게 자신의 감정을 다룰 수 있는 통제력을 갖추게 해야 한다. 우리는 화가 날 때 우리가 어떻게 대처하는지를 학생에게 가르칠 수 있다. 예를 들면, 나는 주차장에서 오래 기다리는 동안 일어난 일을 학생에게 이야기해 주었다. 나는 깜빡이(방향지시등)를 켜고 한 어머니가 아이를 차에 태우는 동안 대기하고 있었다. 그 차가 후진하느라 내 차의 진입로를 가로막은 동안 다른 편에서 온 차가 재빨리 그 자리를 차지해 버렸다. 주차를 마친 여성은 웃으며 가게 안으로 걸어갔다. 나는 너무나 화가 났지만 화가 날 때마다 하던 대로 음악을 듣기로 했다. 가게에서 가장 먼 줄에 차를 세우고 나는 내가 제일 좋아하는 노래를 들었다. 그런 다음 가게로 들어오면서 이 불운을 보상하기 위해 세 가지 착한 일을 해야겠다고 결심했다. 나는 땅에 떨어져 있는 상품을 진열대에 올려 두었고, 나보다 키 작은 여성을 위해 높은 선반에 있는 물건을 꺼내 주었으며, 나보다 계산할 물건이 적은 사람에게 계산대 순서를 양보하였다. 나는 기분 나쁜 일이 생길 때면 그것을 보상하기 위해 세 가지 선행을 하려고 노력한다. 누군가를 위해 뭔가를 하면 기분이 좋아진다.
- 마음을 가라앉히기 위해 간단한 요가를 가르치는 것은 학생이 감정에

대한 통제력을 갖는 데 매우 좋은 방법이다
–혀를 앞니 뒤에 놓는다.
–입을 다문다.
–넷을 세면서 코로 숨을 들이쉰다.
–넷을 세면서 코로 숨을 내쉰다.
–이것을 10회 반복한다.

- 신발을 벗고 발가락을 움직인다. 이 동작은 마음을 진정시키고 스트레스를 완화해 준다.
- 이마에 4개의 손가락을 얹고 한 손가락씩 번갈아 이마를 가볍게 두드리는데, 이때 눈은 위를 향하게 한다. 이것을 2회 반복하라. 이 동작은 시냅시스를 두뇌의 다른 영역으로 이동시켜 화내려는 충동을 분산시킨다.
- 학생에게 다음번에 화가 날 때 어떻게 할지를 생각하고 미리 계획하는 방법을 가르친다. Rick LaVoie는 '사회적 상황 분석(social autopsy)'이라는 용어를 만들었다. 이는 학생이 어디서부터 행동이 잘못되었는지 그리고 대인관계가 유지되려면 다음에는 어떻게 해야 할지를 분석한다는 의미다.

봉사활동

- 아동이 자존감을 키우는 최선의 방법 중 하나는 남을 돕게 하는 것이다.
- 누군가에게 선행을 베풀면서 자신에 대해 나쁘게 느끼기는 불가능하다.
- 대상학생은 생활기술(life-skill) 수업이나 저학년 수업에서 또래 모델을 할 수도 있고 학교 미화원 도우미를 할 수도 있다. 누군가를 돕는 일이기만 하다면 학생이 자신을 긍정적으로 보는 데 도움이 될 것이다.

이상에서 4P를 살펴보았다. 이 네 가지를 모두 학생에게 심어 줄 수 있다면 아이는 건강하게 자랄 것이다.

별 셋 소망 하나

[그림 6]

분 단위 기록지

8:00	9:00	10:00	11:00	12:00	1:00	2:00	3:00	4:00	5:00	6:00	7:00
8:01	9:01	10:01	11:01	12:01	1:01	2:01	3:01	4:01	5:01	6:01	7:01
8:02	9:02	10:02	11:02	12:02	1:02	2:02	3:02	4:02	5:02	6:02	7:02
8:03	9:03	10:03	11:03	12:03	1:03	2:03	3:03	4:03	5:03	6:03	7:03
8:04	9:04	10:04	11:04	12:04	1:04	2:04	3:04	4:04	5:04	6:04	7:04
8:05	9:05	10:05	11:05	12:05	1:05	2:05	3:05	4:05	5:05	6:05	7:05
8:06	9:06	10:06	11:06	12:06	1:06	2:06	3:06	4:06	5:06	6:06	7:06
8:07	9:07	10:07	11:07	12:07	1:07	2:07	3:07	4:07	5:07	6:07	7:07
8:08	9:08	10:08	11:08	12:08	1:08	2:08	3:08	4:08	5:08	6:08	7:08
8:09	9:09	10:09	11:09	12:09	1:09	2:09	3:09	4:09	5:09	6:09	7:09
8:10	9:10	10:10	11:10	12:10	1:10	2:10	3:10	4:10	5:10	6:10	7:10
8:11	9:11	10:11	11:11	12:11	1:11	2:11	3:11	4:11	5:11	6:11	7:11
8:12	9:12	10:12	11:12	12:12	1:12	2:12	3:12	4:12	5:12	6:12	7:12
8:13	9:13	10:13	11:13	12:13	1:13	2:13	3:13	4:13	5:13	6:13	7:13
8:14	9:14	10:14	11:14	12:14	1:14	2:14	3:14	4:14	5:14	6:14	7:14
8:15	9:15	10:15	11:15	12:15	1:15	2:15	3:15	4:15	5:15	6:15	7:15
8:16	9:16	10:16	11:16	12:16	1:16	2:16	3:16	4:16	5:16	6:16	7:16
8:17	9:17	10:17	11:17	12:17	1:17	2:17	3:17	4:17	5:17	6:17	7:17
8:18	9:18	10:18	11:18	12:18	1:18	2:18	3:18	4:18	5:18	6:18	7:18
8:19	9:19	10:19	11:19	12:19	1:19	2:19	3:19	4:19	5:19	6:19	7:19
8:20	9:20	10:20	11:20	12:20	1:20	2:20	3:20	4:20	5:20	6:20	7:20
8:21	9:21	10:21	11:21	12:21	1:21	2:21	3:21	4:21	5:21	6:21	7:21
8:22	9:22	10:22	11:22	12:22	1:22	2:22	3:22	4:22	5:22	6:22	7:22
8:23	9:23	10:23	11:23	12:23	1:23	2:23	3:23	4:23	5:23	6:23	7:23
8:24	9:24	10:24	11:24	12:24	1:24	2:24	3:24	4:24	5:24	6:24	7:24
8:25	9:25	10:25	11:25	12:25	1:25	2:25	3:25	4:25	5:25	6:25	7:25
8:26	9:26	10:26	11:26	12:26	1:26	2:26	3:26	4:26	5:26	6:26	7:26
8:27	9:27	10:27	11:27	12:27	1:27	2:27	3:27	4:27	5:27	6:27	7:27
8:28	9:28	10:28	11:28	12:28	1:28	2:28	3:28	4:28	5:28	6:28	7:28
8:29	9:29	10:29	11:29	12:29	1:29	2:29	3:29	4:29	5:29	6:29	7:29
8:30	9:30	10:30	11:30	12:30	1:30	2:30	3:30	4:30	5:30	6:30	7:30
8:31	9:31	10:31	11:31	12:31	1:31	2:31	3:31	4:31	5:31	6:31	7:31
8:32	9:32	10:32	11:32	12:32	1:32	2:32	3:32	4:32	5:32	6:32	7:32
8:33	9:33	10:33	11:33	12:33	1:33	2:33	3:33	4:33	5:33	6:33	7:33
8:34	9:34	10:34	11:34	12:34	1:34	2:34	3:34	4:34	5:34	6:34	7:34
8:35	9:35	10:35	11:35	12:35	1:35	2:35	3:35	4:35	5:35	6:35	7:35
8:36	9:36	10:36	11:36	12:36	1:36	2:36	3:36	4:36	5:36	6:36	7:36
8:37	9:37	10:37	11:37	12:37	1:37	2:37	3:37	4:37	5:37	6:37	7:37
8:38	9:38	10:38	11:38	12:38	1:38	2:38	3:38	4:38	5:38	6:38	7:38
8:39	9:39	10:39	11:39	12:39	1:39	2:39	3:39	4:39	5:39	6:39	7:39
8:40	9:40	10:40	11:40	12:40	1:40	2:40	3:40	4:40	5:40	6:40	7:40
8:41	9:41	10:41	11:41	12:41	1:41	2:41	3:41	4:41	5:41	6:41	7:41
8:42	9:42	10:42	11:42	12:42	1:42	2:42	3:42	4:42	5:42	6:42	7:42
8:43	9:43	10:43	11:43	12:43	1:43	2:43	3:43	4:43	5:43	6:43	7:43
8:44	9:44	10:44	11:44	12:44	1:44	2:44	3:44	4:44	5:44	6:44	7:44
8:45	9:45	10:45	11:45	12:45	1:45	2:45	3:45	4:45	5:45	6:45	7:45
8:46	9:46	10:46	11:46	12:46	1:46	2:46	3:46	4:46	5:46	6:46	7:46
8:47	9:47	10:47	11:47	12:47	1:47	2:47	3:47	4:47	5:47	6:47	7:47
8:48	9:48	10:48	11:48	12:48	1:48	2:48	3:48	4:48	5:48	6:48	7:48
8:49	9:49	10:49	11:49	12:49	1:49	2:49	3:49	4:49	5:49	6:49	7:49
8:50	9:50	10:50	11:50	12:50	1:50	2:50	3:50	4:50	5:50	6:50	7:50
8:51	9:51	10:51	11:51	12:51	1:51	2:51	3:51	4:51	5:51	6:51	7:51
8:52	9:52	10:52	11:52	12:52	1:52	2:52	3:52	4:52	5:52	6:52	7:52
8:53	9:53	10:53	11:53	12:53	1:53	2:53	3:53	4:53	5:53	6:53	7:53
8:54	9:54	10:54	11:54	12:54	1:54	2:54	3:54	4:54	5:54	6:54	7:54
8:55	9:55	10:55	11:55	12:55	1:55	2:55	3:55	4:55	5:55	6:55	7:55
8:56	9:56	10:56	11:56	12:56	1:56	2:56	3:56	4:56	5:56	6:56	7:56
8:57	9:57	10:57	11:57	12:57	1:57	2:57	3:57	4:57	5:57	6:57	7:57
8:58	9:58	10:58	11:58	12:58	1:58	2:58	3:58	4:58	5:58	6:58	7:58
8:59	9:59	10:59	11:59	12:59	1:59	2:59	3:59	4:59	5:59	6:59	7:59

참고문헌

Achenbach, T. M. (1991). *Manual for child behavior checklist.* Burlington, VT: University of Vermont, Dept. of Psychiatry.

Alberto, P., & Troutman, A. (2003). *Applied behavior analysis for teachers* (6th ed.). Upper Saddle River, NJ: Merrill Prentice-Hall.

Bambara, L., Dunlap, G., & Schwartz, I. (2004). *Positive behavior support: Critical articles on improving practice for individuals with severe disabilities.* Dallas, TX: Pro-Ed.

Bandura, A. (1976). Effecting change through participant modeling principles. In J. D. Krumboltz & C. E. Thorensen (Eds.), *Self-control: Power to the person* (pp. 86-110). Pacific Grove, CA: Brooks/Cole.

Bhaerman, R., & Kopp, K. (1988). *The school's choice: Guidelines for dropout prevention at the middle and junior high school.* Columbus, OH: Naitonal Center of Research in Vocational Education.

Blanchard, K., & Lorber, R. (1984). *Putting the one-minute manager to work: How to turn the 3 secrets into skills.* New York, NY: Berkley.

Brandmeir, J. (Director). (2006). *The child connection* [Motion picture]. USA: Better Life Media.

Brown, F., Gothelf, C., Guess, D., & Lehr, D. (2004). Self-determination for individuals with the most severe disabilities: Moving beyond chimera. In L. Bambara, G. Dunlap, & I. Schwartz (Eds.), *Positive behavior support: Critical articles on improving practice for individuals with severe disabilities* (pp. 22–31). Dallas, TX: Pro-Ed.

Burke, M., Davis, J., Lee, Y. H., & Hagan-Burke, S. (in press). Universal screening for behavioral risk in elementary schools using SWPBS expectations. *Journal of Emotional Behavior Disorders.*

Centers for Disease Control and Prevention. (2010, November 12). *Morbinity and mortality weekly report.* Retrieved February 14, 2011, from http://www.cdc.gov/mmwr/pdf/wk/mm5944.pdf

Crisis. (n.d.). In *WordNet* web. Retrieved from http://wordnetweb.princeton.edu/perl/webwn?s=crisis

Crone, D., & Horner, R. (2003). *Building positive behavior support systems in schools.* New York, NY: Guilford Press.

Data Accountability Center. (2008). *Part B child count.* Retrieved August 21, 2010, from http://www.ideadata.org/PartBChildCount.asp

Drummond, T. (1993). *The student risk screening scale* (SRSS). Grants Pass, OR: Josephine County Mental Health Program.

DuFour, R., Eaker, R., Karhanek, G., & DuFour, R. (2004). *Whatever it takes: How professional learning communities respond when kids don't learn.* Bloomington, IN: Solution Tree.

Dunlap, G., Iovannone, R., Kincaid, D., Wilson, K., Christiansen, K., Strain, P., & English, C. (2010). *Prevent teach reinforce.* Baltimore, MD: Brookes.

DuPaul, G., & Weyandt, L. (2005). School-based intervention for children with attention deficit hyperactivity disorder: Effects on academic, social, and behavioural functioning. *International Journal of Disability Development and Education, 53,* 161–176.

Durand, V. M., & Crimmins, D. B. (1992). *The motivation assessment scale (MAS) administration guide.* Topeka, KS: Monaco and Associates.

Gelfand, J. L. (2009). *Parenting guide.* Retrieved February 14, 2011, from WebMD, http://www.webmd.com/parenting/guide/sleep-children

Gresham, F. M., & Elliot, S. N. (1990). *Social skills rating system*. Circle Pines, MN: American Guidance Service.

Hughes, J. (Director). (1986). *Ferris Bueller's day off* [Motion picture]. USA: Paramount Pictures.

Iwata, B., & DeLeon, I. G. (1996). *The functional analysis screening tool.* Gainesville, FL: The Florida Center on Self-Injury.

Kamphaus, R. W., & Reynolds, C. R. (2007). *BASC-2 behavioral and emotional screening system manual.* Circle Pines, MN: Pearson.

Lewis, T. J., Scott, T. M., & Sugai, G. (1994, January). The problem behavior questionnaire: A teacher-based instrument to develop functional hypotheses of problem behavior in general education settings. *Diagnostique, 19,* 103-115.

Marzano, R. (2003). *Classroom management that works: Research-based strategies for every teacher.* Alexandria, VA: Association for Supervision and Curriculum Development.

O'Neill, R., Horner, R., Albin, R., Sprague, J., Storey, K., & Newton, J. (1997). *Functional assessment and program development for problem behavior: A practical handbook* (2nd ed.). Pacific Grove, CA: Brooks.

Parker, H. (2002). *Problem solver guide for students with ADHD.* Plantation, FL: Specialty Press.

Putnam, R. D. (2000). *Bowling alone: The collapse and revival of American community.* New York, NY: Simon & Schuster.

Rief, S. (2005). *How to reach and teach children with ADD/ADHD.* San Francisco, CA: Jossey-Bass.

Sheets, S. (2008). *Apnea.* Retrieved February 14, 2011, from Kids Health, http://kidshealth.org/parent/general/sleep/apnea.html

Sheridan, S. (1995). *The tough kid social skills book.* Longmont, CO: Sopris West.

Shores, R., Gunter, P., & Jack, S. (1993). Classroom management strategies: Are they setting events for coercion? *Behavioral Disorders, 18,* 92-102.

Springer Science Business Media. (2009, June 23). Need something? Talk to my right ear. *Science Daily.* Retrieved February 14, 2011, from http://www.sciencedaily.com/releases/2009/06/090623090705.htm

Towers, R. L. (1987). *How schools can help combat student drug and alcohol abuse.* Washington, DC: National Education Association of the United States.

U.S. Department of Education. (1986). *Schools without drugs.* Washington, DC: Author.

Walker, H. M., & Severson, H. H. (1992). *Systematic screening for behavior disorders.* Longmont, CO: Sopris West.

Webb, J. (2000). *Mis-diagnosis and dual diagnosis of gifted children: Gifted and LD, ADHD, OCD, oppositional defiant disorder.* Annual Conference of the American Psychological Association (p. 15). Washington, DC.

Whitaker, B. (2010, May 28). *CBS reports.* Retrieved August 21, 2010, from CBS News, http://www.cbsnews.com/stories/2010/05/28/eveningnews/main6528227.shtml?tag=currentVideoInfo;videoMetaInfo

찾아보기

인명

내용

저자 소개

Laura A. Riffel

Laura Riffel은 행동전문가로, 수천 명의 교사, 학부모, 상담사, 심리학자, 행정가 및 학교버스 운전자에게 학생의 문제행동을 변화시키기 위해 자료를 바탕으로 중재를 결정하는 방법을 훈련해 왔다. 유머로 가득한 Riffel 박사의 연수는 자료 수집의 이해와 교실 적용을 어려움 없이 할 수 있게 해 준다.

Riffel 박사는 미국 교육부 특수교육국(Office of Special Education Programs)이 지원하는 국립 PBIS 기술지원 센터(National Technical Assistance Center on Positive Behavior Interventions and Supports)의 웹마스터로도 활약하고 있다. 행동지원 자문가로서 미국 전역에서 기능평가에 대한 강연을 하고 있으며, 효과적인 행동지원계획과 교실관리 전략에 대한 글을 쓰고 있다.

1970년대 초, 맹학교에서의 자원봉사를 계기로 특수교육에 입문한 Riffel 박사는 캔자스 주립대학교(Kansas State University)에서 초등교육 전공, 특수교육 부전공으로 학사학위를 취득하였다. 석사과정에서는 학습장애와 지적장애, 특수교육 컨설팅, 개별 상담을 전공하였으며, 이후 캔자스 대학교(University of Kansas)에서 인지 및 중복장애 전공, 가족과 장애 연구 부전공으로 박사학위를 취득하였다.

Riffel 박사는 30여 년간 다음과 같은 학생들을 가르쳐 왔다.

- 유치원 및 초등학교 1, 3, 4, 5, 6학년 통합학급 학생
- 초등학교와 중학교 시간제 및 전일제 특수학급의 학습장애, 정서행동장애, 경도/중등도/중도/최중도 지적장애 학생, 의료적 문제를 가진 학생
- 수어 사용자로 일반학급에 통합된 농학생(학급의 모든 학생과 교사가 수어를 배워 구어와 수어를 동시에 사용함)
- 재판을 거쳐 소년원에 송치된 청소년(교육구 소속 교사로서 중고등 과정을 가르침)

Laura Riffel은 행동중재 프로그램을 총괄했던 경험도 가지고 있다. 이 프로그램에서는 심각한 문제행동을 보이는 학생을 위한 치료실을 운영하고, 행동전문가들을 각 학교로 파견하여

기능평가에 대한 현장 연수를 실시함으로써 주(state) 전체의 행동문제에 대한 기술지원을 제공하였다.

최근 Riffel 박사는 센트럴 오클라호마 대학교(University of Central Oklahoma)와 조지아 주립대학교(Georgia State University)에서 학부생을 대상으로 한 강의를 즐겁게 하고 있으며, 담당하고 있는 강의는 응용행동분석과 교실행동관리다.

Laura Riffel과 남편 Tom은 친구이자 동거인인 Jay Turnbull과 함께 살았는데, Jay는 41세로 자폐성장애, 지적장애, 양극성 문제와 강박장애를 가지고 있었다. Jay는 Riffel 박사의 가족들에게 장애를 가진 사람들의 삶의 가치를 가르쳐 주었으며, Riffel 부부의 세 아이들과 친형제처럼 지냈다. 안타깝게도 Jay는 2009년 1월 7일 심장마비로 세상을 떠났다. 모두가 Jay를 매우 그리워하고 있다.

역자 소개

박지연(Park, Jiyeon)

미국 캔자스 대학교 대학원 철학박사(특수교육 전공)

현 이화여자대학교 특수교육과 교수

서울특별시교육청 긍정적행동지원단 단장

전 이화여자대학교 특수교육연구소 소장

비치 장애와 가족 연구소(Beach Center on Families and Disability) 연구원

〈관심 연구 분야〉

긍정적 행동지원, 정서행동장애, 장애인 가족지원

김지수(Kim, Jisu)

이화여자대학교 대학원 특수교육학박사(정서행동장애 전공)

현 백석대학교 유아특수교육과 강사

전 서울특별시교육청 긍정적행동지원단 단원

서울시립장애인종합복지관 조기교육실 특수교사

일본 삿포로 국제 야마노테 유치원 교사

〈관심 연구 분야〉

유아특수교육, 영유아 가족지원, 정서행동장애

개별 학생을 위한 긍정적 행동지원
-심각한 문제행동을 보이는 학생을 위한 개별 중재-

Positive Behavior Support at the Tertiary Level: Red Zone Strategies

2018년 11월 15일 1판 1쇄 발행
2024년 11월 20일 1판 6쇄 발행

지은이 • Laura A. Riffel
옮긴이 • 박지연 · 김지수
펴낸이 • 김 진 환
펴낸곳 • (주) 학지사
04031 서울특별시 마포구 양화로 15길 20 마인드월드빌딩 5층
대표전화 • 02) 330-5114 팩스 • 02) 324-2345
등록번호 • 제313-2006-000265호

홈페이지 • http://www.hakjisa.co.kr
인스타그램 • https://www.instagram.com/hakjisabook

ISBN 978-89-997-1679-9 93370

정가 17,000원

역자와의 협약으로 인지는 생략합니다.
파본은 구입처에서 교환하여 드립니다.